人事管理 人と企業,ともに活きるために

HUMAN RESOURCE MANAGEMENT

著・平野光俊
　　江夏幾多郎

有斐閣ストゥディア

はしがき

人と企業，ともに活きるために

　本書の特色は，人事管理にかかわる一見対立して見える以下の3組の観点を架橋すること，そして，それを通じて，より対等な雇用関係のもとで「人と企業，ともに活きるために」人事管理がなすべきことを示すことを目指しているところにあります。

(1) 「経営の視点」と「人の視点」

　人には，他の経営資源（モノ，カネ，情報）と違って，自ら意思・選好・欲求を持つ生身の「人間」であるという性質があります。だからこそ人事管理は，モチベーション，成長欲求，働きがいといった，従業員の心性を捉える必要があるのです。一方で，人事管理は元来，企業の価値創造を支援するためのものです。つまり，企業の戦略達成および競争力向上という「経営の視点」と，従業員の意欲や成長といった「人の視点」とを，うまく接合していくことが人事管理の課題であり，学際的な知見が求められます。

(2) 人事管理の「これまで」と「これから」

　現実における人事管理の実践の蓄積が，慣行を生み出します。慣行は変化するものですが，環境との整合性を具現化してきた歴史の裏づけを持って経営者や従業員の前に立ち現れます。そのため，人事管理の変化は連続的・漸進的なものとならざるをえません。したがって，人事管理の「これまで」の変化を知れば，人事管理の「これから」を10年程度のタイムスパンで大まかに予想できます。本書では，それぞれの章において，従来の日本企業の人事管理の「これまで」を振り返り，現在の課題を議論することを通じて，人事管理の「これから」を洞察するためのヒントを得ようとしています。

(3) 学術としての「人的資源管理論」と実務としての「人事管理」

　本書が想定する読者は，学部や大学院の学生と，人事管理の実務を担うビジネスパーソンです。人的資源管理論を学習することを目的とする学生と，人事管理の実務に役立てることを目的とするビジネスパーソンでは，学びのニーズは異なります。そこで本書は，学術としての人的資源管理論と実務としての人

i

事管理とを架橋することにも注力しました。人事管理の実務を学術の洗練された知と照らし合わせて平易に解説できれば，両者の異なるニーズに応えられると私たちは考えています。人事管理を含む雇用や労働についての研究は，時代の要請と学術の基盤を架橋していく過程に存在します。時代の要請と学術との間のダイナミックな相互作用を，本書から感じてもらいたいと思います。

主体的な学びのために

　人事管理に由来する問題は組織の現場で起きています。現実の人事管理は企業活動の現場で日々生じる問題を解決すべく絶え間なく改定されていきます。したがって人事管理を深く理解するには，問題をリアルに捉え，学術的知見を応用しながら問題解決の方法を自分の頭で考えていかなければなりません。本書では，そうした点を考慮して，以下のような工夫を凝らしました。

　(1)　各章の冒頭に，その章で論じるテーマに即した人事管理の問題をイメージできるよう，SHORT STORY を設けています。これにより，職業経験のない学生も人事管理の問題をリアルに感じることができるでしょう。また，ビジネスパーソンは自身の組織の問題と比較することができます。

　(2)　各章末に，その章で学習した主要な概念を KEYWORD として一覧にしています。これらのキーワードを深く理解し，他人にも説明できるようになるために，読者のみなさんは，本文を読み込むことはもちろん，必要に応じて他の情報源にあたってください。

　(3)　各章に1つないし複数の Column を挿入しています。学術上の重要な概念や最近の実務のトピックなどを取り出して解説しました。コラムを読むことで本文の理解がいっそう進みますが，関心のある概念やトピックがあれば，章末に掲載している参考文献も読んで，さらに学習を深めてください。

　(4)　各章末に EXERCISE として，その章のテーマに即した3つの問いを設けています。これらは，読者のみなさんに，現場の問題に立ち返って人事管理の何をどのように変えるべきかを，じっくり考えてもらうための設問です。実際の企業事例なども調べて，自分自身の意見をまとめてみてください。

謝　辞

　本書は，全体の内容について私たちで意見を出し合った後，大まかな執筆を

章ごとに分担して行い，各章の加筆修正を共同で行う，という形で執筆されました。ここには，私たちが個別あるいは共同で手がけてきた調査研究の知見が，ふんだんに盛り込まれています。そうした研究活動の支えになった方々のお名前をあげることで，感謝の念を表したく思います。

日本学術振興会からは，複数の科学研究費補助金（課題番号 15H03380「公正な雇用ポートフォリオモデルの構築と雇用区分管理手法の開発」代表者：平野光俊，課題番号 24730312「処遇の受容についての理論的・経験的研究」代表者：江夏幾多郎，および課題番号 15K13034「人事管理のシステム性に関する研究」代表者：江夏幾多郎）の助成を受けました。

現代経営学研究所（RIAM）と神戸大学大学院経営学研究科を実施機関として，私たちが主宰した「雇用システム研究会」に参加された人事担当者のみなさまとのディスカッションからは，本書の内容にかかわる多くのことを学びました。すべての関係者のお名前をあげることはできませんが，成松郁廣，中島豊，川口広，二宮大祐，都築昇司，住田俊治，曽山哲人，武田丈宏の各氏からは，自社の人事管理に関する貴重な事例について話題提供をいただきました。また，RIAM の山中由紀さん，神戸大学の大西雅子さん，坪田ますみさんには，本書の執筆にかかわる活動への事務的な支援をいただきました。

末筆ながら，本書を「有斐閣ストゥディア」シリーズの一巻として刊行することを勧めてくださった，有斐閣書籍編集第二部の得地道代さんと尾崎大輔さん（現，NIRA 総合研究開発機構）には，言葉では表すことができないほどお世話になりました。最初のお声がけから刊行まで足掛け 6 年もかかってしまいました。お二人には，遅々として進まない私たちの原稿を根気強く待ち続けるのみならず，本書の内容をより豊かにする着想や情報をご提供いただきました。

「有斐閣ストゥディア」シリーズの "studia" とは，ラテン語で熱意，情熱，学問，勉学を意味するということです。自ら課題を探すことを重視するシリーズのコンセプトを本書が具現化できているかどうかは，読者のご判断を仰がなければなりませんが，より多くの方が本書を手にとって，人事管理の議論を深めてくださることを願っています。

2018 年 3 月

平野光俊・江夏幾多郎

著者紹介

平野 光俊（ひらの・みつとし）　　　　　　　　　　　　　序章，第10〜14章

大手前大学学長・現代社会学部教授，神戸大学名誉教授，博士（経営学）（神戸大学）

1980年，早稲田大学商学部卒業，ジャスコ（現イオン）入社。同社勤務のかたわら，1994年，神戸大学大学院経営学研究科博士課程前期課程修了，98年，同後期課程修了。本社グループ戦略室次長ほかを経て，2002年，イオン退社。同年，神戸大学大学院経営学研究科助教授，2006年，同教授。2019年，大阪商業大学総合経営学部教授。2021年，大手前大学副学長・現代社会学部教授，2022年より現職。

主要著作　『日本型人事管理――進化型の発生プロセスと機能性』（中央経済社，2006年，労働関係図書優秀賞・日本労務学会学術賞・経営行動科学学会優秀研究賞受賞），『日本の人事システム――その伝統と革新』（共編著，同文舘出版，2019年），"Human resources departments of Japanese corporations: Have their roles changed?"（*Japan Labor Review*, vol. 10, no. 1, 2013），など。

江夏 幾多郎（えなつ・いくたろう）　　　　　　　　　　　第1〜9章，終章

神戸大学経済経営研究所准教授，博士（商学）（一橋大学）

2003年，一橋大学商学部卒業。2005年，神戸大学大学院経営学研究科博士前期課程修了。2008年，一橋大学大学院商学研究科博士後期課程単位取得満期退学。同年，名古屋大学大学院経済学研究科講師，2011年，同准教授。2019年より現職。

主要著作　『人事評価における「曖昧」と「納得」』（NHK出版新書，2014年），「処遇への公正感の背景――不透明な処遇を従業員はいかに受容するか」（『経営行動科学』第23巻第1号，2010年，経営行動科学学会奨励研究賞受賞），「人事システムの内的整合性とその非線形効果――人事施策の充実度における正規従業員と非正規従業員の差異に着目した実証分析」（『組織科学』第45巻第3号，2012年，労働関係論文優秀賞受賞），など。

目 次

CHAPTER 0 序章 人事管理とは   1

1 日本企業の人事管理 ……………………………………………… 1
    人事管理の活動と機能（1）　　日本型人事管理（3）

2 人事管理の歴史と人的資源管理論 ……………………………… 5

3 人事管理という用語について ………………………………… 7

4 本書のスタンスと構成 ………………………………………… 8
    人事管理の原理（第1部）（**9**）　　人事管理のバリューチェーン（第2部）（**10**）　　人事管理の現場（第3部）（**12**）

第 1 部 人事管理の原理

CHAPTER 1 組織をつくる   18

1 組織をつくる人事管理 ………………………………………… 19

2 組織活動への従業員の参加 …………………………………… 21
    分業と調整（**21**）　　企業特殊的な能力の育成（**24**）　　多様な内部労働市場（**26**）

3 雇用システムの変化 …………………………………………… 29
    内部育成モデルの比重と原理の変化（**29**）　　労働の時間と場所の自由化（**30**）

4 企業の絶えざる変化に即した人事管理 ……………………… 32

v

働くということ　35

1 なぜ人は働くのか ………………………………… 36
モチベーションとは何か（36）　さまざまなモチベーション（36）

2 モチベーションの管理 …………………………… 38
金銭的報酬を通じた動機づけ（40）　社会的報酬を通じた動機づけ（40）　内発的報酬を通じた動機づけ（42）　企業による従業員のモチベーターの創造（43）

3 キャリアをつくる ………………………………… 45
モチベーションとキャリア（45）　キャリア「発達」という考え方（45）　目標の重要性（46）

4 環境が変化する中で働き続ける ………………… 48
組織と個人を結ぶ複数の紐（48）　「正しい雇用関係」とは（49）

システムとしての人事管理　54

1 人事管理の成り立ち ……………………………… 55

2 外的整合性 ………………………………………… 57
組織外の要因（57）　組織内の要因（59）　外的整合性における同質化と差異化（60）

3 内的整合性 ………………………………………… 62
何と何の整合か（62）　内的整合性と外的整合性の往復（64）

4 人事管理のシステム性を高める ………………… 65
「よい試行錯誤」のあり方（65）　「人事システム」を可能にするもの（67）

第2部 人事管理のバリューチェーン

CHAPTER 4 社員格付け制度　72
雇用関係を支える仕組み

1 社員格付け制度とは何か …………………………………… 73
人事管理のバリューチェーン（73）　従業員を格付けるということ（75）

2 職務遂行能力と職務価値 …………………………………… 76
職能資格制度——能力主義的な社員格付け制度（76）　職務等級制度——職務主義的な社員格付け制度（80）

3 日本企業と社員格付け制度 ………………………………… 82
職能資格制度の発明・普及・行き詰まり（82）　修正か脱却か——職能資格制度の未来（84）

4 社員格付け制度を職場に根づかせる ……………………… 86

CHAPTER 5 採用と退出　89
雇用関係を交わす

1 雇用関係の入口と出口 ……………………………………… 90

2 従業員を採用する基準と手法 ……………………………… 91
新卒一括採用（91）　日本企業の採用基準（92）　採用活動の手続き（93）　新卒一括採用がもたらしたもの（95）

3 日本企業の採用活動を取り巻く問題 ……………………… 96
雇用のミスマッチ（96）　切迫した採用・就職活動（96）　雇用のミスマッチの波及効果（98）

4 よりよいマッチングのための取り組み …………………… 99
マッチングを高めるテクニックの改善（99）　新卒一括採用の前提を再考する（101）

目　次　● vii

5 雇用関係の解消 ………………………………… 102

　　企業による退出管理の仕組み（102）　　これからの退出管理
　　と雇用保障（104）

6 臨機応変で対等な雇用関係 …………………… 105

CHAPTER 6 配　　置　　　　　　　　　　　　　　　108
仕事を割り振る

1 配置とは …………………………………………… 109

2 はじめての仕事 ………………………………… 110

　　採用後に決定される従業員の職場・職務（110）　　初任配属
　　の進め方と影響（111）

3 配置転換（ヨコの異動）……………………… 112

　　「ゼネラリスト養成」の実態（112）　　ヨコの異動と日本型
　　人事管理（114）　　従業員主導型の異動に向けた動き（115）

4 昇進管理（タテの異動）……………………… 118

　　昇進のメカニズム（118）　　さまざまな昇進パターン（120）
　　「遅い選抜・昇進」における問題と対応（122）

5 配置・異動の個別管理に向けて ……………… 123

CHAPTER 7 評価と報酬　　　　　　　　　　　　　　　126
報　い　る

1 評価・報酬とは何か …………………………… 127

　　評価と報酬とは（127）　　評価や報酬におけるさまざまな要
　　素（127）　　2つの評価法（130）　　従業員はどのように報
　　酬を増やすのか（130）

2 日本企業における評価と報酬 ………………… 132

　　能力主義とは（132）　　日本企業は年功主義的か（133）
　　業績評価とは（134）　　能力主義と成果主義の関係（136）

viii ● 目　次

3 従業員評価の困難さ ························· 137

正確な評価を目指して（137）　繰り返される歴史（139）
「不透明＝不適切」か（141）

4 評価・報酬制度を現場になじませる ············· 142

CHAPTER 8 人材育成 145
「育つ」と「育てる」の交差

1 人材育成とは何か ···························· 146

2 人が「育つ」ということ ······················ 147

人は何を学ぶのか（147）　人はどう学ぶのか（149）

3 人を「育てる」手法 ························· 151

職場内の人材育成（151）　職場外の人材育成（153）

4 これからの人材育成 ························· 155

企業主導の人材育成が直面する課題（155）　従業員1人1
人の自律的学習に向けて（156）

5 エンプロイアビリティ重視の学習環境 ············ 157

CHAPTER 9 労使関係 161
従業員尊重のための人事管理

1 従業員の「活用」と「尊重」 ·················· 162

2 適切な労働環境の設定 ······················ 164

労働環境をめぐる問題（164）　労働環境の改善のための法
的対応（166）　　十分条件としての個別企業による対応
（166）

3 企業による社会保障の補完 ··················· 168

4 従業員1人1人の働きがいに対する支援 ·········· 171

企業主導のキャリア開発の曲がり角（171）　　従業員の自律

目　次　● ix

性の尊重を通じた働きがい醸成（172）

5 従業員が勝ち取る権利 ································· 174

「企業から与えられる権利」を超えて（174）　個別化する
労使関係のもとでの従業員尊重（176）

第3部　人事管理の現場

CHAPTER 10　非正社員の基幹化　182

1 非正社員とは ································· 183

2 非正社員の量的基幹化と質的基幹化 ················ 184

量的基幹化（184）　質的基幹化（186）　労働契約法の改
正と限定正社員（187）

3 雇用ポートフォリオの再構築 ·················· 189

S社の雇用ポートフォリオとパートチーフ制（189）　ホー
ルドアップ問題とモラル・ハザード問題（190）　新しい雇
用ポートフォリオ（193）

4 雇用区分の多元化と均等・均衡 ················ 194

同一労働同一賃金（194）　雇用区分間の転換ルールの整備
（194）

CHAPTER 11　女性の活躍推進　197

1 女性の活躍の現状と課題 ···················· 198

女性活躍の国際比較（198）　女性の就業状況の特徴（199）
進まない女性の管理職登用（202）

2 雇用における差別の理論 ···················· 204

嗜好による差別（205）　　統計的差別（205）　　固定観念に
よる差別（206）　　間接差別とポジティブ・アクション
（206）

3　逆選択と予言の自己成就の悪循環 ……………………… 208

4　パターナリズムからの脱却を目指して ……………… 210

CHAPTER 12　ワーク・ライフ・バランスと働き方改革　216

1　ワーク・ライフ・バランスとは何か ………………… 217
ワーク・ライフ・バランスとワーク・ファミリー・コンフリ
クト（217）　　日本におけるワーク・ライフ・バランス問題
（218）

2　日本の労働時間の現状 …………………………………… 219
日本の労働時間と労働生産性（219）　　日本の労働時間規制
（221）

3　ワーク・ライフ・バランスの新しい発想 …………… 224
ワーク・ファミリー・スピルオーバー（224）　　ワーク・
ファミリー・エンリッチメント（225）　　クロスオーバー
（226）

4　働き方改革 …………………………………………………… 227
労働時間の制限と働き方の柔軟化（227）　　管理職による家
庭と仕事の両立支援行動（228）　　働き方改革の本質的課題
（229）

CHAPTER 13　高齢者雇用　233

1　日本の労働市場の高齢化 ………………………………… 234
高齢化の水準とスピード（234）　　高齢化のネガティブな影
響（234）　　高齢者の就業率と就業意欲（235）　　職場の高
齢化に伴う問題（236）

目　次　● xi

2 年功パラダイムの問題点 ……………………………… 238

企業が継続雇用制度を選択する理由（238）　　役職を離脱した継続雇用者の問題（240）

3 高齢者の人事管理改革の方向性 ………………………… 241

年功パラダイムの改革（241）　　　　　　キャリア開発のあり方（244）

4 生涯現役社会の実現に向けて ………………………… 244

定年制改革（244）　　第4次産業革命と高齢者雇用（245）
自営型高齢期就業（246）

CHAPTER 14 グローバル経営と国際的人事管理　　248

1 グローバル経営と国際的人事管理とは何か ………… 249

グローバル経営の類型（249）　　国際的人事管理（251）

2 ローカル人材の経営職登用と本社の「内なる国際化」
　252

グローバル経営の課題（252）　　　　経営職ポストの現地化
（253）　　日本本社の「内なる国際化」（255）

3 国際的人事管理の課題 …………………………………… 256

グローバル・マインドセット（256）　　多国籍内部労働市場
（258）　　グローバル・グレーディング制度（259）　　グ
ローバル・タレント・マネジメント（261）

4 日本型国際的人事管理の構築に向けて ……………… 263

日本企業の強みを見極めたグローバル統合とローカル適応
（263）　　　理念と規範によるグローバル統合とローカル適応
（264）

xii ● 目　次

終章 人事管理の未来　269

1. 雇用関係の将来像 …………………………………… 269
2. 多様な受け手への配慮 ……………………………… 271
3. 人事担当者の役割 …………………………………… 273
4. 人事管理を支える想い ……………………………… 276

索　引　279

事 項 索 引　279
人名・組織名索引　288

Column 一覧

❶ 公式組織の特徴　20

❷ 目に見えない調整　23

❸ なぜ組織が存在するのか　25

❹ 長期的な雇用関係の誕生　27

❺ マズローの欲求理論とマネジメント　37

❻ 「働く理由」の歴史　39

❼ 報酬分配の局面における公正　50

❽ 歴史上存在する二重基準　79

❾ 社員格付け制度の設計　81

❿ 採用活動のスケジュールはどう決まるか　94

⓫ 従業員確保と「自分探し」を両立させるインターンシップ　101

⓬ 異動・転勤の効果　117

⓭ 専門職制度の現実　119

⓮ 評価・報酬と時間軸　129

⓯ 評価バイアス　138

⓰ コンピテンシー　139

⓱ 成長に要する時間　148

⓲ 職場内学習と職場外学習の間　154

⓳ 健康経営　167

⓴ 退職金とは何か　170

㉑ 日本の労働組合　175

㉒ 二重労働市場仮説と雇用区分　188

㉓ ポジティブ・アクションとクオータ制　207

㉔ ダイバーシティ・マネジメント　211

㉕ ダイバーシティと経営成果の関係　212

㉖ 弾力的な労働時間を確保する制度　224

㉗ 役職定年制, 出向・転籍　242

㉘ 現地化のメリット　255

CHAPTER

序 章

人事管理とは

1　日本企業の人事管理

人事管理の活動と機能

　企業における人事管理とは，組織で働く人々に対する管理活動の総称である。そして人事制度とは，「従業員と組織の間の長期的な関係のあり方を定めた規則や仕組み」のことである。

　人事制度は一定の自由度を持って設計される。その自由度の範囲内で問題に対処していくのが運用である。人事管理の諸制度は，おおむね次の6つに分類することができる（奥林・上林・平野［2010]）。

(1)　雇用管理——従業員が提供する労働量と企業が必要とする労働量を一致させることを目的とした，従業員の募集・採用から配置・異動・昇進・退職にかかわる一連の活動。

(2)　キャリア開発——従業員が職務遂行能力を高めるために組織の中で辿る適切なキャリア・パスの設計と運用。OJT（職務を通じた教育訓練）やOff-JT（職務を離れた教育訓練）も含まれる。

(3)　評価制度——従業員の働きぶりを評価し，その結果を昇給・賞与・昇格等の処遇や能力開発に反映する，規則や仕組みの設計と運用。

1

(4) 賃金制度——従業員の労働ないし貢献に対し，企業が対価として支払う経済的報酬の水準と，支払い方にかかわる規則や仕組みの設計と運用。

(5) 福利厚生——従業員とその家族の生活の改善を図ることを目的に行われる，金銭・現物・施設およびサービス給付を含む施策と活動。

(6) 労使関係——雇用にかかわる規則や仕組みの設計に向けて，労働者（主として労働組合）と交渉・協議する活動。規則には就業規則や労働協約など成文化されたものと，慣行や伝統といった成文化されていないものがある。交渉や協議の場としては団体交渉や労使協議がある。

このように人事管理の活動はじつに多様であるが，それらが連携して達成すべき共通機能がある。奥林［2010］は，それを「人事管理の3機能」として整理している。

(a) 作業能率促進機能——組織課題を効率的に達成する基本的な方法は，従業員が担当する職務をより能率的に遂行することである。換言すれば，従業員の職務遂行能力をより能率的に発揮させることである。

(b) 組織統合機能——個々の従業員の作業能率は高くても，組織への貢献意欲が低ければ，組織全体としての効率は落ちる。従業員の組織へのコミットメントを高め，組織人としての行動を促進する必要がある。

(c) 変化適応機能——組織とそこにおける従業員の職務に，環境変化にある程度柔軟に対応できる仕組みを組み込むことである。また，環境変化に対応して柔軟に組織課題を変更するため，人事管理にも，その変化を吸収できる余裕を制度の中に組み込む必要がある。たとえば，非正社員を活用する仕組みがあれば，生産量や景気変動に対して労働量を比較的容易に調整できる。

人事管理の受け手は，管理職を含むすべての従業員である。一方，人事管理の担い手は，人事管理を専門的に扱う人事部のスタッフ，経営者や管理職，さらに間接的には労働組合である。

たとえば，評価制度は人事部が主導して設計するが，人事部のみで自由に設計できるわけではない。労働組合が結成されている企業であれば，それは労働組合との交渉や協議を経て決まる。また，上述した3つの人事管理機能に照らして望まざる「意図せざる結果」が起きてしまわないか，事前に従業員の声を吸い上げて適切に反映しておく必要もある。このようにして多様なステイクホ

ルダーの利害を調整した上で，ひとたび制定された評価制度は，職場では主に管理職によって運用されることになる。すなわち，人事管理は直接・間接にすべての従業員がかかわる管理活動なのである。

▌日本型人事管理 ▌

ここで，高度経済成長期（1961～74 年）に原型がつくられ，雇用安定期（75～96 年）に全面的展開を遂げた，日本の中堅・大企業の一般的な人事管理を「日本型人事管理」と呼ぼう。

これまでの日本型人事管理は，次のような特質を持っていた（平野［2006］）。

（1） 長期雇用とジョブ・ローテーションをベースにした企業特殊的な幅広い専門性の開発

（2） 職能資格制度による昇進・昇格管理

（3） 長期雇用保障（いわゆる終身雇用）

（4） 人事権を持つ人事部

人事管理の内実を理解するためには，人事管理を構成する人事施策の束（bundle）が，経営戦略や，「分業と調整の仕組み」（以下では「コーディネーション」という）としての組織構造と，整合（fit）していなければ，経営上の成果は上がらないという視座を持つことが重要である。

日本型人事管理の特質は，曖昧な職務分業のもとで，関連部署が緻密に情報を交換する，擦り合わせ型コーディネーションとうまく整合した。つまり，擦り合わせ型コーディネーションをうまく進めるには，従業員の幅広い専門性が必要であった。幅広い専門性は複数の職種および職場の仕事経験（ジョブ・ローテーション）を通じて養成されるので，特定の仕事と結びつかない形で従業員の処遇を行える職能資格制度が整合的であった。さらに，部門長の管轄を超えるジョブ・ローテーションは，全体最適の観点から人事部によって調整される必要があるので，人事権は人事部に集権化された。同時に，長期雇用保障の慣行は，流動性の乏しい労働市場や厳しい解雇規制とも整合的に結びついていた。

他の整合性の例を見よう。たとえば，歴史的に日本企業の人事管理と深いかかわりを持つアメリカ企業の人事管理は，次のような特徴を持っている。

（1） 内部育成と中途採用の併用

(2) 職務等級制度によるプロモーション（昇進・昇級）管理

(3) エンプロイアビリティ（他社でも雇われうる能力）の活用

(4) 人事権を持つライン管理職

こうしたアメリカ型人事管理の特質は，明確な職務分業のもとで，ヒエラルキーの上位と下位が命令もしくは標準化・マニュアル化という情報処理によって調整される，垂直的コーディネーションと整合的に結びつくものであった。

日本型人事管理の現下の動向はどのようだろうか。労働政策研究・研修機構（JILPT）が2014年に実施した調査（対象は人事総務責任者，$N = 1003$）によれば，正社員の雇用方針および人材育成の方針に関して，今後も「長期雇用を維持する」スタンスの企業が9割弱に上る一方，「柔軟に雇用調整していく」はわずか2％に過ぎない。教育訓練に対するかかわり方については，「従業員に教育訓練を行うのは企業の責任である」と考える企業が8割超で，「教育訓練に責任を持つのは従業員個人である」とする企業は4％に過ぎない（労働政策研究・研修機構［2015］）。また，「平成21年版 労働経済の分析（労働経済白書）」によれば，企業の「長期安定雇用」に対する態度に関して，7割近くの企業が今後もできるだけ多くの社員を対象に維持していきたいと考えている（厚生労働省［2009］）。これらのことから，日本企業は引き続き人材育成と長期雇用を重視していることがわかる。

しかし，他の先進諸国の企業に比べ，相対的に日本企業のパフォーマンスは低い。コミュニケーションのデジタル化，人工知能（AI），あらゆるモノがネットにつながる「IoT」の進展といった技術的環境の変化や，少子高齢化に伴う労働人口の減少，正社員と非正社員の処遇格差是正に向けた法改正などといった制度的環境の変化によって，日本型人事管理が保持してきた強みは失われたとする論者は少なくない。したがって日本は「グローバル・スタンダード」（たとえばアメリカ企業）の人事管理に学ぶべきだという意見も多い。

本書はそうした言説に無批判に迎合することはしない。本書の考え方は，日本企業には日本の制度的環境に応じた，他国企業には各国の制度的環境に応じた，ベスト・ソリューション（すなわち整合性）があるというものである。制度的環境とは，社会の構成員自身が「共通に認識している」社会的ルールの体系のことである。それには，成文化された法制度だけでなく，経済制度や政治・行政制度，さらには一国の文化や社会規範といった社会的ルールの体系も含ま

れる。こうした社会的ルールの体系の各要素は，互いに互いの働きを強め合うという特徴を持っている。企業の経営は，こうしたさまざまな制度的環境と整合的であることが求められる。たとえば，日本の解雇法制は正社員の解雇を厳しく制限している。そのため，企業内人材育成や長期雇用といった人事管理の方法が整合的となるのである。

人事管理の歴史と人的資源管理論

　本書は，日本企業の人事管理の「これまで」を振り返りつつ，「これから」を展望する。その際に重要な視座としているのが，アメリカやイギリスで生成・発展した人的資源管理（human resource management，HRM）論である。

　人事管理の淵源は，18世紀半ばにイギリスで起こった第一次産業革命に見出せる。その後19世紀末から20世紀にかけて欧米主要国で第二次産業革命が起こる過程で，鉄鋼や鉄道などの巨大企業による人的生産要素の効率的利用を企図した管理手法への関心が高まる中，アメリカ人経営コンサルタントであるテイラーの「科学的管理法」（scientific management）が登場した。テイラーは作業時間の研究を通して最適な課業設定を導き，労働者の最高能率を引き出して労働の生産力を高め，その成果の一部を従業員に還元することを目指した。

　科学的管理法に依拠する形でアメリカ企業に人事管理が普及し始めたのは，1920年代であった。当時発展したベルトコンベア・システムによる大量生産方式は，従来の個人的熟練を解体し，多数の半熟練および不熟練労働を生み出した。それらの労働は極度に分業化された単調な反復作業であったため，従業員は仕事への興味を失い，低いモラールしか持ちえなかった。また組織の巨大化により，経営者と従業員の間の一体感は失われていった。以上のような諸問題を背景に労働者の抵抗が高まり，その組織的形態として労働組合が発展した。つまり，労働組合運動の高まりが引き起こした経営の不安定さへ対処する必要から，人事管理の専門職の存在意義が高まったのである。したがって，当時の人事管理は，集団的労使紛争が発生した場合の問題解決と，労使協調・労使パートナーシップの形成を目指すことを主要な活動としていた（奥林ほか［1978］）。

このようにして，労働問題が広範に社会へ広がったことにより，アメリカにおいて学問としての労使関係（industrial relations, IR）論が生成した。労使関係論とは，「雇う側と雇われる側との間の雇用関係の集団的側面に焦点を当てて，労働問題が生じた原因とその解決を探求していく学問」である（Kaufman [2014]）。端的にいえば「雇用に関する規則の研究」，もっとわかりやすくいえば「どんな仕事をして」，それに対して「いくら支払うのか」を定める規則の研究である。これが学問としての隆盛を見た時期は，アメリカでは 1960 年代くらいまで，イギリスでは 80 年代くらいまでであった（石田 [2012]）。「雇用に関する規則」制定の必要を雇用主と労働者のせめぎ合いに見出した労使関係論は，労働組合の影響力が縮小するのに伴い衰退に向かっていった。

　人事管理は，1970 年代から 80 年代にかけて大きなパラダイム（基本的発想法）転換を経験する。すなわち，「対立・協調する労使」という視座に立つ労使関係論から，「労使の一体化」という視座に立つ人的資源管理論への転換である。

　労使関係論から人的資源管理論へという変遷の根底には，人事管理における「人間モデル」の転換があった。人間モデルとは，人の行動はどのようなインセンティブによって動機づけられるのかという観点から識別される人間観のことである。人間モデルが転換した背景には，行動科学（behavioral science）の発展があり，人的資源管理論はそうした行動科学の知見を取り入れていった。すなわち，人間モデルには，経済人モデル，社会人モデル，自己実現人モデルがある。経済人モデルは，人は経済的インセンティブ（＝物質的インセンティブ）によって動機づけられると考える。先に述べたテイラーの科学的管理法が想定していたモデルは，これである。社会人モデルは，人は集団への所属や集団内の良好な人間関係によって動機づけられると考える。自己実現人モデルは，人は自己の潜在能力の発揮と自己の成長によって動機づけられると仮定している。自己実現人モデルの立場に立てば，個人の成長や潜在能力の発揮と組織目標の達成を統合していく人事管理が重要となる。そうした意味で「労使の一体化」が課題となるのである。

　人的資源管理論は，同時に，経済学に依拠した資源ベースの戦略論（resource-based view, RBV）からも影響を受けている。これはすなわち，従業員を，コスト・労働力となる生産要素として捕捉する視座から，価値ある資源

（resource）あるいは持続的競争優位の源泉となる人材として捉える視座への転換であった。こうした視座は，1980年代後半以降さらに，人材の資源としての価値は戦略達成への貢献度によって決まり，価値ある資源を供給することを人事管理の役割と認識する戦略的人的資源管理（strategic HRM）論へと進展していくことになる（守島［2010］）。

3 人事管理という用語について

　本書の論点の多くは人的資源管理論に依っているにもかかわらず，本書のタイトルを「人的資源管理」ではなく「人事管理」としたのには３つの理由がある。第１に，本書は，学部や大学院で人的資源管理論を学ぶ学生のみならず，人事管理の実務に携わるビジネスパーソンをも読者と想定しているが，実務の世界では人事管理という語のほうが普通に用いられているからである。第２に，企業は，「人材（財）＝経営資源」という視座では捉えきれない従業員のさまざまな側面を尊重し，かかわっていかなければならないが，「労使の一体化」に着目する人的資源管理論だけでは，そうした関係性を捉えるのに十分でないからである。第３に，従来型の日本企業の人事管理には，欧米発の人的資源管理論における，従業員の意欲や成長を重視し，企業がそれを積極的に引き出すという考え方が，すでに内在しているからである。

　最後の点について，もう少し詳しく述べておこう。そもそもアメリカの人的資源管理論は，日本企業の人事管理から多分に影響を受けている。1970年代から80年代は日本的経営が脚光を浴びた時代だった。アメリカでは，日本企業の組織原理に学びそれを超えようと提案する『セオリーZ』（Ouchi［1981］）がベストセラーになった。著者のオオウチは日本企業の経営管理の理念型をJタイプと呼び，その特質を，終身雇用，年功的な人事考課と遅い選抜・昇進，非専門的なキャリア・パス，非明示的な管理機構，集団による意思決定，集団責任，人に対する全面的なかかわり，に見出している。一方，アメリカ企業（Aタイプ）は，短期雇用，大きく差をつける人事考課と早い選抜・昇進，専門化されたキャリア・パス，明示的な管理機構，個人による意思決定，個人責任，人に対する部分的なかかわり，といった特質を有しており，あらゆる点で日本

とは対照的である。オオウチは，アメリカにおける優れた企業は，日本企業と近似したＺタイプであると指摘した。ただし，Ｚタイプには，集団的意思決定のもとで個人の責任を明確にするため，明示的な管理機構と非明示的なそれとのバランスをとっているなど，Ｊタイプと異なる点もある。

その後，人的資源管理論では「普遍的な最適解」としてのベスト・プラクティスを探求することが重要な研究課題となった。そうした人事管理は，高業績作業システム（Becker and Huselid［1998］）や高関与（high commitment）型HRM（Whitener［2001］）などと呼ばれた。

フェファーは，高業績を生み出す人事管理の条件として，以下の7点をあげた（Pfeffer［1998］）。すなわち，①雇用の保障，②新規採用時の厳格な基準，③従業員チームへの権限の委譲，④企業業績に強く結びついた報酬，⑤手厚い教育機会，⑥地位に応じた処遇格差の縮小，⑦企業情報の共有である。これらの条件は，日本型人事管理にも見られる点が多い。実際フェファーは，トヨタの生産方式やスバル・いすゞの丁寧な採用など，当時のアメリカに進出していた日本の製造企業の人事管理を踏まえ，日本における終身雇用や経営者の内部昇進の慣行などを，ベスト・プラクティス（どの企業にとっても有用な取り組み）の具体例としてあげている。

4 本書のスタンスと構成

本書では，欧米発祥の人的資源管理論から得られる知見をふんだんに取り入れつつ，日本の制度的環境に即して人事管理を解説する。本書は，以下の3点を学習の目標到達点に設定している。

(1) 経営学や行動科学などの学術的な知見が，人事管理にかかわる問題の解決にどのように活かされているかを知る。

(2) 人的資源管理論の考え方を押さえ，日本企業の人事管理の内的・外的整合性のメカニズムに対する洞察を深める。

(3) 組織が直面する環境の変化や組織を構成する人材の多様化に即して，人事管理の変容の機微を見出し，現代の人事管理の現場で起きている課題とその解決のあり方についての理解を深める。

この 3 つの学習目標に対応して，本書は以下の 3 部で構成されている。

人事管理の原理（第 1 部）

　第 1 部では，経営学や行動科学，さらには経済学や社会学の学術的知見に基づいて，人事管理の編成原理を解説する。

　バーナードは，自らの経営者としての経験から得た構想を体系化した『経営者の役割』（Barnard［1938］）において，組織メンバーが持つ「個人人格」（individual personality）と「組織人格」（organization personality）という二面性の存在が，組織のまとまりと柔軟性の根底にあると述べた。元来人々はどこで何を仕事とするかについて自律的に決定できる（個人人格）が，従業員として組織に所属することで，具体的な行動において企業や上司の命令に服さなければならなくなる（組織人格）。2 つの人格は時に対立し，組織の変革の原動力にも，停滞の原因にもなりうるが，人事管理の課題は，組織人格としての他律的な行動を，従業員に無理なくとってもらうことにある。

　第 1 章「組織をつくる」では，こういった緊張を内包する企業と従業員との間の交換関係を持続的なものにするために必要なこと，さらには従業員の活動を効果的に編成するための着眼点に目を向ける。企業目標の達成のため，従業員には異なった業務が配分され（分業），各業務で生じた問題への対処や業務間の連携が行われる（調整）。管理業務にせよ非管理業務にせよ，あらゆる業務を遂行するのに必要な能力の多くは，社内で従業員を育成することで獲得される。人事管理は従業員による能力の蓄積・発揮のために行われるが，近年，企業は「内部育成にどれだけ頼るか」「どのような能力を内部で育成すべきか」という問いに改めて向き合っている。従業員の職務遂行能力（人的資源）という面を見たときの，組織と市場の境界が変化しつつあるのである。

　第 2 章「働くということ」は，人が他の経営資源（モノ，カネ，情報）と違って自ら意思・選好・欲求を持つ生身の人間であるということを踏まえて，そもそも人はなぜ働くのか，について考える。行動科学あるいはその影響が色濃い組織行動論は，人事管理の実務と研究に多大に影響する研究分野である。選抜，評価，報酬，能力開発といった人事管理の施策は，組織行動論の研究者や彼らが提唱する諸理論に強い影響を受けて形成・運用されてきた。そうしたことを踏まえて，この章では，従業員を外部から動機づけるためにどのようなことが

4　本書のスタンスと構成　● 9

できるのか，従業員が短期的または長期的に自らを律するために必要なものは何か，といったことについて論じる。

第3章「システムとしての人事管理」では，環境の特徴や変化に応じた人事管理スタイルを企業が採用するために必要なことを議論する。企業とは，「経営資源の投入（インプット）→ 技術的変換（スループット）→ 産出（アウトプット）」という過程を通じて付加価値を生み出すシステムである。企業が高業績を生み出すためには，環境や戦略と整合した組織・人材をつくり出し，維持していかなければならない。そうした整合性を維持するために，人事管理の大方針と個別の取り組み・施策の間の連携がとられなければならない。

人事管理のバリューチェーン（第2部）

第2部は，人事管理のさまざまな活動や，その背景にある考え方，現在直面している課題についての理解を深めることをテーマとしている。第4章で改めて詳しく解説するが，人事管理とは，さまざまな人事施策の連携の中で，経営目的の達成を目指す活動である（図序.1）。

職務に配置された従業員から貢献を引き出すためには，従業員に自らの社内での地位を理解させた上で，その成果を適切に評価し報酬を提供しなければならない。従業員の社内序列や評価・報酬のあり方を規定するのが，第4章で解説する「社員格付け制度」である。近年の日本では，何が「できる」かを重視して従業員を序列化する職能資格制度を，何を「する」ことが期待されるかを重視して従業員を序列化する職務等級制度や役割等級制度に変更する企業が増えつつある。これは，従業員の能力や人格という労働供給側の事情ではなく，各職務やそのために必要な能力の戦略的重要性あるいは市場価値といった労働需要側の事情に基づき処遇を決めるようにするということであり，人事管理の根本的な転換を意味する。

こうした基盤のもと，具体的な人事管理が展開される。人事管理は，「採用」に始まり「退出」で終わる。場合によっては組織から「放出」する人を選抜することもある。これら雇用関係の入口と出口の管理について，第5章「採用と退出」で解説する。ひとたび従業員を採用すれば，従業員が長期間組織にとどまって，その能力を向上・発揮できるようにする，キャリア開発が重要となる。キャリアとは，狭義に捉えれば，組織の中で経験する「仕事の幅の広がり」

CHART 図序.1 従業員活用のためのバリューチェーン

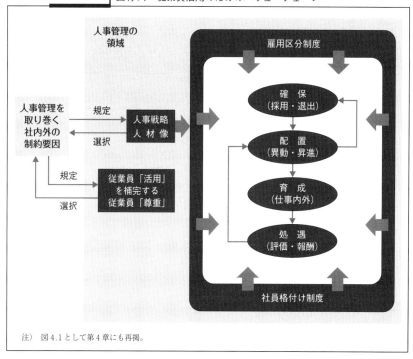

注)図4.1として第4章にも再掲。

（ヨコのキャリア）と「職位の上昇」（タテのキャリア）の移行過程の時間的経路のことである。こうした移行は人事管理では配置転換あるいは異動と呼ばれる。これについてを第6章「配置」で議論する。

　近年の日本では，従業員の貢献可能性（「何ができるか」）ではなく，実際の貢献（「何をしたか」「何を産み出したか」）を報酬に紐づける動き，いわゆる成果主義が広まってきている。その際に有効な人事評価ツールとされたのが，「目標管理」（MBO）である。目標管理の導入によって，従業員の貢献の大小の可視化が進み，評価や報酬についてのコミュニケーションが透明化することが期待された。しかし，そうした期待は十分に実現したとは言いきれない。もちろん，評価の透明性は適切な評価のために重要ではあるが，必要なことのすべてではない。詳しくは，第7章「評価と報酬」で検討する。

　企業は，従業員の職務遂行能力を必要に応じて発展させるべく，育成に取り組まなければならない。育成の方策は，一般的にOJTとOff-JTに区別される。近年の育成に関する議論においては，企業主導型の育成から従業員自身による

自律的な学習に関心が移行している。そうした背景には，上司や先輩社員が保有する能力の陳腐化が進みやすくなったこと，彼らが率先して他の社員の能力開発にも取り組めるような業務状況ではなくなってきたことなどがある。これらの論点は，第 8 章「人材育成」で検討する。

　労使コミュニケーションも人事管理の重要な活動の 1 つである。近年，従業員にとっての働きやすさや働きがいが危機に瀕している，という声が高まっている。企業には，従業員を単に「活用」するだけでなく，彼らの固有の人格を「尊重」することが求められる。従業員は企業の目的達成手段以外の側面も有しているためである。従業員単独では自らの声を経営に十分に反映させることが困難であり，働き方や休み方，報酬の仕組みや水準などの雇用条件を規定するルール確立のため，労働組合などの従業員団体が組織されることがある。こうした労使コミュニケーションの方法を，第 9 章「労使関係」で解説する。

┃人事管理の現場（第 3 部）

　環境が変われば企業の人材のタイプは変容し，それに応じて人事管理も修正されなければならない。人事管理のあり方に影響を与えるのは，技術的環境と，労働市場・金融市場・取引市場・法制・政策・規範といった制度的環境である。こういった環境の変化が人材の多様化という側面に大きな影響を与えている。第 3 部では，人材の多様化に即して，人事管理の変容の機微を見出し，現代の人事管理の現場で起きている課題とその解決についての理解を深める。

　1990 年代以降，日本の労働市場に起こった著しい変化の 1 つが，非正社員の量的・質的拡大である。企業は，仕事特性を踏まえて必要な人的資源のタイプを設定し，企業内部で長期に育成する正社員と，外部労働市場から短期・スポット的に獲得する非正社員の組み合わせを考えなければならない。この組み合わせのマネジメントを，第 10 章「非正社員の基幹化」で解説する。

　日本の労働市場に起こったもう 1 つの重要な変化は，少子高齢化である。少子化と高齢化が同時に進む日本において，長期的に経済成長を持続させていくには，これまで労働市場に参入していなかった女性たちをも働き手として生産性の高い分野へ動員していかなければならない。しかし，日本では男女間で雇用形態・就業時間・労働力率・管理職比率などといった点に差が見られる。こうした問題を，第 11 章「女性の活躍推進」で解説する。

女性をはじめとする多様な人材は，育児・介護などの理由により，企業から要求されるさまざまな拘束性（転居転勤，残業，職種変更など）を受容するのに一定の制約を持っていることが多い。しかし，上述のように，こうした多様な人材の多様な働き方を柔軟に受け入れ，社会参画を促すことは，今の日本に不可欠であり，長時間労働の是正はその方途となる。この問題を，第12章「ワーク・ライフ・バランスと働き方改革」で検討する。

一方，日本でいま進行する急激な高齢化は，社会保障の財源難を招き，国の成長力を阻害するなど，さまざまな問題を引き起こしている。高齢者が現役で働き続けて，社会保険料や税金を中断することなく納めれば，労働力の減少に歯止めをかけ，財政負担も軽くすることができる。さらに，高齢者が勤労収入を得て，それを消費に回せば，経済成長を支えることにもつながる。すなわち，高齢者雇用について日本が目指すべき方向性は，働きたい希望を持つ高齢者が，年齢にかかわりなくその能力や経験を活かして現役で活躍し続ける，「生涯現役社会」である。生涯現役社会の実現に向けた人事管理の課題を，第13章「高齢者雇用」で議論する。

産業構造の変化も，企業の人事管理に影響を与える。主たる変化はグローバル化とサービス化である。海外展開を加速化させている日本企業において，グローバル経営を推進し，それを担うグローバル人材を速やかにかつ体系的に育成することは，現代の人事管理の重要課題である。しかし，その方策は多様である。というのも，人的資源は現地特有の社会文化的な要因（ローカル・コンテキスト）からの影響をとりわけ強く受けるため，グローバル経営といっても人事管理の方法に世界標準が存在するわけではないからである。第14章「グローバル経営と国際的人事管理」において，日本企業が直面している課題と取り組みについて解説する。

「はしがき」で述べたように，本書は，一見対立して見える3つの観点，すなわち，「経営の視点」と「人の視点」，人事管理の「これまで」と「これから」，学術としての「人的資源管理論」と実務としての「人事管理」を架橋して，人事管理をさまざまな側面から解説していく。その上で，終章「人事管理の未来」において，新たな人事管理を実現するために，人事管理の担当者に何が求められるかを展望する。

参考文献 | Reference ●

Barnard, C. I. [1938] *The Functions of the Executive*, Harvard University Press（山本安次郎・田杉競・飯野春樹訳『経営者の役割（新訳）』ダイヤモンド社，1968 年）.

Becker, B. E., and Huselid, M. A. [1998] "High performance work systems and firm performance: A synthesis of research and managerial implications," in G. R. Ferris ed., *Research in Personnel and Human Resources Management*, vol. 16, JAI Press, pp. 53-101.

Kaufman, B. E. [2014] "The historical development of American HRM broadly viewed," *Human Resource Management Review*, vol. 24, no. 3, pp. 196-218.

Ouchi, W. G. [1981] *Theory Z: How American Business Can Meet the Japanese Challenge*, Addison-Wesley（徳永二郎監訳『セオリー Z──日本に学び，日本を超える』CBS・ソニー出版，1981 年）.

Pfeffer, J. [1998] *The Human Equation: Building Profits by Putting People First*, Harvard Business School Press（守島基博監修，佐藤洋一訳『人材を活かす企業──「人材」と「利益」の方程式』翔泳社，2010 年）.

Whitener, E. M. [2001] "Do 'high commitment' human resource practices affect employee commitment?: A cross-level analysis using hierarchical linear modeling," *Journal of Management*, vol. 27, no. 5, pp. 515-535.

石田光男 [2012]「労使関係論」『日本労働研究雑誌』第 621 号，24-29 頁。

占部都美 [1974]『近代組織論 Ⅰ バーナード゠サイモン』白桃書房。

大津誠 [2011]「経営学と経営行動科学」経営行動科学学会編『経営行動科学ハンドブック』中央経済社，26-35 頁。

奥林康司 [2010]「企業経営と人的資源管理」奥林康司・上林憲雄・平野光俊編著『入門人的資源管理（第 2 版）』中央経済社，2-15 頁。

奥林康司・上林憲雄・平野光俊編著 [2010]『入門人的資源管理（第 2 版）』中央経済社。

奥林康司・菊野一雄・石井修二・平尾武久 [1978]『労務管理入門』有斐閣。

厚生労働省編 [2009]「平成 21 年版 労働経済の分析（労働経済白書）」。

原田順子・奥林康司編著 [2014]『人的資源管理』放送大学教育振興会。

平野光俊 [2006]『日本型人事管理──進化型の発生プロセスと機能性』中央経済社。

守島基博 [2010]「社会科学としての人材マネジメント論に向けて」『日本労働研究雑誌』第 600 号，69-74 頁。

労働政策研究・研修機構 [2015]「『人材マネジメントのあり方に関する調査』および『職業キャリア形成に関する調査』結果──就労意欲や定着

率を高める人材マネジメントとはどのようなものか」調査シリーズ，No.
128。

第 1 部

人事管理の原理

PART 1

	0	
CHAPTER	1	組織をつくる
	2	働くということ
	3	システムとしての人事管理
	4	
	5	
	6	
	7	
	8	
	9	
	10	
	11	
	12	
	13	
	14	
	15	

CHAPTER

第 **1** 章

組織をつくる

SHORT STORY　電機メーカー J 社は，日本を代表する企業の1つとして，長らく名声を博してきた。しかし，1990 年代以降，新興国の経済発展や国内の消費トレンドの変化に対応できず，低迷を続けている。とはいえ，研究開発部門が長期間培ってきた技術や，強固な顧客基盤は依然として健在であると，内外から見られてもいた。

20XX 年，「アメリカの半導体メーカー A 社が投資ファンドと組んで J 社株式の買収を計画」という大手経済紙のスクープ記事が世の中を賑わせた。その 3 カ月後には，J 社の社名は残しつつも A 社の完全子会社になること，J 社の新たな経営層が A 社から派遣されること，年功序列的で内向き志向の強かった組織を刷新するために A 社を範とした人事制度改革を行うこと，などが決定された。実際，新たな経営層の着任とともに，A 社から派遣されたマッケンジー CEO（最高経営責任者）とオハラ CHRO（人事担当役員）の主導により，新しい組織体制・人事体制を目指した協議がスタートした。

この急激な展開は，J 社の従業員や労働組合を強く当惑させた。A 社が標榜する「1 人 1 人の職務・役割を明確にし，その価値に応じた報酬を支払う」「企業は自社に貢献できる従業員を選別するが，良好な職務環境を提供できているかという点で従業員から選ばれる存在でもある」といった「グローバル標準の雇用関係」は，ほとんどの従業員がはじめて直面するものであった。J 社内では「日本人の性根に合わない」という，もっぱらの評判である。

いま，J 社の従業員の多くは，従来なんとなく感じてきた，所属企業との精神的なつながりが切断されてしまったと感じている。あからさまな退職の意思は抱かないまでも，これから企業とどうかかわっていけばよいか，戸惑っている。（35 頁に続く）

1 組織をつくる人事管理

　人事管理の主要な目的の1つに，経営目標の達成のために従業員の貢献を引き出すということがある。ここで考慮すべきは，第1に，**企業と従業員の間の交換関係**のバランスである。企業が従業員の活用ということについてニーズを持っているように，従業員にも働くことや生きることについての固有のニーズがある。双方のニーズが折り合い，従業員が公正感や組織との一体感を抱けるような雇用関係が築かれなければならない。

　第2に考慮すべきこととして，企業が従業員1人1人と個別に結ぶ交換関係の間でのバランスがある。従業員への期待に応じて，雇用条件は異なってくる。条件の違い自体は従業員にとって自明だとしても，もしそこに特定の従業員への「えこひいき」が見られると，組織のそこかしこから不公正感が噴出する。結果として，人々の協働も生まれなくなる。企業は，従業員の貢献の大小を測る仕組みを，彼らの公正感を伴う形で備える必要がある。

　つまり，人事管理が担うのは，組織をつくり，維持する，ということである（**Column❶**）。組織の経営においては，経営目標の達成のために各従業員に業務を割り振った（分業）上で，1人1人の活動を仕組みや当事者の活動によってまとめ上げる（調整）ことが必要となる。そこでは，従業員にそうした業務の体系に参画してもらうことや，そのために必要な意欲を持ち能力を習得してもらうことが必要になる。そして，従業員にこれらの活動へ抵抗なく参加してもらうため，彼らに「実際の働きに見合う，あるいはそれを上回る」と認知されるような報酬を提供する必要がある。

　企業と従業員の間の交換関係は，全従業員に向けた措置と個別の従業員の特徴を踏まえた措置の双方によって，十人十色のものとなる。全従業員に向けた措置とは，「雇用区分制度」や「社員格付け制度」を通じて，企業が従業員に期待する貢献のあり方を大まかに伝えることである（▶第**4**章・第**10**章）。とはいえ，同じ雇用区分・社内等級においても期待される貢献のあり方はさまざまであるため，従業員1人1人に対し，異なった業務経験や能力開発機会，さらには評価・報酬が付与される（▶第**6〜8**章）。本章では，以上のような人事管

1 組織をつくる人事管理 ● 19

Column ❶　公式組織の特徴

　組織について理論的に検討することは本書の狙いを超えているが,「人事管理を通じて組織をつくる」という議論の前提としたい知見が, 経営組織論のルーツの1つであるBarnard［1938］である。

　Barnard［1938］によると, 公式組織とは「2人以上の人々の, 意識的に調整された活動のシステム」である。公式組織が公式組織であるためには, ①成員（メンバー）の間で組織目的が共有され, ②目的達成のための協働意欲があり, ③協働のための適切なコミュニケーション体系がある, ということが必要になる。人々の協働意欲は, 帰属意識や他組織に所属する人に対する優越感といった非経済的なものも多分に含んだ「誘因」（いわゆる報酬）が,「貢献」（いわゆる労働）に見合うか上回ると感じられるときに高まる。経営者や管理者には, 職務の遂行に向けて各成員が動機づけられた状態（能率）を維持しながら, 公式組織全体の成果（有効性）を引き出すことが求められる。

　公式組織の運営には, 人々の誘因に対する反応が不安定である, 目的と環境との不整合などに由来する意図せざる結果が頻発する, といった不確実性がつきものである。そうした中で成員の貢献を適切に引き出せるコミュニケーション体系には, 不確実性に柔軟に対応するための調整メカニズムや, 指揮命令に服することを「当然のもの」と成員に思わせる上位者の権威が内在する。権威は上位者にあらかじめ備わっているもののように見えるかもしれないが, 下位者がそれを認めなければ発現しない。公式組織における権威は, 恣意的でなく明確なコミュニケーション経路の確立などによって発生する。

　なお, 成員による組織内の活動には, 公式組織の目標達成に直接関連しない, 非公式的なものも含まれる。企業内での友人関係や部活動は, その一例である。非公式組織は,「組織の成員」という枠には収まりきらない, その人らしさを発揮する機会を, 成員に対して提供する。こうした「ゆとり」は, 公式組織の活動を活性化し, より持続的なものとする。ただし, 派閥などのように, 必ずしも組織にとって機能的とはいえない非公式組織も存在する。

理の各論の前提として, 雇用関係にはさまざまな考え方があること, そしてさまざまな雇用関係が一組織の中で並存しうることを説明したい。

　昨今,「誰とどのような雇用契約を結ぶか」ということについて, 大きな変化が生じている。経営環境や労働市場, さらには企業内の業務システムが変化

する中，企業による内部化の程度が相対的に低い従業員（いわゆる「非正社員」）の活用が年々拡大し，内部化した雇用関係についても従来より市場志向的に運営する傾向が見られる。さらには，「非正社員」として処遇している従業員に職場を支える重要な業務を担ってもらう，働く場所や時間に制約のある従業員に「正社員」として企業活動の中核を支えてもらう，といった必要性も生じてきている。企業対従業員，従業員対従業員のいずれの観点からも，公正な雇用条件の実現に向けた課題は山積しているが，近年の企業ではそうした課題への対応も進みつつある（▶第10章）。

　組織活動への従業員の参加

分業と調整

　組織における分業と調整の体系は，経営環境に適応していく際に生じうる例外や，想定外の非効率や不利益を最小化するためにデザインされる。組織デザインは，環境の複雑性に応じて複雑化する。沼上［2004］によると，分業と調整の方法には，①水平分業，②垂直分業，③事前調整，④事後調整，がある。
　分業の主となるのが「水平分業」である。水平分業を進め，それぞれの業務の範囲や業務遂行のために必要な技能を限定・単純化するほど，従業員の技能習得や，労働力の調達および置き換えが容易になり，財・サービスの生産や提供を「より安く，より多く」行えるようになる。ただし，これを進めすぎると，一部業務の停滞が全体に波及して必要なアウトプットを産み出せなくなる，従業員間の調整作業が煩雑化する，単純な業務活動が従業員の意欲を低下させる，といった問題も生じうる。
　「垂直分業」とは，ある業務を遂行するための実際の作業と，それに関連して必要となる思考や判断を，別の従業員が行うことを意味する。思考を伴う実行と単なる実行とを比べた場合，後者に求められる技能のほうが低水準であるため，調達や置き換えのためのコストが低下する。また，思考と実行のいずれについても，多くの場合，専念することで効率性は向上する。思考や判断に専念する従業員は「管理者」と呼ばれるが，複数の従業員による実行作業に関与

し，それらの連携をスムーズなものにすることが期待される。

　組織として分業を進めることで，個別業務あるいはそれらの間の連携において数々の例外が生じ，業務全体が停滞する可能性が生じる。こうした問題に対応する措置が「調整」である。「事前調整」を通じて例外の発生確率を下げ，それでも生じる例外については「事後調整」を行う。

　事前調整は「標準化」とも呼ばれる。標準化というと，一般的には作業の機械化や自動化，あるいはマニュアルの整備などが念頭に上るだろうが，それだけではない。標準化は従業員が業務を遂行して成果を産出する過程のさまざまな段階で行われる。ここではその過程を，①インプット：必要な労働力の準備，②スループット：労働力の活用，③アウトプット：労働力活用の産物，と区別しよう。

　インプットの標準化の例は，活用業務内容についての説明や業務の遂行に必要な能力に関する訓練を通じて，タスク遂行に必要な意欲や能力を習得させる，といったことである。スループットの標準化としては，従業員が指示された通りの行動をとれば適切な成果が産出されるように，職務の設計やマニュアル整備，あるいは管理者による管理監督を行う，といったことがあげられる。アウトプットの標準化には，従業員に最終目標を明確に伝える，といったことが含まれる。

　もっとも，これらの過程のすべてにおいて標準化を徹底させることは，必ずしも必要とされない。また，マニュアルや原則といった目に見えるものだけではなく，経営理念や組織文化といった抽象的な要素についての定義や実践によって標準化を進めることも可能である（**Column ❷**）。標準化の徹底により，仕事に対する従業員の意欲が損なわれる，従業員の職務行動における柔軟性が低下する（思考停止），管理コストが増大する，といったデメリットが生じうる。加えて，従業員の行動における例外を最小化する措置を事前にいくら講じたとしても，想定外の例外は生じうる。また，そもそも，事前調整の度が過ぎると，費用に見合う便益が得られなくなる。そこで，ある程度の例外が実際に生じることは許容した上で，例外の発生がもたらす組織的な損失を最小化するために，事後的な措置が求められる。

　事後調整の第1の主体は，業務にまつわる思考や判断に専念する管理者である。頻繁に生じうる例外にはマニュアル等で対応するとしても，ほとんど発生

Column ❷　目に見えない調整

　企業の競争力の背景を，従業員を一致団結させる経営理念や組織文化に見出す議論がある。企業が従業員に示す価値観や理念は，従業員の判断や行動の基軸となりうる。そのため，もし従業員がそれを知っているだけでなく，共感や実践していれば，組織や同僚との一体感や目標達成への強い意欲（コミットメント）が自然に引き出される（高尾・王［2012］）。加えて，元来が抽象的な経営理念は，実践の形に関する「唯一の正解」を指し示さないため，さまざまな従業員によるさまざまな形での実践，また，さまざまな実践の間での相互学習を誘発することができる（中野ほか［2013］）。

　経営理念やそれに関連する実践が広い範囲で根づいた場合，それは組織文化と呼べるものとなる。強固な文化を持つことは，直接的な指揮命令への従業員の強い抵抗を伴わずに，さらには，直接的な指揮命令に頼らずに従業員の貢献を引き出すことを可能にするため，企業の競争力にとって重要であるといわれる。

　組織文化の形はさまざまである。たとえば Cameron and Quinn［2006］では，「家族文化」（共同体的な組織），「官僚文化」（規則に支えられた安定性を持つ組織），「イノベーション文化」（不確実な環境に創造的に対応する組織），「マーケット文化」（高い業績目標の達成のために社外と積極的にかかわる組織）といったパターンが示されている。

　経営理念や組織文化は，しばしば従業員の無意識に潜在しつつ，彼らを動かすものである。そのため，経営者や管理者でも，それを管理することが難しい場合がある。また，理念や文化の影響が大きくなりすぎることで，従業員の視野が狭くなったり，過剰な自己正当化が蔓延したりしかねないことについても，注意が必要である。

しない例外については，それに応じたマニュアルの改訂を無理に行わず，その場で管理者に対応させるのである。例外対応の権限を管理者に集約することで，組織内コミュニケーションをより簡素化できる（図1.1）。

　しかし，組織が大規模化するにつれ，すべての管理業務すなわち例外処理を1人の管理者で行うことは困難になっていく。そのため，大組織においては，現場の業務に直接向き合う管理者が複数置かれ，さらには，そうした管理者を管理する管理者が置かれる。こうした垂直分業を進めた結果として，**階層組織**

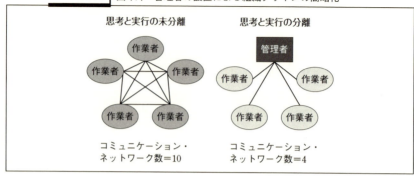

図1.1 管理者の設置による組織デザインの簡略化

（ヒエラルキー）が成立する。一言で例外といっても、頻度や重要度はさまざまである。頻繁に発生するかあまり重要ではない例外については最前線の管理者が、あまり発生しないかより重要な例外については管理者の管理者（の管理者……）が、それぞれ対応することが一般的である。

　もし「管理の幅」（スパン・オブ・コントロール）が一定であるなら、組織の規模が大きくなるほど階層の数は多くなる。ただしその結果として、管理階層の最上位者（経営者）と現業に従事する従業員との社会関係上の距離が大きくなり、組織全体としての円滑な活動が難しくなる可能性がある。こうしたときには、経営者や管理者の業務を専門的な知識でサポートする「スタッフ部門」が設置される。具体的には、法務部・経理部・財務部・人事部といった組織である。スタッフ部門によるサポートにより、経営者や管理者の「管理の幅」を広げることが可能になり、組織の大規模化に伴う階層数の増加を抑制できるようになる（組織のフラット化）。

　階層数の抑制は別の措置によっても可能になる。例外処理について管理者が保有してきた権限の一部を従業員に渡す、従業員同士の水平的な調整を通じた例外処理といった、「職域拡大」の取り組みである。もっとも、これを行うと従業員にとっての知的負荷が増大するため、マニュアルの整備や教育訓練などを通じた、例外最小化や例外対応能力の向上が避けられない。

| 企業特殊的な能力の育成 |

　組織として水平的あるいは垂直的な分業をどの程度進め、どのような調整機構を備えるべきかは、組織の目標によって異なるため、一概には定められない。

Column ❸ なぜ組織が存在するのか

　市場の力やダイナミズムに基づいて経済活動や社会の成り立ちを説明・理解しようとするのが，経済学の伝統的かつ主流のアプローチであった。そこでは，市場を「効用の最大化を目指した経済主体間の取引契約の束（集まり）」として理解するが，組織とは，こうした市場原理から外れた特異な取引形態である。近年の経済学は，組織的取引に強く関心を寄せてきた。

　Williamson［1985］によると，あらゆる取引には，取引相手の探索，交渉，契約の締結や更新，履行監視といった費用が伴うが，人間の「限定合理性」（複雑な問題に対処しきれないこと）や「機会主義」（より大きな効用のために状況に応じて行動を変えること）のために，あらゆる取引は不完全なものとならざるをえない。そうした中でも機会主義的行動を最小化すべく，取引される資産の性質に応じて，①スポット市場，②中間組織，③内部組織という取引形態から，いずれかが採用される。取引の頻度や不確実性，別の言い方をすると取引関係の固有性や特殊性が高くなるほど，スポット市場よりも中間組織，中間組織よりも内部組織が利用される（伊藤・林田［1996］）。

　市場・社会の中に組織，さらには雇用関係が生じるのは，組織が，労働市場では調達できない，内部で時間をかけて育むことでのみ獲得できるような技能を必要とすることがあるからである。企業組織の例でいえば，従業員による企業特殊的な能力の蓄積・発揮は，企業が雇用を一定以上保障することで可能になる。そうでなければ，従業員は企業に裏切られる可能性に不安を覚え，企業特殊的な能力の蓄積を怠るだろう。企業も，長期的な雇用関係の中でこそ，従業員が適切に能力の蓄積・発揮を行っているかを監視できる。こうした企業特殊的な能力と雇用関係については，第**10**章で詳しく解説される。

考えなければならないのは，どのような能力を用いることが合理的か，必要な能力を有する労働力をどう調達するかという点である。もっというと，必要な能力がどの程度その企業に特殊的なのか，あるいは労働市場から調達可能なのか，ということである（Column ❸）。

　従業員に意思決定権限を与えずに水平分業を進めると，個別業務の単純性が増す。そうした業務に必要な能力は往々にして定式的かつ一般的で，人がそれを習得するために要する時間は短いため，企業にとっては社外すなわち労働市場から調達することが合理的となる。この種の能力を有する人は労働市場に多

く存在するため，**外部調達**の費用が**内部育成**の費用を下回ることが多い。

　もちろん，企業経営に必要な能力のすべてが外部調達に向いているわけではない。たとえば，経営者や管理者が業務を遂行する際には，自社が生産・提供してきた商品・サービスや自社の歴史への理解を前提とする必要がある。また，一般の従業員に意思決定の権限を委譲するのであれば，彼らにも判断や思考の能力を求められるようになる。その際には，彼らも経営者や管理者の場合と同様の前提が求められるだろう。

　つまり，通常の業務遂行に必要な能力の中には，社外の労働市場から調達しにくい，社内での能力開発を通じて従業員に身につけてもらうしかないものが含まれている。こうした**企業特殊的な能力**（firm-specific skill）には，企業の生産技術に適合した技能やノウハウ，勘のほかに，企業内での協働を円滑にする人間関係や対人スキル・評判も含まれる。これらは一朝一夕に身につけられるものではなく，従業員は企業内のさまざまな職務・職場を経験することで，それを習得する。つまり企業とは，従業員が雇用契約の具体的な形を変えながらとどまり続ける場である。こうした**内部労働市場**が成立するには，企業と従業員の間での相互への信頼や投資が前提となる。ここに，長期的な雇用関係という取引形態の必然性が生まれるのである（**Column ❹**）。

　従業員が時間をかけて企業特殊的な能力を身につけることが重視される雇用関係においては，企業が従業員に対して目先の貢献を最大化することを期待するとは限らない。むしろ，将来の貢献可能性，長期間にわたる貢献の総量という従業員の「将来価値」に着目することが多い。将来価値の評価は，人事管理の全般に及ぶ。具体的には，採用選考における応募者のポテンシャルの見極め，成果の最大化ではなく成長の最大化を意図した従業員への業務配分，将来の成長に向けてじっくりと業務を遂行してもらうため若年層には成果主義を徹底しないこと，企業からの要請に応じて残業や転勤をする従業員とそうでない従業員の間には両者の職務が同じであっても給与水準に格差を設けること，といったことである。

┃ 多様な内部労働市場

　企業が内部労働市場を運営する方法は1つではない。詳しくは**第4章**で説明するが，人事管理の基本的な考え方として，従業員の能力の高低に即して報酬

Column ❹ 長期的な雇用関係の誕生

　長期的な雇用関係のもとで従業員の内部育成を行う仕組みは，20世紀の第1四半期ごろに，アメリカ，次いで日本に登場し，第2四半期に入って広く普及した。両国で長期雇用や内部育成の慣行が形成されたことには，イギリスやフランスの後に産業革命を経験した新興工業国であったことが関連している（ゴードン［2012］，間［1964］，Jacoby［1997］）。

　1900年前後の両国では，積極的に工業化が進められたものの，アメリカは移民社会，そして日本は近代化＝西洋化の途上にあったこともあって，良質な労働力（とくに熟練工）が不足していた。また，労働者の権利を認めない資本家・企業家特有の階級意識や，国家レベルでの労働規制と社会保険の脆弱性もあって，労働市場は流動的で，労使関係は険悪であった。

　この時期，こうした流れに対抗すべく，一部の大企業で労働者保護の姿勢が見られるようになった。具体的には，長期的な雇用保障，年功主義的な報酬体系，社員食堂の設置や居住空間の提供などである。これらの措置によって，従業員の企業に対する忠誠心の醸成や，企業による従業員の能力開発が目指された。ただし，こうした「福祉資本主義」「経営家族主義」は，労働運動へのきわめて厳しい姿勢とセットの，家父長的な性格が強いものであった。

　雇用関係の安定化は，アメリカにおいては1930年代のニューディール政策のもと，労働者の権利の保護強化が進んだこと（たとえば，「ワグナー法」の制定）によって進展した。一方，同時期の日本においては，戦時経済体制確立のために労使協調が強く求められており，国家主導で設けられた「産業報国会」によって，労働力の各企業への効率的配分や，賃金による生活保障，企業内の身分差別撤廃，雇用関係についての協議体制などが志向された。

　産業報国会の目標の多くは，終戦後に占領軍によって合法化された労働組合に結果として継承され，その多くが労使交渉の中で実現した。戦後の経済成長に伴う労働力不足の中，日米両国においては「雇用保障を通じた内部育成」という図式がさらに広まり，経済成長の原動力となった。

を支払う「能力主義」と，従業員が従事する職務の価値の大小に即して報酬を支払う「職務主義」がある。もちろん，従業員の能力と従事する職務の間には密接なかかわりがある。しかし，労使双方にとって，従業員がどのような貢献要素を持っているかを企業が評価するほうがより納得的な場合もあれば，企業

が従業員にどういう貢献を期待しているかを明確にし，期待充足の度合いを評価するほうがより納得的な場合もある。このような交換のルールにおける納得性は，雇用関係の安定化のために不可欠の要素である。

　どちらの考え方を基軸として人事管理を行うかは，社内外のさまざまな要素を勘案して決定すべきである。こういう考えを**整合性**という。詳しくは**第3章**で説明するが，企業は何らかの形で社会のトレンドに目を向けなければならない。数多くの人材に自社への関心を持ってもらいたいなら，「常識的な」人事管理を採用したほうがよいであろう。反対に，社会通念に収まらない「異能」を引き寄せたいなら，人事管理の常識を踏まえつつ，そこから意図的に逸脱したほうがよいであろう。

　社内の要素のうち最も勘案されるべきは，分業と調整の体系としての業務遂行のあり方（コーディネーション）である。たとえば，日本では，能力主義的な雇用関係が広く採用されている。そして，多くの日本企業は，組織全体としての分業と調整のあり方や個々の職務内容を明確に規定せず，従業員が状況に即して活動することを幅広く認めている。こうしたもとでの従業員は，状況の中で自らがなすべきことを柔軟に定義し直したり，目先の状況を全社的な観点から判断できなくてはならない。そのための技能を従業員に習得・発揮させるには，必ずしも職種の枠に囚われない，企業内での幅広い職務経験が必要となる。

　このような企業で，従業員1人1人の現在の職務を明確に定義・評価することは困難である。結果として，「いま何をしているか」よりも，「これまで何を身につけてきたか，これから何ができそうか」という問いに即して従業員の評価や序列づけを行うことが合理的となる。

　もちろん，すべての企業が以上のような業務システムを採用しているわけではない。むしろ世界的に見た場合には，企業として社内にどのような業務を抱えるべきかを判断し，それをもとに個々の職務記述書や評価指標を定義することのほうが一般的である。すなわち，分業と調整のあり方をあらかじめ定義し，各職務に適合的になるように，従業員を採用・育成するのである。このような定義の際，最も重要になるのが明確性である。職務内容や評価要素の明確性があってこそ，キャリア形成や報酬のあり方について納得してもらえる従業員を選抜・確保できるからである。一部の日本企業も，経営のグローバル化や世界中の有能な人材の活用といった観点から，こうした職務主義的な雇用関係に舵

を切る動きを見せるようになってきている。

 雇用システムの変化

内部育成モデルの比重と原理の変化

　これまで，長期的な雇用関係の中で企業特殊的な能力を培うという人事管理モデルについて述べてきたが，これが存在する理由は経営戦略上の合理性という観点からも説明することができる。その要点は，その企業に特有の人的資源，ひいてはそれを生み出し活用する仕組みが，企業の製品・サービスの独自の価値や収益の前提となり続ける，というものである。企業特有の人的資源を生み出し活用する人事管理の条件としては，①雇用の保障，②新規採用時の厳格な基準，③従業員チームへの権限の委譲，④企業業績に強く結びついた報酬，⑤手厚い教育機会，⑥地位に応じた処遇格差の縮小，⑦企業情報の共有，があげられる（Pfeffer［1998］▶序章）。

　しかし1990年前後から，こうした人事管理にそぐわない動きが見られるようになった。それは，特定の従業員や事業を社外に放出するという，いわゆるリストラクチャリングにとどまるものではない。

　すなわち，企業外の労働市場の動向に合わせた労働力の調達や報酬の決定が，人事管理のさまざまな側面で進み出している。具体的には，強い雇用保障を伴わない形で新規の従業員採用を行う，企業の中核となる能力を社内ではなく社外から調達する，目先の個人業績により連動した報酬体系とする，能力開発の主導権を企業から従業員本人に移す，などである。こうした中，「幅広い企業で高く評価され，雇われ続ける能力」としての**エンプロイアビリティ**（employability）が，近年の雇用関係の中核概念になりつつある。

　人的資源を企業内部で調達することが合理的であると多くの企業が見なさなくなってきた背景には，人事管理を取り巻く以下のような環境変化がある（Cappelli［1999］）。①企業間の競争の激化により既存の人的資源がすぐに陳腐化するようになった，②情報技術の発展により管理業務を中心とした組織内業務の多くをアウトソース（外部業者への業務委託）することが可能になった，③

株主の発言力が増大し固定費の削減が急務になった，④個々の労働者のスキルや成果の可視化が進んだ。近年に至っては，産業構造の変化，新興国からの良質な労働力の輩出，人間による作業の多くを担うことができる人工知能やロボット等の発展などの動きが，企業による人的資源の長期的な内部育成，さらには人的資源の活用そのものの必要性を小さくしている。

もっとも，こうした動きは，企業と従業員との長期的な関係を全面的に否定するものではない。企業の独自性や優位性を保ち続けるための中核能力（コア・コンピタンス）については，企業外部から調達することは困難である。そのため，経営者や高度な技術者・技能者に将来なりうる少数の従業員を早期に見極め，従来以上の能力開発機会を設ける動きも見られる（▶第8章）。

たしかに，エンプロイアビリティを重視する人事管理は，長期的な雇用保障を雇用契約上の大前提とはしない。業務上求められる能力の定義や報酬の水準・基準において，社外の労働市場のトレンドからの影響を大きく受けることになる。しかし，従業員が，自らの前向きな意思によって，自らのエンプロイアビリティ向上にプラスになる企業との長期的な関係を選ぶこともありうる。また，現代のように複雑で不透明な社会情勢の中で特定の企業に雇われ続けることには，何か（たとえば，所属企業の倒産）あった際にキャリアの再設計が難しくなるという，従業員にとってのリスク要因も存在する。社外の労働市場を意識しながら働き，能力形成することは，従業員のキャリア形成上のチャンスにもなりうる（▶第2章）。

労働の時間と場所の自由化

雇用関係の根本的な変化は，従業員の働き方にも変化を引き起こす。労働とは，従業員1人1人が他の従業員とかかわり合いながら，所属組織の目標達成につながる活動を行うことである。そこで長らく前提とされてきたのが，「企業が決めた時間と場所で働く」ということである。

企業には従業員の心身の健康を守る法的義務が課されるが，その最も典型的なものが，「所定労働時間」の定めであろう。「所定」労働時間は，労働基準法が定める「1日8時間，1週間40時間」という「法定」労働時間を上回らない範囲で各企業によって設定される（▶第9章）。そこには，1日や1週間当たりの総労働時間に加えて，始業時刻と終業時刻についての規定がある場合がほと

んどである。また，各人が集団作業を通じて成果を上げるということに加え，労働時間の適切な管理という側面からも，企業内の特定の場所（職場）に日々通うことが従業員に求められることがきわめて多い。

こうした措置は企業と従業員の双方にとって必要とされることが多い反面，一部の人々の就労機会を奪っている側面もある。たとえば，育児や介護のために所定労働時間のすべてを業務にあてられない人々に対して，相対的に不利な雇用機会しか提供できないといった事例である。こうした人々の多くが，企業の競争力に直結するような能力を持っていたり，労働時間や他の従業員との接触頻度が限られた中でも高い成果を出すことができたりする。にもかかわらず，これまでの日本の雇用慣行のもとでは，彼らに対して活躍の場や能力・貢献に見合った報酬が与えられずにいたのである。

近年，必要とする能力の変化や人手不足への対処といった観点から，一部の企業が労働の時間や場所などについて**自由な働き方**を従業員に認め出している。「いつ，どこで，何をするか（したか）」ということに囚われずに済むような職場内コミュニケーションや報酬の仕組みが模索されている。労働時間についていえば，所定労働時間の規程は維持しつつも状況に合わせて従業員が柔軟に始業時刻と終業時刻を設定できる「フレックスタイム制」や，所定労働時間分だけ働いたと見なして従業員の労働時間の自由な設定を認める「裁量労働制」の適用範囲を拡大する動きが見られる。労働の場所の自由化についても，始業と終業の申告をオンラインで行うことを認め，自宅を含む職場外での勤務を従業員に認める，といった措置がある。

こうした人事制度のもとで従業員1人1人の活動を組織化する条件についても，模索が進み始めている。たとえば，職場全体で達成すべきことを念頭に置きつつも，従業員1人1人の自律性を極力高めるような形で業務内容や成果目標を設定する，といったことである。「テレワーク」に代表される，インターネット上で同僚とコミュニケーションをとる，データの管理のすべてをインターネット上で行うことで情報漏洩リスクを低下させる，といったことを可能にする情報通信機器の整備も，多くの企業で進みつつある。

一方で，人々のニーズに合わせた就労を促進する措置によって，意図せざる弊害が生じる可能性もある。たとえば，従業員の業務負荷が過重になったり自律性が担保されないことで長時間労働になる，職場とそれ以外の境界が希薄化

することで生活の全域が仕事色を帯びるようになる，同僚や企業との物理的な接触頻度が減ることで従業員の成長目標や彼らとの心理的紐帯が弱まる，情報漏洩対策に企業としてより多くの力を注ぐ必要が生じる，といったことである。

働き方の改革を進める際には，企業が率先して従業員への期待や実際の働きを的確に捉えるための基準づくりに取り組むことが，これまで以上に重要になる。そうした基準が定まってくるまでの期間にはさまざまな問題が生じるだろうし，もし企業側に基準を定め運用する力がなければ，改革は「絵に描いた餅」に終わるだろう。労働者保護と働く自由，さらには企業側の権利（使用権や人事権など）の間のバランスをとるための措置が，労働に関する法令も考慮に入れつつ講じられる必要がある（▶第 12 章）。

4 企業の絶えざる変化に即した人事管理

企業では長らく「持続的競争優位」の確保が目指されてきた。しかし，社会の価値観や企業間競争の軸が目まぐるしく変わる中では，そうした目標自体が非現実的である可能性がある（入山 [2012]）。D'Aveni and Gunther [1994] によると，企業が一度確立した競争優位を享受できる期間は短くなってきているという。こうした中で企業に求められるのは，一度失われた競争優位をすぐに取り戻すという「一時的な競争優位の連鎖」の確立である。競争優位の連鎖のためには，必ずしも規模の大小にこだわらず，技術開発や組織変革を絶えず実践するという積極的な企業行動が求められる。

こうした状況下では，企業はさまざまな手段で新陳代謝を図らなければならず，「攻め」と「守り」や，組織内の知識に関する「探索」(exploration) と「深化」(exploitation) の (March [1991])，同時進行が欠かせない。こうした同時進行は「両利き経営」と呼ばれる。日常業務においては攻めより守りが，探索より深化が優先されがちであるため，攻めや探索のための専門部署を設けたり，従業員 1 人 1 人が攻めや探索にも時間あるいは意識を割けるような勤務ルールを設けたりといった対応が必要になる。

企業が過去の経験により培ってきたものの中には，捨て去るべきものも残すべきものもある。これからの企業は，内部育成が困難な知識やわざわざ内部育

成することが割りに合わない知識を有する労働者を，外部から積極的に取り込んでいく必要がある。しかし，企業の伝統に通じた人々を一定以上確保することも，その企業が独自性を発揮するためには欠かせない。本書では，異なる背景を持つ人々が時に対立しつつも協働して新しい成果を創出するための，業務ルールや共通価値の策定，さらには採用・配置・育成・評価処遇といった人事管理上のさまざまな取り組みについて紹介していく。

KEYWORD

企業と従業員の間の交換関係　　水平分業　　垂直分業　　事前調整　　事後調整
標準化　　階層組織　　職域拡大　　外部調達　　内部育成　　企業特殊的な能力
内部労働市場　　整合性　　エンプロイアビリティ　　コア・コンピタンス　　自由な働き方

EXERCISE

① 操業時に発生する例外に組織的に対応する際，さまざまな方法の使い分けや併用が考えられますが，どのようなことを考慮すべきでしょうか。

② 従業員の企業特殊的な能力が企業にとって重要である理由，および，それを形成するために必要な人事管理のあり方について，まとめてみましょう。

③ 企業によって長期雇用保障が確約されない中でも個人が仕事やキャリアを継続していくために必要なことについて，本文を参考にしつつ自由に検討してみましょう。

参考文献　　　　　　　　　　　　　　　　　　　　　Reference ●

Barnard, C. I. [1938] *The Functions of the Executive*, Harvard University Press（山本安次郎・田杉競・飯野春樹訳『経営者の役割（新訳）』ダイヤモンド社，1968 年）.

Cameron, K. S., and Quinn, R. E. [2006] *Diagnosing and Changing Organizational Culture: Based on the Competing Values Framework（rev. ed.）*, Jossey-Bass（中島豊監訳，鈴木ヨシモト直美・木村貴浩・寺本光・糠谷文孝・村田智幸訳『組織文化を変える──「競合価値観フレームワーク」

技法』ファーストプレス，2009 年)．

Cappelli, P. [1999] *The New Deal at Work: Managing the Market-driven Workforce*, Harvard Business School Press（若山由美訳『雇用の未来』日本経済新聞社，2001 年)．

D'Aveni, R. A., and Gunther, R. E. [1994] *Hypercompetition: Managing the Dynamics of Strategic Maneuvering*, Free Press.

Jacoby, S. M. [1997] *Modern Manors: Welfare Capitalism since the New Deal*, Princeton University Press（内田一秀・中本和秀・鈴木良始・平尾武久・森杲訳『会社荘園制──アメリカ型ウェルフェア・キャピタリズムの軌跡』北海道大学図書刊行会，1999 年)．

March, J. G. [1991] "Exploration and exploitation in organizational learning," *Organization Science*, vol. 2, no. 1, pp. 71-87.

Pfeffer, J. [1998] *The Human Equation: Building Profits by Putting People First*, Harvard Business School Press（守島基博監修，佐藤洋一訳『人材を活かす企業──「人材」と「利益」の方程式』翔泳社，2010 年)．

Williamson, O. E. [1985] *The Economic Institutions of Capitalism: Firms, Markets, Relational Contracting*, Free Press.

伊藤秀史・林田修 [1996]「企業の境界──分社化と権限委譲」伊藤秀史編『日本の企業システム』東京大学出版会，153-181 頁。

入山章栄 [2012]『世界の経営学者はいま何を考えているのか──知られざるビジネスの知のフロンティア』英治出版。

ゴードン，A.（二村一夫訳）[2012]『日本労使関係史──1853-2010』岩波書店。

高尾義明・王英燕 [2012]『経営理念の浸透──アイデンティティ・プロセスからの実証分析』有斐閣。

中野浩一・江夏幾多郎・初見康行・守島基博 [2013]「ブラザー工業──グローバル経営の進化と人事部門の役割 本社による支援を通じた海外拠点の自律化」『一橋ビジネスレビュー』第 61 巻第 2 号，102-115 頁。

沼上幹 [2004]『組織デザイン』日本経済新聞社。

間宏 [1964]『日本労務管理史研究──経営家族主義の形成と展開』ダイヤモンド社。

CHAPTER

第 2 章

働くということ

SHORT STORY　A社の傘下となったJ社では，多くの従業員が途方に暮れていた。課長の高橋真も例外ではない。仕事外の時間も含めて職場の活性化に自発的に貢献してきた自負はあるものの，課長に期待される目に見える成果の達成がより厳格に問われるようになり，自分の将来について強い不安を感じるようになった。

　しかし，だんだん次のように考えられるようになってきた。自分の成果次第では報酬が下がりうること，J社にいつまでもいられるとは限らなくなったことは，たしかに心地よくはない。しかし，社内外の誰にもわかる成果を創出する能力を身につけることは，キャリア形成上のチャンスではないだろうか。それに，変革の最中にあるJ社で働くことで，能力の幅は広がるのではないか。

　高橋の気づきの背景には，マッケンジーCEO，オハラCHROと，現場の従業員との度重なる意見交換があった。新しい経営陣は，新たな雇用方針の根底にある，「社員1人1人に特有の成長・活躍に，徹底的にコミットする」というA社の人材活用の基本哲学を，具体例を交えながら繰り返し語りかけている。そして，従業員からJ社の歴史やこれまでの事例を聞き取り，その多くは，これからA社がJ社に浸透させようとしている人事哲学にもマッチすると説明している。

　日系一世の祖父母仕込みの日本語を使って現場と対話しようという姿勢を見せるオハラCHRO，A社とJ社の統合のあり方をゼロベースで模索しようとするマッケンジーCEOの姿に触れた高橋は，「J社の再生には自分たちが経営層に積極的に働きかけることが必要だし，そのための門戸は開かれている」と思うようになった。背景や立場を超えた人々の切磋琢磨，さらには連帯感が，J社に生まれようとしていた。
（54頁に続く）

1 なぜ人は働くのか

モチベーションとは何か

　人と仕事の関係を考える際の鍵は，やる気すなわち**モチベーション**である。モチベーションは，「目標達成のために努力しようとする個人の意思」「自らを取り巻く緊張を取り除こうとするプロセス」と定義できる。「あるものが欲しいが，まだ手に入っていない」という状態（緊張）から脱却するため，人は多大なエネルギーを投入する。

　メンバーのモチベーションについて考える際には，その「強さ」に加え，「方向性」「持続性」も考慮する必要がある。勉強しなければならないときにゲームに没頭する子どもを見ればわかる通り，モチベーションは単に高ければよいわけではない。定期試験時期の子どものモチベーションは，勉強という方向にこそ向けられなければならない。また，その子が勉強しなければならないことはわかっていたとしても，やりかけのゲームが気になってしまい，数分間ごとに勉強とゲームを繰り返していたら，定期試験の結果はどうなるだろうか。良質なモチベーションは，強く，適切な方向づけが持続したものでなければならないのである。

さまざまなモチベーション

　人のモチベーションを方向づける事柄を，一般的には「報酬」，学術的には「誘因」（インセンティブ）という。たとえば，飢餓や生活が不安定な状態にある人々は，それを解消するために必要最低限の衣食住を強く求めるだろう。しかし，そうした状態を脱することができた後は，彼らの衣食住の求め方も従来とは異なってくる。

　Maslow［1954］によると，人は，ある報酬によってある欲求が満たされることで，新たな欲求とそれを満たす報酬を見つけ出す。生存を脅かされる恐れを抱かなくなった人々は，たとえば，他者と交流したり，さらにはその中で他者から敬意を受けるといったことを望むようになる。そして，そうしたさまざま

36 ● CHAPTER 2 働くということ

Column ❺ マズローの欲求理論とマネジメント

　近年，従業員に自己実現を志向するよう強く求める企業が増えている。それらの多くが，「わが社にはみなさんが成長できる環境がある」「カネよりも大事なものがある」といったアピールを社内外に対して行っている。

　ただ，そうしたことを前面に押し出す企業の経営管理の適切さには，十分な注意が必要である。マズローによると，人間には，基礎的な欲求が満たされてはじめて，自己実現への道に踏み出せる傾向がある。つまり，一定水準以上の職務環境や雇用条件を享受できない人にとって，「自己実現」という文句は多分に絵空事である。また，そもそも人の自己実現への道のりは，本来的に自律的なもので，企業が従業員を誘導することで開かれるようなものではない。

　近年の日本では，法に触れるような形での就労をパート・アルバイトを含む従業員に対して強いる，いわゆる「ブラック企業」においても，自己実現「的な」言説が氾濫しがちである。基本的な報酬や職場環境を十分に提供できないことの「目くらまし」として成長や自己実現を従業員に求めることは，学説を実務に応用する際の1つの悪い例としてよい。

な活動から得られる報酬を見積もり，最適なものに従事するようになる。

　なお，マズローによれば，人間の最高次の欲求に「自己実現」がある。しかし，その道に終わりはなく，また，到達できなかったとしても人が不安や焦りに追いやられないという点で，これは他の欲求とは異なるものである。自己実現に向けた力はその人の内から自然に湧いてくるものであり，周囲から与えられる報酬のために生じるものではない（Column ❺）。

　ただ，モチベーションが高そうに見える人に「そこまで働く理由は？」と尋ねたとしても，常に明確な答えが返ってくるとは限らない。「カネのため」「家族のため」「会社のため」「自分の成長のため」「社会・世界のため」といった特定の理由を伴わない，しかしエネルギーに満ちた人が存在する。彼らは時や場所を忘れてその活動に没頭する。その内面では，自らの活動内容を深く理解し，活動に従事することの本質的な意味を見出し，強い自己統制感を持つ。こうした，内なる衝動に突き動かされた状態のことを，「フロー」という（Csikszentmihalyi［1975］）。

　それでは，今日の職業人は，仕事・職場・所属先の何に惹かれているのだろ

CHART 図2.1 人々を仕事に向かわせるもの

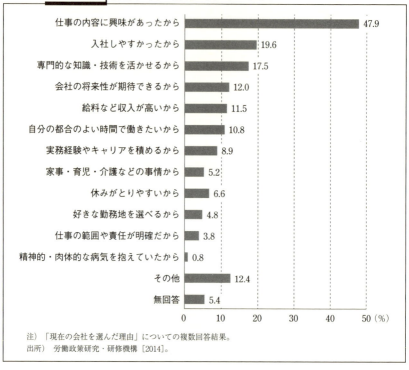

注）「現在の会社を選んだ理由」についての複数回答結果。
出所）労働政策研究・研修機構［2014］。

うか。図2.1によると，いま所属している企業で働いている理由として1番にあげられたのは，仕事内容への興味である。加えて，自らの能力が活かせることが3番目の理由にあがっていることからすると，人々にとって外発的な報酬は重要であるものの，それだけが働く原動力となっているわけではないようだ。

 モチベーションの管理

　従業員の仕事への動機づけ要因が多様であるのに対応して，企業によるモチベーション管理の方策も多様である。企業で経営管理が体系的に行われるようになったのは，この100年あまりであるが，その間，さまざまな管理手法が生み出されてきた。

Column ❻ 「働く理由」の歴史

　古来，仕事という活動については，否定的に捉えられていたことのほうが多い。たとえば，古代ギリシャの都市国家では，自分が生存・生活するための活動や，農工業などの具体的なモノを生み出す活動は，市民が従事すべきではない奴隷的なものとされていた。

　また，宗教的な世界観にも，違った見方がある。たとえば，仏教においては，寺院の清掃などの作業も含めた，仏に対して祈りを捧げる一連の活動のことを，「勤行」と呼び，悟りに至る過程と捉えている。同様の思想は，中世ヨーロッパにおけるキリスト教の一部会派にも存在した。

　近代とは，そうした仕事観が徐々に社会全体へと広まりながら，変容していった時代であった。カルヴァンによると，すべての人の仕事は，彼らが生を享ける前から神によって従事することが定められた「天職」である。それに没頭し，その成果を蓄え，再投資することは，「神の国」をこの世で実現するための尊い活動である。日本においても，江戸時代に入り，人々の仕事は彼らが所属する「家」の維持・発展につながるものであるという考えが広まった。また，「天地や社会全体との関係の中で自らがすべきことを見出し，専心する」といった仕事倫理が，石田梅岩や二宮尊徳などの思想家によって広められた。そして19世紀以降，産業革命と帝国主義のうねりが世界的に大きくなると，「富国強兵」などのイデオロギーとのかかわりで，商工業を営む組織や仕事に従事する人々の私益は，国益につながる範囲で追求されるべきであるという考え方が広まった。

　近代以降に生まれたこれらの思想は，必ずしも自己犠牲を意味しない。周囲への貢献は，多くの人々に大きな喜びをもたらすものでもある。大企業の成立とともに，報酬の意味も拡張した。金銭的報酬のみならず，同僚との私的で親密な関係や，所属組織の価値や目標への共感，さらには忠誠心・帰属意識・一体感，といったものを重視する人々が増加した。

　しかし，20世紀後半に至って，周囲との一体化を要さずとも仕事を肯定的に捉えるスタンスが生まれた。つまり，「困難な仕事に挑戦することは喜びの源である」「仕事に没頭することで自分を高めることができる」といった個人主義的なものである。これによって，企業と従業員の関係性には，「それぞれのニーズを尊重しつつ，共存する」といった側面も見られるようになってきている。

金銭的報酬を通じた動機づけ

　体系的な経営管理の元祖というべきものが，経営コンサルタントであったテイラーによって20世紀初頭に発明された「科学的管理法」である（▶序章）。19世紀後半のアメリカにおいて，今日的な意味でいう大企業や，機械を全般的に利用した大量生産システムが，世界ではじめて登場した。そこで実際の作業に従事した労働者たちは，企業ではなく，作業場の管理を請け負う親方によって，1日単位で雇われていた。親方の多くは，恣意的に作業量や賃率の設定，さらには採用・解雇を行っていたため，労使関係は協調的なものからは程遠く，労働者の間では計画的な怠業が横行していた。

　科学的管理法は，そうした現状を親方ではなく経営者やその周辺の力で克服することを目指すものであった。そのためにまず，コンサルタントがさまざまな職場において「第一級の作業者」の動作を分析し，「標準作業量」を職務ごとに特定した。標準作業量の特定により，労働者の働きと賃金を恣意性を廃して厳密に結びつける「差別的出来高給制」が可能になる。テイラーはこうしたプログラムによって，従業員の労働意欲の向上と経営の能率向上，労使間の公正な関係と共存共栄が可能になるとした（岡田［2003］，Taylor［1911］）。

　企業からの期待に応えるほど従業員により高い報酬が提供される体系的な枠組みは，全世界に広まった。その影響は，企業活動の効率化を進めるIE（インダストリアル・エンジニアリング）という形で，今日にも残っている。雇用・労働という領域に限ってみても，「同一価値労働同一賃金」といった原則の根底には，この発想がある。十分あるいは公正な**金銭的報酬**は，従業員を動機づける要因の1つに過ぎないが，最も基本的な要因である。

社会的報酬を通じた動機づけ

　1930年前後，メイヨーをはじめとするハーバード大学の研究グループが，ある工場で，生産性を最大化する作業条件についての大規模な調査を行った。観察結果はきわめて多岐にわたったが，仕事に関する動機づけについては以下のような知見が得られた（Roethlisberger and Dickson［1939］）。

　第1に，物理的な作業条件や経済的インセンティブと生産性との間には，明確な関係がない。第2に，周囲から自分への視線や関心を感じる際に，人は最

も働く。第3に，人々は職場に明確な指揮命令系統が存在するときでさえ，「働きすぎも作業量不足も回避する」という非公式なルールを維持するため，ルール違反者を仲間外れにする。これらを踏まえ，第4に，管理者に求められるのは，厳しい監督よりもむしろ，職場内の**人間関係**の円滑化を図ったり「気配り上手」「聞き上手」であったりする，**配慮志向**のリーダーシップである。これらの知見は，企業や職場という共同体の一員としての意識を従業員に持ってもらうことが，彼らの仕事へのモチベーションを大きく高めるということを含意する。もっとも，**社会的報酬**の重要性に関するこうした主張に対しては，元来重視されてきた物理的・経済的な条件の影響力を過小評価あるいは無視しているという批判もある（大橋・竹林［2008］）。

　組織に属する人々をまとめ上げるものの1つに，**組織文化**がある。それは，組織のメンバーに共有された，価値・意味・認識の体系である。ある物質的・行動的・言語的なシンボルといった文化の表層，あるいはそこに込められた価値観といった文化の深層のそれぞれが，メンバーに共有されるほど，組織のまとまりは強くなる。組織文化は，製造業を中心に日本企業が急成長し，欧米で長く用いられてきた明示的な規則に基づく管理・統制が行き詰まりを見せ始めた1970〜80年代に入って注目されるようになった。

　従来の日本型人事管理を例にとれば，長期雇用保障・新卒採用・年功賃金・企業内福利厚生といった人事の施策や活動は，組織文化論でいうシンボルに該当する。そして，そうした表層の根底には，労使が共同で短期的利益ではなく長期的利益をつくり上げるという価値観がある。こうしたシンボルや価値観の多くは，ある時期，ある企業に突如浮上するものではない。つまり，「資本家対労働者」という階級対立の構図が薄まった戦後の経済体制，明治時代以降の「個人益＝企業益＝国益」という図式，さらには江戸時代以来の「家の論理」といった規範が，今日の企業の多くにも少なからず影響しているのである。

　高業績を誇る組織の多くが「強い組織文化」を保有する，ということは，たびたび指摘されてきた。その反面，組織が強くまとまることで人々の同質化が進んだり，不適切な方向性への傾斜が進んだりするというリスクがあることも否定できない（▶第1章Column❷）。

2　モチベーションの管理　●　41

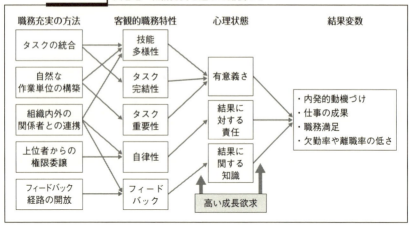

図2.2 職務充実を通じた動機づけ

内発的報酬を通じた動機づけ

　組織文化についての研究が進んだのと同時期に，組織の業績を引き出す職務行動や作業環境についての研究が，日本や欧米で進んだ。日本では，「変化や異常への対処」といった普段と違った作業をこなす力（知的熟練）を従業員に身につけさせる職務経験（小池［2005］）や，上司や部下を巻き込みながら組織全体を変革する管理者の役割（金井［1991］）についての研究が進んだ。

　欧米（とくにアメリカ）では，従業員のモチベーションを高める**内発的報酬**となる作業環境の特徴についての心理学的研究が精力的に進められた。Hackman and Oldham［1976］によると，自らの仕事に「有意義さ」を認め，「結果に対する責任」「結果に関する知識」を有する人ほど，業務の遂行に高く動機づけられる。また，そうした知覚は，**職務充実**（job enrichment），すなわち「タスクの統合」「自然な作業単位の構築」「組織内外の関係者との連携」「上位者からの権限委譲」「フィードバック経路の開放」といった外部条件によって引き出される。こうした傾向は，とりわけ成長欲求の高い人に顕著に現れる（図2.2）。

　仕事を通じた成長とは，たとえば表2.1の左項から右項への態度変容を意味する（稲葉ほか［2010］）。多くの人々がこのような職業人としての自立に強く動機づけられる中，少なくない企業が経営目標の達成手段として従業員の成長をサポートするようになった，というのが今日の状況である。

CHART	表2.1　仕事を通じた成長

受動的行動	→	能動的行動
依存状態	→	相対的自立状態
少数の行動様式	→	多様な行動様式
移り気で浅い関心	→	複雑で深い関心
短期的見通し	→	長期的見通し
従属的地位	→	同等または優越的地位
自覚の欠如	→	自覚と自己統制

企業による従業員のモチベーターの創造

　従業員の仕事に対する欲求は多様である。そこで企業側が考えるべきは，「経営管理によって，従業員の動機づけの構造に影響を与えられるか」という点である。もしそれが難しい場合，企業は従業員に合ったインセンティブを与えるか，自社のインセンティブに合った従業員を採用・活用するよりほかはない。

　実際にはそうした局面が多いものの，企業が従業員に対して常に受動的なわけではない。企業は従業員との日々のかかわりを通じ，企業が望む動機づけ構造を持つように，従業員に変化を促すことができる。近年，日々の仕事やキャリア開発へ自律的に取り組むことを従業員に対して期待するようになった企業が，能力開発機会の提供や啓発活動を行うケースも増えている。

　「企業が期待を寄せれば，従業員はそれに応えるようになる」という考えは，古くから存在する。たとえば，マクレガーが提唱した「X理論 ⇔ Y理論」の図式は，「管理者は，部下についてある想定を持っているが，その想定に即して接すると本当にそのような部下になる」という**ピグマリオン効果**を意味するものであった。Y理論的な前提のもとで部下と接すれば，彼らはその通りに応えてくれるというのが，彼の議論の含意である（McGregor［1960］，表2.2）。

　従業員のモチベーターは，企業の思惑を超えた動きを見せることがある。デシによると，人がある取り組みに対して抱く内発的な動機づけの水準は，金銭などの外発的な報酬に影響を受ける。さまざまな影響のうち最も有名なものは，**アンダーマイニング現象**と呼ばれるもので，人は実際に報酬を提示されることで，「私は外的要因によって動機づけられている」と理解を改めることになる。

CHART 表2.2　部下の行動原理に関する，管理者の持論

X理論	Y理論
人間は生来仕事が嫌いで，できることなら仕事をしたくないと思っている	人間にとって仕事は，休息や遊びと同様に自然なものである
たいていの人間は，強制・統制・命令・懲罰による脅迫がないと，組織目標に向けた貢献を行わない	人は自ら進んで目標にコミットしたならば，自己管理を行える
人間は責任を回避したがり，公式的な指示をいつも求める	平均的な人ならば，責任を受け入れたり進んで求めたりする
ほとんどの人間は野心を持たず，何よりも安全を望んでいる	創造的・革新的な意思決定のための能力は，たいていの人間に備わっている

　つまり，企業が従業員の従事する仕事や達成した成果に対して公正に報いようとすればするほど，従業員の仕事への根源的な熱意を削ぎかねないのである。反面，あまり着目されないが，これとは効果が真逆の**エンハンシング現象**と呼ばれるものもある。これは，人は外発的な報酬によって「自分は有能だ」と知覚することで，従来以上に当該の活動に没頭するようになるというものである（Deci [1975]）。

　これらはどちらが正しいというものでもないが，企業が金銭や地位といった外発的報酬を従業員に与える際には，細心の気配りが必要とされることを意味する。すなわち，単にそれを与えるのではなく，「従業員の有能さに報いるものである」というメッセージを発することが望まれよう。それによってエンハンシング現象の発生が期待できるからである。もっとも，そうしたメッセージを受けて内発的動機づけの水準を高める人は，仕事における自己決定感が高い人，つまり，それなりに非定形的で創造性が求められる業務に従事する人に限られるであろう。企業による従業員のモチベーション管理は，従業員の特性に応じてきめ細かに行われなければならないのである。

3 キャリアをつくる

モチベーションとキャリア

　これまで，日々の仕事，1つ1つの仕事に取り組む人々を支えるモチベーションや欲求について論じてきた。人々のモチベーションや欲求が，その人のこれまでの職業経験の影響を受けて各人各様の姿をとる一方で，日々の仕事経験がその人のアイデンティティ（その人らしさ）を形づくる原動力にもなる。アイデンティティからは，その人の職業人生におけるそれまでの経験の蓄積と，これからに向けた理想や願望がにじみ出る。「キャリア」という言葉が意味するのは，こうしたことである。

キャリア「発達」という考え方

　人々のキャリアは，本人と，所属企業のように彼らが職業人生の中でかかわる対象との間のやりとりを通じてつくられる。企業から従業員へのキャリア開発のための関与については第2部で述べるため，ここでは，従業員の視点からキャリアについて考えてみることにしよう。

　キャリアの考え方として最も古いものの1つが，孔子の『論語』「為政篇」にある。

　　　吾十有五にして学に志す。
　　　三十にして立つ。
　　　四十にして惑はず。
　　　五十にして天命を知る。
　　　六十にして耳順ふ。
　　　七十にして心の欲する所に従ひて，矩を踰えず。

　ここには，人生は複数のステージからなり，人格の完成に向けて徐々に歩みを進めるべきである，というメッセージが含まれている。こうした直線的な

キャリア発達モデルにどれだけ普遍性があるのかには，疑問を呈することもできる。たとえば，「早熟」「大器晩成」という言葉もあるように，人によって発達経路の歩み方や遅速は異なる。また，企業の経営や社会全体の先行きが不透明な中，人は，人生を賭けてある特定のキャリアをつくり上げるよりも，**複数のキャリア**を同時に生きたり，**キャリアの再構築**を複数回行うほうが望ましい，という議論もある（Gratton［2011］）。

　このようなさまざまな観点にもかかわらず，そして，最終的には本人の考え方次第であるが，人々の仕事経験は，「新たなことにチャレンジする」「すでにあるものをさらに深化・開花させる」という要素に彩られている。何らかのビジョンや考え方を手がかりに，自らのキャリアに意思を持ってかかわっていくことは，人の人生にとって，やはり積極的な意味があるのだろう。

目標の重要性

　キャリア形成の原動力には，「自らの意識でつくり上げる」というものと，「流れに身を任せる中で結果としてでき上がる」というものがある。金井［2002］は，前者を**キャリア・デザイン**，後者を**キャリア・ドリフト**と呼び，その両方を備えることが必要であるとした。

　人は自らのキャリアを完全にデザイン（事前の計画）できるほど合理的ではない。たとえば，転勤当初に抱いていた嫌なイメージにいつまでもこだわっていては，「住めば都」と思えるチャンスを失ってしまう。かといって，ドリフト（その場任せ）だけでは自分の人生に責任を持てなくなる。そういう人に周囲が魅力的な機会を提供することはそう多くないだろう。

　デザインとドリフトの関係は複雑である。第1に，ドリフトの中で得るさまざまな経験が，将来のデザインのための資源となる。第2に，状況に流される（ドリフト）中で未来につながる何かを見出すためには，探索や判断の前提となる何かしらのデザインが必要となる。有意義な偶然の多くは，「計画された偶然」（planned happenstance）なのである。

　キャリア・デザインの礎となるのが，自分のキャリアにおける指針や目標，そしてそれらに必然性を与える，自分の価値観や才能および欲求についての自己認識である。Schein［1978］はそれを**キャリア・アンカー**（錨）と呼んだ。Schein［1996］によると，キャリア・アンカーには8つのタイプがある（表2.3）。

46 ● CHAPTER **2** 働くということ

CHART 表2.3 キャリア・アンカーのタイプ

(1)	技術的・専門的能力志向	ある特定の仕事のエキスパートであるときに満足感を覚える
(2)	経営管理能力志向	組織内の統率や権限の行使に幸せを感じる
(3)	自主性・独立性志向	自分のペースと裁量で仕事を自由に進めたい
(4)	保障・安全性志向	安全で安定したキャリア構築を目指す
(5)	起業家的創造性志向	リスクを恐れず，自分の努力による達成を目指す
(6)	他者・社会への貢献志向	自分にとっての中心的価値のためなら他のすべてを捨てることができる
(7)	チャレンジ志向	人との競争，目新しさ，変化，困難さを好む
(8)	ライフスタイル志向	仕事と家族のバランスを優先する

　キャリア・アンカーは，仕事や人生の経験を通して，「自分は何が得意で，何が強みか」「自分はどういう仕事がしたいのか」「自分にとって価値があることは何なのか」といったことに関する内省を深める中で，徐々に見出されていくものである。シャインによれば，本当の意味でキャリア・アンカーが確立されるのは，40歳前後であるという。その反面，今日の学生や若年労働者の多くが，早期にキャリア・アンカーを自覚することを求められている。そのために「自己分析」を行い，その成果を書類試験や面接試験で企業の採用担当者から問われる。しかしシャインの指摘を踏まえると，就職活動の場などで表明されるアンカーは，確たる裏づけのないものである。だとしたら，就職・採用活動の場でのキャリアをめぐるやりとりは無駄なのだろうか。

　本書では，人格形成途上にある若者が，自らのキャリア・アンカーについて考えることは有効であると考える。なぜなら，キャリア・アンカーを考えることが，「ドリフトの中で培われるデザイン」「あるデザインをもとにした有意義なドリフト」を加速させるからである。たとえば就職活動の際には，「なるべく多くの人に会え」ということがいわれる。これは，「下手な鉄砲も数撃てば当たる」からではない。多くの人との対話が，キャリア・アンカーについての自らの仮説を可能な限り洗練させる機会，あるいは洗練させる能力を修得する機会となるのである。

4. 環境が変化する中で働き続ける

組織と個人を結ぶ複数の紐

近年，企業と従業員のかかわり方は，大きく変化しつつある。IT 化や機械化の流れはさらに加速化し，人間が行うべき仕事はより創造的な領域に集中するようになってきた。また，経済のグローバル化に伴う企業間競争の激化や世界各国の労働市場の融合により，有能さの定義は変化し，雇用が流動化・不安定化している。こうした中，業務の内容や成果にいろいろな意味で釣り合わない雇用形態や報酬水準を示される従業員も，増加している。

これらの結果として，企業が従業員の望ましい働き方やキャリア開発の仕方をあらかじめ定義し，それに応えた従業員に高く報いるという，従来の人事管理は成り立たなくなってきている。「会社は，従業員がどう働き，どのようにキャリア開発するのが望ましいのかよくわからない。だから自律的にやってもらいたい。結果として高い成果を出せたのなら，それには高く報いる」というあり方に変化していっているのである。

Rousseau［1995］によると，雇用関係の機軸となる「契約」の形は，第 1 に内容の面で，経済的交換に関するものと社会的交換に関するものに分けられる。第 2 に形式の面においても，書面などの形で可視化されたものと，従業員と企業が主観的に抱く形にならざるものに分けられる。契約の形式のうち，前のタイプのものを「明示的契約」，後のタイプのもの，つまり「互恵的な関係を保つため，自分が相手に，相手が自分に対して負っていると知覚される期待や義務の総体」のことを「**心理的契約**」と呼ぶ。

企業と従業員の関係に関して今日起きているのは，上述した契約のさまざまな側面すべてにおける根本的な変化である。とくに，企業側が矢継ぎ早に打ち出す人事管理方針の転換に対して，心理的な適応を十分に行えない人々が増加している。彼らにとっての現状は，「企業は従業員の雇用・生活を保障し，その見返りとして，従業員は企業のために尽くす」といった従来の前提が打ち砕かれる危機である。こうした危機のもと，彼らは，「企業とどうかかわってい

けばよいか」という問いへの現状に合った答えを探し出せず，将来についての確信や希望を持てないまま，日々を生きている。

　従来の心理的契約に囚われず，新たな道を見出す人々も存在する。たとえば，日本でも徐々に**境界なきキャリア**（バウンダリレス・キャリア）という考えが浸透してきている。これは，企業や業界の枠を超えて評価される能力や成果，すなわちエンプロイアビリティを獲得し，必要に応じて自分の意思で所属企業を変えたり，独立自営に踏み出したりするキャリアのことを指す。「自分の仕事」の範囲を明確化した上で，その範囲での業績を最大化し，それに伴う見返りを強く求めるような人々も，着実に増加している。副業や兼業に向けた流れは，国からの後押しも見られる中，これからますます加速化するであろう。

　こうした人たちは，従来型の雇用関係を閉塞的なものと捉え，流動化した状況に機会を見出している。また，そうした志向を持つ従業員を集め，組織の新陳代謝や活力を高めようとする企業も増えてきた。

「正しい雇用関係」とは

　企業が新たに示した明示的契約を受け入れ，そこに適合した心理的契約を再構築するのは，最終的には従業員本人の意思にかかっている。しかしそれは，企業の関与なしには実現しない。企業には，従業員が受ける一連の変化に対する納得的な説明，物理的な損失の最小化，心理的な喪失へのサポートなどが求められる。それらを通じて，従業員は過去を総括し，現状を前向きに捉え，未来に向けたキャリア・デザインを積極的に行えるようになる。

　人々が雇用関係の変化に納得するとは，第一義的には，それを「正しい」ないしは「そこまでおかしくはない」と思えることである。企業による人事管理，とりわけ報酬がどの程度「正しい」かについて，従業員は管理の「結果」と「過程」の両面から評価する。結果は，「どれだけの水準の報酬か」「何に対する報酬か」といったことにかかわる。過程は，「厳正で首尾一貫した手続きか」「企業や上司は自分を尊重してくれているか」ということにかかわる（▶第7章）。

　報酬の結果と過程の双方における「正しさ」に関し，従業員にとって重要なのは，第1に「自分がしてきたことを企業は適切に理解し，報いてくれた」という**公正**である。Column ❼にあるように，公正という言葉が意味することは

4　環境が変化する中で働き続ける　● 49

Column ❼　報酬分配の局面における公正

　人事管理における公正，とくに企業側が複数の従業員を公正に取り扱うことは，いくつかの条件をクリアすることで実現する。

　第1の条件は，従業員間の「平等」である。この概念については，「全員の処遇の水準を同じにする」といった捉え方のほかにも，それとは質的に異なるものとして，「差別的取り扱いの是正」「非合理的な取り扱いの是正」といった捉え方がある。より具体的には，「同じ貢献をする者には同じ水準の報酬を」という「同一労働同一賃金」原則に基づく「均等処遇」である（水町［2011］）。憲法が保障する「法の下の平等」「基本的人権の尊重」にも通じる。

　第2の条件は，従業員間の「公平」である。具体的には，「貢献の価値の違いを踏まえて，従業員間に報酬水準の格差を」という「均衡処遇」である。

　公平をシンプルに概念化したのが，Adams［1965］である。彼の「公平理論」によると，交換によって自らが得る収益（アウトカム/インプット）が，比較対象となる他者が得る収益と等しいと感じたとき，人は現状を公平と感じる。インプットには，人々の職務に対する努力や知識はもちろん，これまでの経験も含まれる。つまりこれは，人々から組織への貢献のすべてを指す。一方，アウトカムには，賃金や昇進，能力開発機会，雇用保障，地位，名誉など，人々が組織から受け取る価値あるものすべてが該当する。

　人はまた，他者と比べて自分の報酬が努力や成果に見合わない（過少報酬）と思えば不満を持つ一方で，他者と比べて過多報酬だと感じれば罪の意識を感じ

多様であるが，それらは企業と従業員との，また従業員同士でのパイの取り分に関係する。企業や他の従業員などの他者と比較して自らが受け取る水準に関する従業員の関心は高い。

　ただし，「公正」であることは，状況の正しさを感じるために重要ではあるが，それ以前に考えるべきこともある。人間は，他者とのかかわりの中でその価値の高低が測られるもの（たとえば職務遂行能力）に加え，無条件に価値がある固有の人格を有している。人事の担当者が幅広い従業員の心情に寄り添い，彼らの人格を配慮・尊重することが公正な人事管理を追求する条件となる（Bies［2015］）。企業として従業員に「痛み」を与えざるをえない，あるいはワーク・ライフ・バランスなど新たなニーズへの対応を従業員が企業に対して求める，といったことが増えてきた今日，そうした雇用関係の細かいところに

る。アダムズによると，過少報酬に不満を覚えた人々は，自らのインプットを従来より低く見積もったり，他者のインプットを従来より高く見積もったりすることで，公平感を抱き直すことがある。別の比較対象を定める，ということもしばしば行われる。

$$\frac{O_p}{I_p} < \frac{O_a}{I_a} \quad (1) \longrightarrow \text{過少報酬・不満}$$

$$\frac{O_p}{I_p} > \frac{O_a}{I_a} \quad (2) \longrightarrow \text{過多報酬・罪の意識}$$

$$\frac{O_p}{I_p} = \frac{O_a}{I_a} \quad (3) \longrightarrow \text{公平状態・満足}$$

I_p：自身のインプット
O_p：自身のアウトカム
I_a：他者のインプット
O_a：他者のアウトカム

　平等と公平のいずれもが，人事管理の公正さのためには欠かせない。しかし現実的には，関係者すべてが公正と思えるような実務は難しい。とくに日本企業においては，「貢献」についての定義が複雑かつ曖昧で，関係者の間で合意がとられないまま人事管理が進められる傾向がある。たとえば，同じ仕事をしていて，一方が転勤しうる正社員で他方がパートタイマーである2人の間の給与格差について，企業は十分に説明できないことが多い（▶第**10**章）。

　人事管理とは，こうした複雑性を前提に，その都度「公正とは何か」という抽象的な問いに対する答えについて，現実的な妥結点を見出そうとし続ける活動なのである。

血を通わせる取り組みがひときわ求められている。

KEYWORD

モチベーション　金銭的報酬　人間関係　配慮志向　社会的報酬　組織文化　内発的報酬　職務充実　ピグマリオン効果　アンダーマイニング現象　エンハンシング現象　キャリア発達　複数のキャリア　キャリアの再構築　キャリア・デザイン　キャリア・ドリフト　キャリア・アンカー　心理的契約　境界なきキャリア（バウンダリレス・キャリア）　公正

EXERCISE

① 内発的なモチベーションの特徴と, それを高める, および低める要因のそれぞれについて, 検討してみましょう。

② 若者が自分のキャリア形成のため, キャリア・アンカーを意識することが重要なのは, なぜでしょうか。

③ 学業を終えて就労を始めた時点からキャリア形成や仕事上の結果について自己責任を強く問われるとしたら, どのように自分の仕事や人生に向き合っていけばよいのだろうか。就労開始の前後の 5 年ほどで考えるべきこと, 身につけるべきこと, 行うべきことについて, 自由に考えてみましょう。

参考文献　　　　　　　　　　　　　　　　　　　　Reference ●

Adams, J. S. [1965] "Inequity in social exchange," in L. Berkowitz ed., *Advances in Experimental Social Psychology*, vol. 2, Academic Press, pp. 267–299.

Bies, R. J. [2015] "Interactional justice: Looking backward, looking forward," in R. S. Cropanzano and M. L. Ambrose eds., *The Oxford Handbook of Justice in the Workplace*, Oxford University Press, pp. 89–107.

Csikszentmihalyi, M. [1975] *Beyond Boredom and Anxiety: Experiencing Flow in Work and Play*, Jossey-Bass (今村浩明訳『楽しみの社会学 (改題新装版)』新思索社, 2000 年).

Deci, E. L. [1975] *Intrinsic Motivation*, Plenum (安藤延男・石田梅男訳『内発的動機づけ――実験社会心理学的アプローチ』誠信書房, 1980 年).

Gratton, L. [2011] *The Shift: The Future of Work Is Already Here*, Harper-Collins (池村千秋訳『ワーク・シフト――孤独と貧困から自由になる働き方の未来図〈2025〉』プレジデント社, 2012 年).

Hackman, J. R., and Oldham, G. R. [1976] "Motivation through the design of work: Test of a theory," *Organizational Behavior and Human Performance*, vol. 16, no. 2, pp. 250–279.

Maslow, A. H. [1954] *Motivation and Personality*, Harper & Brothers (小口忠彦訳『人間性の心理学――モチベーションとパーソナリティ (改訂新版)』産業能率大学出版部, 1987 年).

McGregor, D. [1960] *The Human Side of Enterprise*, McGraw-Hill (高橋達男訳『企業の人間的側面――統合と自己統制による経営 (新版・新訳)』産能大学出版部, 1970 年).

Roethlisberger, F. J., and Dickson, W. J. [1939] *Management and the Worker:*

An Account of a Research Program Conducted by the Western Electric Company, Hawthorne Works, Chicago, Harvard University Press.

Rousseau, D. M. [1995] *Psychological Contracts in Organizations: Understanding Written and Unwritten Agreements*, Sage.

Schein, E. A. [1978] *Career Dynamics: Matching Individual and Organizational Needs*, Addison-Wesley（二村敏子・三善勝代訳『キャリア・ダイナミクス——キャリアとは，生涯を通しての人間の生き方・表現である。』白桃書房，1991 年）.

Schein, E. H. [1996] "Career anchors revisited: Implications for career development in the 21st century," *Academy of Management Executives*, vol. 10, no. 4, pp. 80–88.

Taylor, F. W. [1911] *The Principles of Scientific Management*, Harper（有賀裕子訳『科学的管理法——マネジメントの原点（新訳）』ダイヤモンド社，2009 年）.

稲葉祐之・井上達彦・鈴木竜太・山下勝 [2010]『キャリアで語る経営組織——個人の論理と組織の論理』有斐閣。

大橋昭一・竹林浩志 [2008]『ホーソン実験の研究——人間尊重的経営の源流を探る』同文舘出版。

岡田行正 [2003]「科学的管理の生成と展開」『北海学園大学経営論集』第 1 巻第 1 号，1-27 頁。

金井壽宏 [1991]『変革型ミドルの探求——戦略・革新指向の管理者行動』白桃書房。

金井壽宏 [2002]『働くひとのためのキャリア・デザイン』PHP 研究所。

小池和男 [2005]『仕事の経済学（第 3 版）』東洋経済新報社。

水町勇一郎 [2011]「『同一労働同一賃金』は幻想か？——正規・非正規労働者間の格差是正のための法原則のあり方」RIETI Discussion Paper Series, 11-J-059。

労働政策研究・研修機構 [2014]「多様な就業形態と人材ポートフォリオに関する実態調査」調査シリーズ，No. 134。

CHAPTER

第**3**章

システムとしての人事管理

SHORT STORY　マッケンジー CEO とオハラ CHRO が積極的に現場とかかわりを持ったことがきっかけとなって，J 社の雰囲気は大きく変わった。一部の従業員は離職したものの，とどまることを決断した従業員の中には，変革に対する強い当事者意識が醸成されている。また，変革を加速させるために即戦力として採用した従業員の多くは，仕事への強い意欲と，従来の J 社の社員にはない技能・知識を保有している。

　しかし足もとでは，J 社の組織・人事変革は難航していた。J 社の経営層としては，J 社の人事管理の基本哲学を，「社員 1 人 1 人に特有の成長・活躍に，徹底的にコミットする」という A 社のそれと共通化したい。したがって，等級制度や評価制度といった重要な施策についても，A 社と同様のものを持ち込もうとした。しかし，「現場の事情を踏まえると，A 社の哲学はともかく，制度は受け入れられない」という反発が，現場から示されたのである。

　制度変更を行わないのでは，J 社と A 社の基本哲学の統合ができない上，J 社が直面している経営環境や労働市場との不整合も放置されてしまう。そう思って途方に暮れる CEO と CHRO ではあったが，従来の J 社の制度の骨格は維持したまま，A 社の人事哲学とも整合するという，新たな形を模索することにした。現場の管理者が真剣に運用すれば，一律的・年功的な運用になりがちな従来の制度であっても，グローバルな人事哲学を実現するツールとして，蘇生・転用できるはずである。

　J 社の従業員と A 社から派遣された経営層は，この数カ月，深い対話の経験と，互いの立場を尊重する習慣を積み上げてきた。「日本的」とも「外資的」とも言いきれない新たな人事管理の体系をつくり出す取り組みが，いよいよ本格化する。

1 人事管理の成り立ち

　人事管理には，企業全体のレベルと従業員個人のレベル，長期的視野と短期的視野，市場への適応と市場の創造，などといった，複数の次元にかかわる複数の目的がある。これらのすべてを同時に追求・達成するのは容易ではないため，現実には，ある目的を他の目的よりも優先するといった判断がよくなされる。しかし，そのことで不均衡が生じた場合には，後回しにされた目的を将来のある時点では優先するなどして，不均衡を解消する必要がある。一見右往左往しているように見える経営も，視野を広くとれば理に適っていることが多い。

　人事管理は，また，その活動が採用・配置・育成・処遇（評価や報酬）といった形に分化している。それら人事管理を構成する活動の1つ1つは，人事管理全体が機能するために，目的の設定や共有，補完的な連携などを通じて，うまくかかわり合っていなければならない（MacDuffie［1995］）。さらに，各活動の方針，規則，人事担当者による実行も，柔軟な解釈の余地をある程度残しながらも，首尾一貫していることが求められる。

　つまり，人事管理とは1つの**システム**なのである。では，システマティックである，すなわち，人事管理の担い手と受け手双方から見て機能的であるために，人事管理はどのような姿・内容を備えるべきなのだろうか。

　人事管理がどのような姿であるべきかは，人事管理を取り巻くさまざまな要因との関係に依存する。たとえば，法制度，社会の文化やそれに根ざした規範，労働市場といった組織外の要素に加え，組織の戦略，組織構造，業務の特徴，従業員の能力や心理状態といった組織内の要素が，人事管理のあり方に影響する（図3.1）。図には盛り込まなかったが，組織の業績や財務状況も無視できない。人事システムは，こうした流動的な周辺状況を踏まえて，その姿を変化させていかなければならない。

　経営学や経営実務の世界では，「どんな企業や個人にもあてはまる，ベスト・プラクティスとなる処方箋はあるのか」ということが常に問われてきた。もしそうしたものがあるのであれば，経営上の取り組みと周辺要素との対応関係は，考慮に入れずに済む。

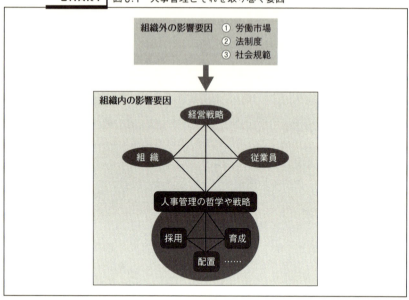

図3.1 人事管理とそれを取り巻く要因

　しかし，複雑で不確実な経営環境を前に，そうした処方箋を見出す，あるいは見出した上でそれをやりきるのは非常に困難なのが現状である。また，「従業員の人権を尊重すべき」といった規範それ自体は，どの企業にも求められるという点ではベスト・プラクティスといえなくもないが，他企業との違いを出しにくい，つまり競争優位の源泉になりにくいものである。また，それを具体化しようと思えば，個別企業の特徴に合わせる必要が出てくる。

　とはいえ，人事管理をめぐる具体的な「答え」を状況に合わせて見出すのに有用な着眼点については，ある程度普遍的なことがいえるだろう。大まかにうと，人事管理を構成する諸要素（たとえば，方針と施策，ある施策と別の施策）同士が適切な関係を築けていること，そうした諸要素が束となって組織内外の環境と適切にかかわることができていること，の両方が必要なのだが，前者を**内的整合性**，後者を**外的整合性**という。なお，ここでいう「整合性」は，ある要素の存在意義が他の要素によって裏づけられていることを意味する。

　ただし，人事管理においては，整合性のみが重要なのではない。多くの場合，環境が変動するにつれ，ある要素間関係は徐々に整合したものとは見なされにくくなっていく。環境とのかかわりの中で安定的にパフォーマンスを出し続

けるためには，必要に応じて要素間関係の形態を変える**柔軟性**が求められる (Wright and Snell [1998])。

外的整合性

　人事管理は，組織外の要因と組織内の要因の双方から影響を受けながら行われる。そこで以下では，外的要因と内的要因それぞれの主だったものについて，人事管理とのかかわりを紹介する。その上で，これからのニーズに人事管理が沿うことが組織の競争力とどう結びついているかを検討する。以下の検討は，組織の中でも民間企業（企業）を想定して行う。

組織外の要因

　企業の人事管理に影響する数多くの外的要因（図3.1）のうち，①**労働市場**，②**法制度**，③**社会規範**，とのかかわりを，具体的に紹介したい。

　労働市場は，労働者による求職・転職行動に加え，雇用の受け皿となる企業同士の相互学習によって形成される。大学新卒者の定期採用は，各企業が他社の動向に大きく影響を受ける取り組みの最たる例である。優秀とされる学生をめぐる獲得競争は，採用対象が大学に入って間もないころから始まっている。多くの企業が，自社の優位性を学生にいち早くアピールしようと，説明会やインターンシップの機会を提供する（▶第5章）。優秀な労働力を確保するための取り組みは採用活動にとどまらない。多くの企業は自社の経営方針と他社の動向を同時に見つつ，職務や報酬，キャリア開発機会のあり方をより魅力的なものにしようとしている。また，人事担当者の多くが，他社の担当者との意見交換の機会を持ち，自社の取り組みを改善しようとしている。

　こうした企業間での相互学習の結果として，類似した雇用関係に参加する企業群と労働者群の活動の場としての労働市場が徐々に形成され，それが逆に各企業の人事管理に影響を及ぼす。日本の労働市場においては，たとえば，2000年前後に IT 技術者が，2007年前後には高齢の技術者や技能者が，多くの企業に必要とされたことがあった。近年では，東日本大震災からの復興，2020年東京オリンピックの準備，外国人旅行客の増加，情報技術の加速度的な進展な

どにより，企業が労働力確保にとくに苦しむ状況が一部の業界や職種で見られる。より長期的なトレンドとしては，労働市場全体に占める高齢者・女性・外国人の比率の高まりもあって，仕事に対する労働者のニーズが変化することが予想される（▶第3部）。また，産業構造の変化は有能さの定義を刷新しつつある。以上のような要因が，日本企業における従来型の働き方（働かせ方）や報酬のあり方に変化を促している。

　社会の一員としての企業は，社会における目に見える，あるいは見えない規則を，たとえそれが経済合理性にそぐわないと考えられる場合でも，守らなければならない。目に見える規則についていえば，たとえ経営状況が思わしくない中でも，従業員に対して最低賃金法で定められている水準以上の報酬を支払わなければならない。また，もし従業員を解雇したとしても，そのことが過去の裁判の判例に照らして不当であると判断されれば，撤回を余儀なくされる。さらには，従業員の基本的人権にかかわる労働基準法やパートタイム労働法などを遵守し，過剰な残業を抑制したり，さまざまな雇用形態の間での処遇差を公正なものにしたりしなければならない。

　企業を取り巻く規制は，このように目に見えるものばかりではない。企業には，従業員や顧客など，自らがかかわりを持つ人々が持つニーズや規範に沿った人事管理が求められる。たとえば，ある企業でメンバーの多様化が進んだ場合，従業員の評価基準に関して社内で理解が共有されている状態を保つため，同じ職務遂行能力（▶第4章）についての表現に修正を加えなければならなくなる。評価におけるフィードバックの重要性も，より高まるだろう（▶第7章）。性的少数者に配慮した化粧室の設置や，一部の従業員が信仰する宗教の戒律に触れることのないように食堂のメニューを変更するといった取り組みも必要になる。

　こうした要因への対応力が，企業の操業の根幹にかかわることがある。2010年前後に中国で操業していた日系を含む外資系企業の多くが，労働条件の改善を求める大規模ストライキに遭遇した。そこには，ストライキにうまく対処できた企業や，そもそもストライキを経験しなかった企業もあった。そうした企業の特徴として，社内の作業環境や福利厚生メニューの工夫，現地人材の登用による中国人同士の上司・部下関係の構築などが，しばしば指摘される。単に給与水準の設定が高ければストライキを防げたわけではなく，現地の従業員に

「会社の利益のみを追求している」「民族差別をしている」という意識を持たれないことが重要だったのである（▶第14章）。

組織内の要因

　人事管理上の目標や制度を定める際に配慮すべき組織や従業員に関する要因については，第1章・第2章でもすでに述べてきた。そこで本項では，組織の目標を実現するための**経営戦略**と人事管理とのかかわりについて説明することにしよう。近年，このことは**戦略的人的資源管理論**（strategic human resource management, SHRM）として，多く論じられている。

　企業の戦略には幅広いバリエーションがあるが，Miles and Snow［1984］によると，①防衛者（defender），②分析者（analyzer），③探索者（prospector）に大別できる。それぞれの戦略は，それを実行できるような組織や人材を求めるが，そこに人事管理が貢献できるのである。その内容を略記したのが，**表3.1**である。

　「防衛者」とは，比較的安定的な環境のもとで，着実な操業を重視する企業を指す。着実な操業のためには，体系的で社内の伝統に沿った規則を基準にした組織化と，強く規律づけられた従業員が必要となる。こうした従業員は，長期雇用を前提に，慎重な採用や選抜，丁寧な能力開発といった投資を行うことにより，獲得することができる。従業員には，新たな業務の開拓よりは従来の業務の継続が，大きな成功の達成よりは失敗の最小化が，求められる。電力や鉄道といった社会インフラ業，ないしは「重厚長大」と呼ばれる産業に属する企業が，こうした人事管理を選好する傾向がある。

　「分析者」とは，緩やかに変化する環境に合わせた操業を重視する企業，ないしは変化する環境と安定的な環境に同時に直面する企業を指す。こうした企業では，経営計画に沿って事業の創出や切り離しが柔軟に行われる。従業員の適切な配置や評価のため，防衛者に準ずるような体系的な管理が行われる。創業から年数を経て一定規模以上に成長し，さらなる成長を目指す企業の多くが，この類型に位置づけられる。従業員の自律的成長を促すため，人事の専門職と現場の管理者の連携が求められる。

　「探索者」とは，成長しつつも競争優位につながる経営手法が確立されていない市場において，他社に先んじてそれを確立しようとする企業を指す。こう

CHART | 表3.1 戦略に応じた組織編成と人事管理の方針

	防衛者	分析者	探索者
環境変化	小さい	中程度。ないしは大小の入り混じり	大きい
組織のあり方	集権的，職能・専門性ベースの組織編成	中間ないしは両極的な組織特性の入り混じり	分権的，製品・市場ベースの組織編成
人材獲得の主要方針	内部での育成，綿密な管理ルールの体系化，プロセス評価，内的公平性	多くの面で「防衛者」の手法に準ずるも，一部で「探索者」的側面も	外部からの獲得，限られた管理ルール，結果評価，外的公平性

出所) Miles and Snow [1984] を筆者が翻訳・要約。

した企業では，短期的に収益を上げることを強く志向する起業家的な人材が求められる。こうした人材の内部育成は容易ではなく，また，1人1人の職務内容も明確にしきれない。そのため，社外の動向に絶えず目を配りながら，経済的刺激が強い報酬体系が構築される。ベンチャー企業や，大企業に成長した後もベンチャー的な気質を保つ企業が，この種の人事管理を行うのに適した例にあげられよう。

外的整合性における同質化と差異化

　社内外の数々の要因に対する企業の対応は，大きく見ると，他企業との**同質化**に至るもの（たとえば法律への対応や企業間での協定）と，**差異化**に至るもの（たとえば独自の人事施策の導入）とに，分けることができる。他社との同質化や差異化は，どのようになされるのであろうか。

　一般的には，同質化と差異化は対極のものと見られているが，事はそう単純ではない。たとえば，差異化の意図そのものが，結果として他社との同質化を招く可能性がある。一般的に，独自性を追求することはリスクを伴うため，企業はそれを最小化しようと，より確からしい情報源や判断基準を求める。ところが，そうした資源の多くは競合他社にも利用可能なものである。また，自社の取り組みは，常に他社に模倣される可能性を有している。こうして，人事管理における「先進的な取り組み」の多くが流行化・陳腐化していく（DeNisi, Wilson and Biteman [2014]）。

　また，同質化は，企業に悪影響のみをもたらすわけではない。流行や常識を取り入れるといった「横並び」的な企業行動は，顧客や従業員などのステイク

60 ● CHAPTER 3 システムとしての人事管理

ホルダーから「真っ当な経営を行っている」という承認を得ることを可能にする（DiMaggio and Powell ［1983］）。たとえば，女性活躍を推進するための専門部署をつくっても，そのことが企業の成長につながるとは限らない。しかし，それを行わない場合，有能な女性労働力を社外から確保するための経路を狭めてしまう。

　常識を外れるような行動が企業に収益をもたらしたり，そうした行動の積み重ねがやがて常識を書き換えるという可能性も存在する。人事管理における独自性や先進性の追求には，以下のような進め方がある。

　第1に，一度決めた取り組みを徹底的に行うことである。たとえば，最近は学生向けのインターンシップを行う例が増え，そのこと自体は企業の独自性や競争優位性の源泉とはなりにくくなった。しかし，中には，「有給」「優秀者への入社する権利の付与」といった，特殊なインターンシップを実施する企業もある。こうしたことの実施にあたっては，経営者や人事部門が，経営戦略や組織文化との連携を強く意識して詳細をつくり込み，その連携を社内外にアピールしないと，すぐに形骸化し，企業にとっての重荷となってしまう。それをやり抜くことは容易でないため，追従者の数が絞り込まれるのである。

　第2に，経営や人事管理が直面する状況を，他社と異なる観点から定義することである。たとえ同じような問題に直面していたとしても，それをどう読むかによって対応策は変わってくる。たとえば，日本の労働市場においては，多くの企業が「優秀な学生」の獲得を目指して，しのぎを削っている。こうした中，一部の企業は，日本国内の限られたパイを他企業と奪い合うのみならず，国外にも探索の幅を広げている。たとえば，世界中の優秀な学生と著名な企業が集まる海外の説明会に参加して有望な学生を勧誘したり，アジアのトップ大学で直接リクルーティングを行ったりしている。新卒採用の範囲を世界に広げていくと，必然的に，日本語がスムーズに使えることを「優秀な人材」の定義から外すといった動きにつながる。

　第3に，自社の取り組みへの賛同者を社内外に増やすことである。先進的かつ独自の取り組みは，そのことゆえに，無視・嫌悪されかねない。ある取り組みの合理性は，独自性・先進性といった技術的側面に加え，それが社内外の関係者にどれだけ支持されたかといった社会的側面からも理解することができる。たとえば，一部企業の「採用ブランド」は，メディアにおける情報の発信や流

2　外的整合性　● 61

布，他の企業による追従，あるいは追従しきれない企業の羨望があってこそ，確立されるものである。ただし，そのための活動は自社の取り組みの普及・陳腐化を引き寄せるため，こうした企業は社会との交流の中で常に新しい取り組みをしかけなければならなくなる。

　これらの点からは，起点が他社との同質化であれ差異化であれ，人事管理の外的整合性は，環境との対話を通じた正当性の獲得・維持・再構築によって可能になるということが理解できる。こうした議論は経営組織論の領域では多くなされているものの（Lounsbury and Crumley［2007］，松嶋・高橋［2015］），人事管理論においては理論と事例の両面において，まだまだ知見が不足している。

 内的整合性

何と何の整合か

　人事管理を成り立たせる各要素は，従業員個人，職場，あるいは企業全体に対し，個別に影響するとは限らない。要素間で足を引っ張り合うのは論外であり，複数の要素がその効果を高め合うという意味での補完性が期待される。そうした状態のことを「内的に整合している」という。

　図3.2 に示したように，人事管理は，**人事の哲学**や**人事の方針**といった抽象的なものと，**人事の規則**（設計された施策）やそれに基づいた**人事のプロセス**（施策の運用）といった具体的なものが折り重なって，成り立っている。企業の人事施策は，「企業から従業員への期待，および，その背景にある，企業が従業員とともに成し遂げたいこと」といった，人事管理についての基本哲学によって裏打ちされている必要がある。この種の価値観は，施策の設計段階のみならず，運用の段階でも，強く意識されていなければならない。

　日本企業の間で 2000 年前後に「成果主義」型の報酬体系の導入が注目を集めたことがあったが，それらは必ずしも円滑に機能しなかった。多くの日本企業がその必要性を人事管理の基本哲学や具体的方針に関連づけて説明しきれなかったことや，職場の管理職が本来の意図に即した運用を十分に行えなかったことが，そうした機能不全の理由と考えられる（▶第7章）。

CHART 図3.2 人事システムにおけるさまざまな内的整合性

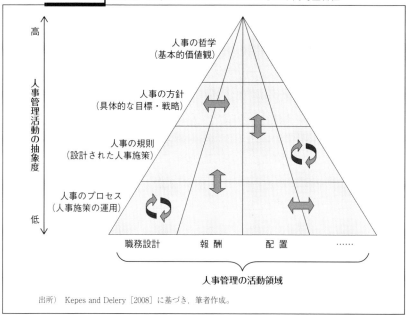

出所) Kepes and Delery [2008] に基づき，筆者作成。

　1つの方針が複数の要素の間で共有されていると，人事システムの内的整合性は高くなる。たとえば，ある企業で「従業員の自律性に基づいた成果創出」というビジョンが掲げられたとする。そのとき，仕事の割り振り方については従来通り，従業員の要望が反映されなかったり内容が不明確だったりするにもかかわらず，報酬体系だけを個人業績が強く反映されるものにしてしまったりすると，「自分が望んでやったわけではない仕事だったのだから，低い成果だからといって低い評価をつけられるのは不公正だ」などという声が職場から上がりかねない。自らの仕事に対する結果責任を従業員に負ってもらうためには，従業員主導型の異動を可能にする自己申告制度や社内公募制度を同時に導入することが有効であろう。
　こうした観点に立つと，特定の人事の方針や施策の中身にのみ着目しても，その企業の人事管理のよしあしは論じられないことがわかる。方針と施策の間の首尾一貫性や，施策同士の補完的関係が確保されていることこそが肝要なのである。たとえば，人事の基本方針に年功主義を置く会社と，成果主義を置く会社があるとする。両社がともに，自社の方針を裏づけるような人事施策の設

計や運用を全社的に行っているのなら，それらはいずれも，内的整合性が確保されたよい人事管理といえる。加えて，それぞれの基本方針が社内外の状況に即していれば（外的整合性も確保されていれば），両社の方針はともに正しいということになる。

とはいえ，1つの方針に即した複数の制度をただ導入すればよいというわけでもない。たとえば，報酬制度をとってみても，給与水準が高い企業においては，そうでない企業と比べ，休暇制度や保養施設といった福利厚生を手厚くすることが従業員の満足感を高める効果は小さくなるだろう。一定の程度を超えて同じような機能を有する人事制度を導入すると，費用が効果を上回り，補完性が消えることがある。人事管理の実務を行うにあたっては，事前に従業員の声を聞いたり，1度導入した施策であってもすぐに取り消せる柔軟性を確保することで，人事システム内の補完性を保っていかなければならない。

なお，図3.2では描かれていないが，施策と施策の整合性や，基本哲学から実際の運用プロセスまでの整合性の形は，従業員のタイプに応じて異なってくる。たとえば，管理職と非管理職，正社員と非正社員，全域型の総合職とエリア型の総合職の間での違いである。どのような形で企業に貢献してもらうかについての期待が異なることが，そうしたバリエーションを生むのだが，違いを設計・実現する際には，いかに効率性と公正性を両立するか，そして，どのようにして合意を形成していくかを，考えなければならない（▶第**4**章・第**10**章）。

内的整合性と外的整合性の往復

人事管理を成り立たせる要素同士に適切なつながりがあるかどうかは，要素間関係，たとえば施策と施策，方針と施策，施策と運用実態の関係，を見ただけではわからない。いかなる組み合わせが適切であるかは，経営環境や企業内部の状況に依存する面が強い。

そうした状況分析は存外に複雑である。「経営の実情に即した人事システムになっている」という判断は，人事制度の設計・運用が成功している，あるいは大きな失敗をしていないという事実に基づいてなされることが多い。そこでは，往々にして論理（理論）よりも事実（結果）が優先される。「こういうときにはこうすべき」という論理はあらかじめ存在するものではなく，現実の試行錯誤の中で徐々に見出されるのである。論理からの演繹と，事実からの帰納が，

大きな矛盾のない範囲で両立できていなければならない。

4 人事管理のシステム性を高める

「よい試行錯誤」のあり方

　もっとも，人事管理をめぐる試行錯誤は，「数を撃てば当たる」という闇雲な取り組みであってはならない。試行錯誤の確実性を高めるため，いくつかの点に留意する必要がある。

　第1に，特定の形にこだわりすぎないという意味で，人事管理の柔軟性が必要となる。変え続けるプロセスに，企業として価値を置くのである。

　環境—組織—人事管理の関係が整合する必要があるのはいうまでもないが，環境や組織のあり方は，しばしば人事管理の予想を超える形で大きく変化する。そのため，たとえある時点で内的・外的に整合した人事システムの姿を示せたとしても，すぐに別の解を求めなければならなくなる。「適応は適応力を阻害する」ともいわれるが，ある状況を想定して，そこに完全に適応した人事システムをつくり上げることは，もしそれが可能だとしても，さらなる変革のためのコストを考えると危険ですらある。

　環境と組織の関係や組織を構成する諸要素の関係が緊密すぎることを戒める「弱連結」（ルース・カップリング）という概念が，経営学にはある（Orton and Weick［1990］）。この重要性が，人事管理にもあてはまる。人事管理には，目先の状況に対する最適解を諦めてでも，状況の変化に柔軟に対応する力を身につけることが求められる。多くの従業員は「朝令暮改」を望まないものだが，人事管理が組織内外の状況とのほどほどの調和を保ち続けなければならないことを踏まえると，それはある程度は避けられないということを従業員に理解してもらう必要がある。

　第2に，人事管理の哲学・方針に基づく実践を徹底することが重要となる。人事管理の哲学・方針は，必ずしも不変不朽ではない。しかし，企業が直面する経営環境や企業の戦略・組織，あるいは個別の人事施策やそれを運用する活動に比べると，変化しにくい，あるいはさせるべきではないものである。人事

の哲学・方針を判断の軸とすることで，人事担当者も，状況に即した人事管理を継続できる。場合によっては，人事管理の理想像やそれを実現するための施策や取り組みを踏まえて，いかなる環境でいかなる事業を展開すべきかを提起することもできる。

　人事管理を取り巻く環境からの要請は，元来，きわめて多様で，時に矛盾に満ちたものである。だからこそ，経営者や人事管理の責任者には，現場の責任者が複雑な現状を前に足をすくませることなく人事管理を遂行できるような問題設定が求められる。また，それに対する解として人事管理の姿を示す際には，その都度，現状についての緻密な分析と同時に，将来の企業や人事はどうあるべきかについても，社内的な価値と社会的な価値，企業の収益性と従業員の幸福を同時に視野に入れた，偏りなく，かつ具体的なビジョンを提示する必要がある。

　人事管理が立脚すべき哲学や方針は，人事担当者の日常業務の中では，つい忘れられがちなものである。それが，試行錯誤を「絶えざる挑戦」ではなく「漂流」にしてしまう。したがって，経営者や人事管理の責任者の役割は，人事管理の立脚点を踏まえて，担い手・受け手双方から人事管理への積極的な関与，とりわけ感情面での積極性を引き出し，継続させることである。

　第3に，多義性を人事管理の中に内包させることが求められる。すでに述べたように，人事管理はある特定の哲学・方針のもとで行われるべきである。しかし，人事管理に関する当事者の利害・価値観・志向は多様である。そのため，経営者や人事管理の責任者には，組織内の多様性を尊重し，その保持に向けた配慮が求められる。

　たとえば，「従業員を尊重する」という哲学1つにしても，従業員にとっては「年々高まる生活費に即した報酬が支払われる」意味であることが多い一方で，経営者にとっては「公正な論功行賞を行う」意味であるといった違いがあることがある。そのいずれもが正しい場合，年齢や勤続年数に応じた報酬と，個人の発揮した能力や成果に応じた報酬とが組み合わされるなど，複数の観点への目配りが必要となる。

　組織内の利害・価値観・志向の複数性は，組織をまとめ上げる際の障害と受けとめられることもある。しかし，企業外部の環境が複雑かつ流動的である場合，人事管理の哲学・方針のレベルにおいても，ある程度の複数性を維持して

おくことは，リスクヘッジの効果を持ちうる。実際，多くの企業においては，
「顧客ニーズへの迅速な対応」と「目先の市場動向に左右されない技術・商品
の開発」など，一見矛盾するような目標が併存し，時々で優先順位が入れ替え
られている。人事管理の首尾一貫性を追求しすぎると，一部のメンバーは組織
から離脱せざるをえなくなり，そうしたことが，かえって環境からの複雑な要
請に対する現実的な対応力を下げる恐れもあるのである。

┃「人事システム」を可能にするもの

　これまでの議論からわかるのは，①環境の複雑性・不確実性と②人事管理に
かかわる人々の利害・観点の多様性から，「ほどほどに」首尾一貫した人事シ
ステムを「結果オーライ」的な観点を適宜織り交ぜながらつくり替え続けなけ
ればならない，人事管理の難しさである（江夏［2012］）。こうしたプロセスを
可能にするのは，「自分の利害や観点と他人のそれらが共存できている」とい
う感覚である。

　どのような人事管理が人々の間で合意されるのかは，実際に合意形成を試み
てみないとわからない。人事管理を変革する際は，ある価値観や利害を前提と
するわけであるが，それを進める過程で従来は俎上にのぼることのなかった価
値観や利害が浮上することもある。結果として，合意を裏づける具体的な管理
のあり方が，当初の想定とは異なる形で実現することも多分にある。

　物事を変える過程とは不確実性に満ちた，思うようになりにくいものであり，
当事者に多くのストレスを抱えさせるものである。そうした過程を，経営者，
人事担当者，現場の従業員がともに乗り切るためには，「彼らと一緒にやって
いるのだから，この苦しみを受け入れ，乗り越えるしかない」という**コミット
メント**が必要になる。こうした積極性の前提として，他の利害関係者への**信頼**
も欠かせない。ここでの信頼とは，「自分と協働する意図を他者が持っている
ことについての強い期待」と定義できる（山岸［1999］）。相互に関心を持ち，
対話を続けることで，これらのコミットメントや信頼は，より確かで自然なも
のとなる。

４　人事管理のシステム性を高める ● 67

KEYWORD

システム　内的整合性　外的整合性　柔軟性　労働市場　法制度　社会規範　経営戦略　戦略的人的資源管理論　同質化　差異化　人事の哲学　人事の方針　人事の規則　人事のプロセス　弱連結　コミットメント　信頼

EXERCISE

① 事業環境や組織のあり方が変化する中で，それに対応するために人事管理のあり方を変革した実際の企業事例に着目しなさい。その変革には，どのような合理性があったのでしょうか。

② 人事管理全体を貫く基本的な哲学や方針を定めることが，人事管理に関連するさまざまな活動を行うにあたって，なぜ必要なのでしょうか。

③ 人事システムの外的または内的な整合性が強すぎることには，どういった弊害があるでしょうか。

参考文献　Reference

DeNisi, A. S., Wilson, M. S., and Biteman, J. [2014] "Research and practice in HRM: A historical perspective," *Human Resource Management Review*, vol. 24, no. 3, pp. 219–231.

DiMaggio, P. J., and Powell, W. W. [1983] "The iron cage revisited: Institutional isomorphism and collective rationality in organizational fields," *American Sociological Review*, vol. 48, no. 2, pp. 147–160.

Kepes, S., and Delery, J. E. [2008] "HRM systems and the problem of internal fit," in P. Boxall, J. Purcell and P. Wright eds., *The Oxford Handbook of Human Resource Management*, Oxford University Press, pp. 385–404.

Lounsbury, M., and Crumley, E. T. [2007] "New practice creation: An institutional perspective on innovation," *Organization Studies*, vol. 28, no. 7, pp. 993–1012.

MacDuffie, J. P. [1995] "Human resource bundles and manufacturing performance: Organizational logic and flexible production systems in the world auto industry," *Industrial and Labor Relations Review*, vol. 48, no. 2, pp. 197–221.

Miles, R. E., and Snow, C. C. [1984] "Designing strategic human resources systems," *Organization Dynamics*, vol. 13, no. 1, pp. 36–52.

Orton, J. D., and Weick, K. E. [1990] "Loosely coupled systems: A reconceptualization," *Academy of Management Review*, vol. 15, no. 2, pp. 203–223.

Wright, P. M., and Snell, S. A. [1998] "Toward a unifying framework for exploring fit and flexibility in strategic human resource management," *Academy of Management Review*, vol. 23, no. 4, pp. 756–772.

江夏幾多郎［2012］「人事システムの内的整合性とその非線形効果——人事施策の充実度における正規従業員と非正規従業員の差異に着目した実証分析」『組織科学』第 45 巻第 3 号，80-94 頁。

松嶋登・高橋勅徳［2015］「制度的企業家のディスコース——『埋め込まれたエージェンシーのパラドクス』の超越」桑田耕太郎・松嶋登・高橋勅徳編『制度的企業家』ナカニシヤ出版，5-29 頁。

山岸俊男［1999］『安心社会から信頼社会へ——日本型システムの行方』中央公論新社。

第2部

人事管理の
バリューチェーン

CHAPTER
4 社員格付け制度
5 採用と退出
6 配　　置
7 評価と報酬
8 人材育成
9 労使関係

CHAPTER

第**4**章

社員格付け制度

雇用関係を支える仕組み

SHORT STORY

海外営業部に所属する殿村洋一には，仕事柄，海外の取引先と商談する機会が多くある。そうした商談で，本題が済んだ後に取引先の担当者と雑談していると，互いの所属企業での処遇のことがしばしば話題に上る。

雑談相手から殿村は，「日本企業は年功主義的だから，安心できるかもしれないが，刺激はないんじゃないの？」という，羨望とも同情ともとれるような質問を受けることが多い。しかし，殿村にとって，今の会社で働いてきた15年の経験は，刺激に満ちたものであった。たしかに，入社後しばらくは，責任ある地位や仕事をもらえない「下積み」期間である。また，ほとんどの異動には自分の意向やそれまでの経験が反映されない。とはいえ，総じて見れば，成長や成果をめぐって同期や同僚との切磋琢磨があったことは間違いないし，専門性に囚われない職務経験は，後から振り返ってみれば，自分の視野を広げてくれて有益だった。

このように，自社の環境が刺激的であることには確信が持てる殿村であるが，海外の人から「君がそれだけ頑張っていることを，会社はちゃんと見てくれているのか？」といわれるとドキッとする。たしかに，突発的に仕事が増えたときも，とくに評価が高くなったわけではなかった。それに，「なぜこの人が？」と思えるような人が部長を務めていたりすることもある。「高い意欲や能力発揮に報いる」ということを会社は謳っているが，本当にそうなのかよくわからないし，そうしたメッセージに全力で応えようとしたら，仕事の負担はどんどん重くなっていきそうだ。

1 社員格付け制度とは何か

人事管理のバリューチェーン

　経営目標の達成に貢献してもらうため，企業は従業員に対してさまざまな指示や支援を与え，やりとりする。企業が従業員を効果的に活用して価値を創出するためには，人事管理における個別の活動領域が連携して展開されていることが望まれる。そうした連携のことを，本書では人事管理のバリューチェーンと呼ぶ（図4.1）。バリューチェーンは，第3章で説明した「内的整合性」を具体化したものである。もし，従業員に仕事を割り振る際に考慮される基準と，従業員の貢献の多寡を測定する基準とが大きく隔たっていたとしたら，従業員は企業からの期待について確信を持てなくなるだろう。

　人事管理の基本哲学は，人事管理が目指すもの（人事戦略）や従業員への期待（人材像）について，社内外の制約要因を踏まえながら経営者などが具体的に策定し発信することで，従業員が意識できるものになる。とくに，そのメッセージが人事専門職や現場の管理者といった人事管理の担い手の腑に落ちると，従業員の採用・退出，個別の職務への配置，能力開発，評価の伝達や報酬の配分等の活動がより円滑になり，個別の活動の間の連携・補完も生じやすくなる。

　しかし，単にメッセージを出すだけでは不十分である。従業員のどの側面に企業として価値を置こうとしているのか，その側面に関する従業員の貢献の違いに応じた処遇の幅をどのように用意するのか，ということについての具体的な規則がないと，メッセージの受け取り方に従業員間でばらつきが生じやすくなる。人事戦略や人材像に込められたメッセージを実際の人事施策の中に浸透させることに貢献する規則の代表例が，**雇用区分制度**と**社員格付け制度**である（図4.1）。

　これらの制度は，人事管理にまつわるさまざまな施策や活動を根底から支える，コンピュータでいえばOS（オペレーティング・システム）にあたるものである（今野・佐藤［2009］）。これらには，企業が従業員の何に着目しているのかや，どう働いてもらいたいかに関する基本的な考え（人事戦略や人材像）が，色濃く

CHART 図 4.1　従業員活用のためのバリューチェーン

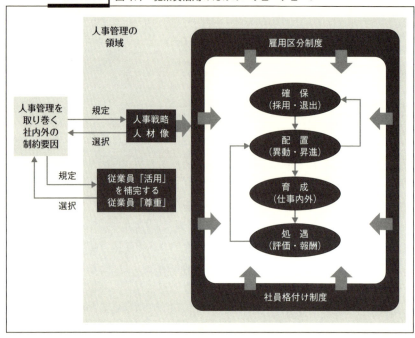

反映されている。従業員の確保・配置・育成・処遇に関する個別の施策は，そうした基本的な考えに則り，それを具現化するためになされる。これらは，コンピュータでいうと，個々のアプリケーションにあたる。

　コンピュータを使用するとき，私たちが日々意識するのはアプリケーションの性能や使い勝手であり，OS のことはあまり意識に上らない。しかし，アプリケーションの挙動は，究極的には OS の性能，あるいはアプリケーションと OS との相性に依存する。企業の人事管理の性格も，雇用区分制度や社員格付け制度の設計や運用のあり方に根ざしているのである。

　コンピュータの使用感を根本的に改善したいとき，ユーザーは OS をアップデートしたり，まったく別のそれを導入したりする。そのことによって，期待された使用感が得られることも，得られないこともある。その結果としてたとえば，従来使用していたアプリケーションがスムーズに作動しなくなったり，更新・買い替えを余儀なくされたりする。

　人事管理においても同様の事象が存在する。経営環境や職務構造が大きく変化して，既存の人事戦略や人材像の見直しを迫られることがある。そうした中

では，個別の人事施策に手を加えるだけでなく，雇用区分制度や社員格付け制度も見直されなければならない。本章では，とくに社員格付け制度に着目し，日本企業がどのような時代背景のもとでどのようにこれを設計・運用してきたのかについて紹介する。雇用区分制度については第**10**章で論じよう。

　久本［2010］によると，大企業を中心に，戦後日本の多くの労働者が，処遇面においては，①長期安定雇用，②査定付き定期昇給賃金，③内部昇進機会，を提供されてきた。また，働き方の面においては，職務の範囲が不明確で，労働の内容・時間・場所などに関する企業からの新たな要請にその都度対応することが求められてきた。彼らは一般的に「正社員」と呼ばれる。厳密な職務デザインや各職務と担当者の適合性というよりは，構成員同士の緊密な心理的つながりや，構成員による組織への帰属意識が，企業組織を成り立たせてきた。こうした「メンバーシップ型」の雇用関係（濱口［2009］）がどのように成立し，今日どのような方向に進みつつあるのか（進むべきなのか）について，理解する必要がある。

従業員を格付けるということ

　「内部労働市場論」（Doeringer and Piore［1985］）が主張するところによると，企業が必要とする労働者の能力の一部は，内部育成でしか調達できず，その企業において最大の価値を発揮する（企業特殊的な能力▶第**1**章）。そのため多くの企業が，少なくとも一部の従業員とは長期的に安定的な雇用関係を結び，彼らに対し継続的な投資を行ってその果実を得ようとする。

　企業から「正社員」と見なされるこれらの従業員１人１人は，異なった能力を持ち，異なった職務に従事する。そのため企業は，彼らの貢献の大小を何らかの基準で測定・序列化した上で，それぞれに対して異なった管理（投資）を行おうとする。そうすることで，人事管理の費用対効果の最大化や，従業員の定着意欲の向上，社内でのキャリアアップに向けた努力が期待できる。

　従業員には，社内での序列に応じ，ある資格・等級（以下，「等級」）が付与される。社内等級の数には各社でばらつきがあるものの，平均すると10前後であることが，いくつかの調査で示されている（たとえば，リクルートワークス研究所［2015］）。段階が少なすぎては序列を設ける意味がなくなるし，多すぎると運用できなくなる。企業から高く評価される従業員は，数年に１度，等級

CHART 図 4.2 役職と報酬の「間接的なつながり」

の上昇を経験することになる。

　社内序列を示すものとして，読者の多くは社長・部長・係長などの「役職」を思い浮かべるかもしれない。高い役職を持つ人ほど大きな権限を有し，なおかつ多くの報酬を手にしがちだからである。しかし，従業員の権限や報酬は，役職が高くなるのに応じて増えるとは限らない。たとえば，同じレベルの役職にある 2 人の従業員の間でも，給料が異なることはある。その背景にあるのが，彼らの間での「等級」の違い，および，報酬の水準が役職ではなく等級に依存するという仕組みである（図 4.2）。後述するように，等級と役職，ひいては役職と報酬が一致しないことが少なくない。

　等級の高低の背景には何らかの基準がある。古くは学歴や年齢が社員格付けの基準となっていたこともあるが，近年そうしたことは（少なくとも公式的には）ほとんど見られなくなった。高度経済成長期以降の日本について見た場合，社員格付け制度の基本的な原理として作用してきたのは，第 1 に「職務遂行能力」，第 2 に「従事する職務の価値」である。また最近は，両者の混成概念である「企業から期待される役割・責任」に立脚した社員格付け制度も存在する。

 職務遂行能力と職務価値

職能資格制度──能力主義的な社員格付け制度

　社内での従業員の格付けは，企業への貢献の大小を表すある基準によって行

われる。日本企業における主たる基準は**職務遂行能力**と**職務価値**であり，こうした基準に則った社員格付け制度を，それぞれ**職能資格制度**，**職務等級制度**と呼ぶ。また，「職務遂行能力を格付け基準とする」という考え方のことを「能力主義」，「職務価値を格付け基準とする」という考え方のことを「職務主義」と呼ぶ。

詳しくは第**7**章で議論するが，「職務遂行能力」とは，従業員の技能に加えて努力や態度などの人格的な側面を含む，きわめて包括的な概念である（日経連能力主義管理研究会［2001］）。1960年代にこうした概念が「発明」されたことが，従業員が保有する職務遂行能力に応じて資格・等級を付与する職能資格制度が日本で誕生する端緒となった。

社内のさまざまな仕事を遂行する上で求められる能力は，それぞれ異なるものである。職能資格制度とは，企業として従業員全体を管理するために，社内のさまざまな仕事をする上で共通して必要とされる能力を見出したり，あるいは，さまざまな能力の価値の高低を定義づけたりした上で，保有する能力に応じて従業員を格付けしようとするものである。

従業員の職務遂行能力を評価する基準には，各企業で独自に設定された**職能要件表**が用いられる（表4.1）。十分な能力伸長が認められれば上位等級への「昇格」が認められ，場合によっては逆の「降格」を命じられることもある。従業員の大きな能力伸長には一定の時間を要するという前提，あるいは要員管理の計画性といった観点から，ある職能資格を得てからさらに上位の資格を得るまでには，一定の年限が設けられることがある。

職能資格制度の特徴は，同一等級の従業員に対しては，たとえ彼らが異なる職種や職務に従事していても同じ評価尺度が適用される点にある。表4.1からもわかる通り，こうした社員格付け制度のもとで従業員に伝えられる期待，つまり成長目標は，そのものとしては具体性に乏しいものにならざるをえない。そのため，この制度は現場の管理者による柔軟な運用を可能にするし，また必要とする。この制度が明確で正しいものと従業員に見なされる鍵は，規則そのものに加え，その規則の解釈に関して，管理者が従業員との合意をどれだけつくり出せるかによるのである。

職能資格制度のもとでは，「**昇格先行，昇進追従**」ということがしばしば起きる。たとえば，ある課長が部長の職務が務まるくらいに能力伸長を果たした

CHART 表4.1 職能要件表の例

層	等級	呼称	期待される能力	上位等級昇格のための必要年数
管理専門職能	9	参与	会社の方針に基づき，部の運営を統括しつつ，会社の方針の策定に参画し，トップを補佐できる	なし
	8	副参与	会社の方針に基づき，部の運営を統括しつつ，会社の方針についての上申と上司の補佐が行える	なし
	7	参事	会社の方針に基づき，部の業務について企画・運営しつつ，部下の管理と上司の補佐が行える	3年
指導監督職能	6	副参事	会社の方針に基づき，課の業務について企画・実行しつつ，責任を持って部下を管理できる	3年
	5	主事	一般的な監督のもと，業務内容について企画・実行しつつ，部下の指導を行える	3年
	4	副主事	定められた手順によって計画的に業務を遂行しつつ，自らの判断によって部下を指導できる	3年
一般職能	3	社員1級	定型的業務については主導的な役割を果たし，必要によっては下級者を指導できる	2年
	2	社員2級	具体的な指示や手順に従い，定型的業務を単独で行える	2年
	1	社員3級	具体的な指示や手順に従い，特別な経験を必要としない単純で定型的な業務を行える	なし

としても，実際に部長ポストが提供される（「昇進」させる）とは限らない。社内のポストの数には一定の制約があるためである。職能資格制度を採用する場合，こうしたときにもその課長を「参事」から「副参与」に「昇格」させ，報酬の水準を高めることで，その従業員の満足感や能力向上意欲を維持・増進させることができる（表4.2および Column❽参照）。

すなわち，この課長が属する企業は，「何をしているか」ではなく「何ができるか」に応じて，従業員を処遇している。企業にとって，能力向上意欲を従業員に持ってもらうことは，とくに彼らが若年の場合には重要である。また，あるポストで生じた欠員の補充をすでにいる従業員によって行う（中途採用を行わない）場合には，そのポストに見合う力を持つ従業員を，実際のポストの数よりも多く抱える必要がある。「仕事に活用されていない能力にも報酬を支払う」という一見すると非合理的な処遇の仕方は，企業活動を維持するために必要な投資ともとれる。

78 ● CHAPTER **4** 社員格付け制度

CHART 表 4.2　等級と役職の対応関係

層	等級	呼　称	対応する役職					
管理専門職能	9	参　与	部　長					
	8	副参与		課　長				
	7	参　事						
指導監督職能	6	副参事			課長補佐			
	5	主　事				係　長		
	4	副主事					主　任	
一般職能	3	社員1級						
	2	社員2級						一　般
	1	社員3級						

Column ❽　歴史上存在する二重基準

　本文で述べた「昇格先行，昇進追従」という事態は，企業の中に等級と役職という，相関性はあるものの異質な2つの序列基準が存在することを意味する。こうした二重性は煩雑ではあるものの，組織の形成・運営のためにしばしば用いられてきた。日本におけるその例が，律令制と近代的な軍制の中で体系化された序列基準である。

　律令制のもとに整備された官位制では，位階と官職の上下，そして両者の対応関係が定められている。位階とは人の能力の高低を表すもので，正二位，従四位上などといった呼称が，それに相当する人々に付与される。一方，官職とは統治機構における役職を表すもので，大納言，右衛門佐，薩摩守といったものがその例である。人々の位階に応じて，与えられる官職の幅が決まってくる（官位相当制）。

　近代軍制下の階級は，最高位の元帥から最低位の二等兵まで，きわめて幅が広い。そして，大尉の中から中隊長，大佐の中から連隊長や駐在武官が選ばれるなどといった形で，階級と役職の対応が見られる。

　これらの序列システムを運用するため，官位制のもとでは「高位者の子孫は一定以上の位に任ずる」（蔭位制）というような，また軍制下でも「士官学校の卒業生は少尉から」といったような，種々の細則が設けられていた。

2　職務遂行能力と職務価値　● 79

「何をしているか」ではなく「何ができるか」という観点から従業員を格付けし評価するといった仕組みが日本で生まれ定着した背景としては，職種をまたぐ異動が比較的多いことも無視できない。頻繁な異動は，従業員のゼネラリスト的な能力開発のためになされることが多い（▶第6章）。企業主導でキャリア開発が行われている中で，職務の変更に伴って報酬水準が頻繁に上下することは，企業にとっても従業員にとっても望ましいとはいえない。また，業務内容や業務遂行の成果ではなく，保有能力に応じた処遇格差こそが，1970年前後の日本の労働者に広く共有された公平さについての考え方と整合していた，という見方もある（石田［1990]）。

▌職務等級制度──職務主義的な社員格付け制度▐

「何ができるか」ではなく，「何をしているか」によって従業員の社内序列を設ける，という処遇の仕方もある。世界的には主流であるこうしたやり方は，「職務等級制度」という形で結実する。

職務等級制度のもとでは，従業員は実際に従事する職務の価値に応じた社内等級を企業から与えられ，報酬の水準はその等級に応じて決まってくる（固定ないしは一定の幅の中で変動）。前項で見た通り，職能資格制度を採用する企業の従業員は，社内における自らの価値，所属企業からの期待を，職種横断的に定められた職能要件表によって示される。これに対し，職務等級制度のもとでは，従業員の価値や彼らへの期待は，**職務記述書**（job description），つまり職務ごとに異なる雇用契約の内容によって示されることになる。職務等級制度のもとでの従業員の昇格は，能力や業績の伸長を認められた上位等級の職務を（その職務に空席が出たときに）割り当てられる，あるいは，担当職務が再度職務分析を受けて上位等級に格付けし直される，といった手段による。

職務等級制度を採用した場合，企業と従業員との契約・交換の内容は，職能資格制度と比べて限定的で，明確なものとなりがちである。このことは，企業にとっては，それぞれの職務に特有の専門能力を獲得・蓄積しやすくなる，社内外とりわけ社外からの要員調達を行いやすくなる，というメリットとなる。後者のメリットは，空きポストを社内要員で埋められるように職務遂行能力のストックを蓄えるための投資が不要になるという，コスト管理上のメリットにも結びつく。一方で，従業員にとっては，上位等級の職務に空席が生じない限

Column ❾　社員格付け制度の設計

　あらゆる社員格付け制度の根底にあるべきは，企業内に存在する職務１つ１つの分析である。従業員が保有する職務遂行能力を重視する職能資格制度においても，それは例外ではない。

　企業内の職務分析は，アメリカを起点として始まり世界中に普及した。職務等級制度はその果実である。職務分析を行う手法にはさまざまなものがあるが，コンサルティング会社であるヘイグループが確立した手法では，制度設計の際に，組織内のすべての職務について，その「困難度」「責任の大きさ」「必要とされる技能水準」の大小が数値化される。社内のあらゆる職務は，その価値に基づいて序列化された上で，職務等級（グレード）ごとにグループ化される（笹島［2001］）。職務等級制度をとる企業の多くが，制度設計をヘイグループのような外部団体に委託している。

　1960 年代の日本で職能資格制度が考案され，70 年代以降に普及した際にも，こうした考え方が参照された。人事コンサルタントである楠田丘が推奨・実践した手法によると，まず，企業内のさまざまな職務を遂行するのに必要な能力が析出される。次に，それらの能力の価値が論じられた上で，価値の高低に応じて，いくつかのグループに分類される。最後に，各グループ内の個別の能力を包括できるような等級ごとの定義（たとえば職能要件）が設けられる（楠田［2004］）。「正確性以上に納得性を重視する」という観点から，こうした制度設計は社内メンバー主導で行われること，外部メンバーは議論の円滑化に注力すること，が奨められた。

り昇格の見込みはないため，自分の努力や成長が処遇に結びつくとは限らないということになり，仕事への意欲が損なわれる可能性がある。したがって，職務等級制度を採用することは，企業にとっては従業員の流出リスクを抱えることにもなる。

　ただし，従業員にとっても職務等級制度のメリットは存在する。職務等級制度のもとでは，職務記述書，つまり職務ごとに異なる雇用契約に記された企業からの期待の充足度に対して，評価・報酬が提供されることになる。そのため，評価が透明化する可能性が高まる。また，現行の職務に関連してより高い評価を得るため，ないしは上位等級へ昇格するための成長目標が明確なものとなる。さらには，自分と同じ職務に従事している社外の人々がどの程度の報酬を受け

取る傾向があるか（相場賃金）を知ることも比較的容易になる。

日本企業と社員格付け制度

職能資格制度の発明・普及・行き詰まり

　企業がいかなる社員格付け制度を採用すべきかは，企業や経営環境の特性により異なってくる（▶第3章）。Marsden［1999］によると，能力主義においては「従業員が受容できる範囲で，職務規定の組み替えられ方が柔軟であること」が，職務主義においては「従業員が受容できる範囲で，職務規定の内容が明確であること」が，それぞれ重視される。実際，「職務の範囲が曖昧な従業員が力を合わせて業績を出す」「人員調整や能力開発のために社内ローテーションを活用する」といった日本企業のあり方により適うのは職能資格制度のほうであると，広く見なされてきた。

　一見，職能資格制度と職務等級制度は，まったく異なった思想に立っている。しかし両者は，「仕事に人を合わせる」，すなわち，企業内の職務経験を通じて企業が必要とする能力を従業員に身につけさせ，適材を内部登用できるようにすることを目指す点で，共通している。したがって，もし職能要件表の利用などを通じて能力の定義を具体的で職種個別的にすれば，職能資格制度は職務等級制度並みの評価精度を確保できるだろうし，職務記述書に基づいて職場で成長志向のコミュニケーションがとられるとすれば，職務等級制度は十分に能力主義的であるといえる。

　にもかかわらず実際の日本では，職能資格制度のほうが幅広く採用されている。「日本の実情に合った職能資格制度」という考えは，どのように生まれ，当然視されるようになったのだろうか。

　日本では，太平洋戦争終了後に占領軍の主導で「民主化」が進められる中，労働運動がかつてない盛り上がりを見せた。そこで争点の1つとなったのが，学歴主義的な人事管理からの脱却であった。基本的には各従業員の年々の生計費の増加に対応しつつ，従業員間での能率（能力や企業への貢献）の違いにもある程度配慮した「電産型賃金」は，労働側が勝ち取った成果の一例である。

その後，1950年代から60年代にかけては，人件費高騰の一因ともなった年功主義の克服のため，「アメリカからの学びを通じた合理化・近代化」という色彩の濃い職務等級制度が，主として経営側を起点に志向された。しかし，大手鉄鋼会社のような例外を除き，実際の制度導入に至るケースは少なかった。

なぜそうなったのだろうか。石田［1990］によると，当時から職務等級制度は，科学的な経営管理，さらには「仕事の対価としての賃金」という公平観のもとで，はじめて制度としての確立が可能となると目されていた。しかし，当時の日本では属人的な経営管理がなされており，「能力に応じた格差は生じうるものの，基本的には年齢や勤続年数に応じた賃金」といった公平観が広く抱かれていた。また，成長期の企業では職務の構成が日々変化するが，それに応じて職務分析をたびたびやり直すことを，当時の多くの日本企業は嫌った。

こうして1960年代に，導入は時期尚早と目された職務等級制度の現実的な形態を模索する中で，職務遂行能力という概念が構想され，職能資格制度の体系が徐々に構築されていった。日本経営者団体連盟（日経連。現，日本経団連）や著名コンサルタントの活動もあり，1970年代から80年代における職能資格制度の普及段階になると，能力主義が，「人間形成」の思想を体現しつつ，経営や職務の状況の日々の変化にも柔軟に対応できるものと捉えられるようになった。日本経済の高パフォーマンスもあって，能力主義は，職務主義に適した状況が生まれるまでの過渡期的発想ではなく，それを代替する発想として認識されるようになっていった。

しかし，1990年代に入り多くの企業の経営状況が悪化する中，職能資格制度の短所が声高に指摘されるようになった。短所として真っ先にあげられたのが，「年功主義的運用の蔓延」である。あまりに包括的に定義された職務遂行能力を評価することの難しさから，在籍年数を能力伸長の代理指標と見なす評価者が多く出たからである（▶第7章）。

また，職務環境の変化に伴って「能力は目減りしない」という仮定が形骸化したにもかかわらず，能力価値の低下に伴う降格がほとんど生じていないことも短所としてあげられる。これは，降格対象となった従業員のモチベーション低下を恐れた結果として生じたものであったが，全従業員に占める上位等級者の比率の上昇を招き，人件費の増大，若年層の昇格スピードの鈍化，モチベーションの停滞などを引き起こすこととなった。さらには，国外を含む社外の有

3 日本企業と社員格付け制度 **● 83**

能な人材の調達を困難にすることも，厳しい経営環境の中での組織変革を阻むものとして，問題視されている。

　従業員の序列を設ける際には，人事評価の適正化が求められるのだが，評価項目そのものの捉えどころのなさを，多くの日本企業が放置してきた。それに伴い，社会問題と呼びうるいくつかの問題も発生した。その最たるものが，従業員の過重労働や内部競争，ひいては心身や生命を危機に追いやりかねないストレスである。「人間性尊重」という色彩を伴って導入された職能資格制度が，能力管理の難しさから，「人間軽視」をしばしば引き起こしたのである（熊沢［1993］，▶第9章）。

　こういったさまざまな難点にもかかわらず，大企業を中心に普及した職能資格制度は，今日においても日本企業で最も用いられている社員格付け制度であり続けている。その背景にあるのは，従業員を育成し活用する際の基本方針に，大きな変化がないことである。神戸大学大学院経営学研究科・経営人材研究所・日本能率協会［2009］によると，多くの企業が従業員の職域を狭めすぎないことを重視しており，そうした企業ほど事業部門や職種を横断した異動を重視している。また，従業員の能力開発を企業が主導すべきと考えている企業が依然として過半数を占めていることを，複数の調査が指摘している（日本能率協会［2011］，労働政策研究・研修機構［2009］）。

┃ 修正か脱却か──職能資格制度の未来

　近年，一部の日本企業が，能力主義的な人事管理の長所と短所を天秤にかけながら，職能資格制度の修正あるいはそこからの脱却を図っている。いくつかの例を見ていこう。

　社員格付けの原理においては能力主義を基軸としつつ，運用上の困難さといった職能資格制度の弱点を修正する動きは，たとえば，従業員の格付けの基準を「従業員が保有する能力」から「高業績につながる行動」（コンピテンシー）へと変える，といった形でなされている。「コンピテンシー」は，職業上の業績につながるにもかかわらず従来の知能テストが見落としてきた，動機や自己効力感などのパーソナリティ特性（根源的特性）を指すものとして，アメリカで概念化された（Spencer and Spencer［1993］，▶第7章Column⓰）。その定義は日本流の職務遂行能力概念と近似しており，人事管理におけるコンピテ

ンシーとは，従業員の総合的能力（動機，思考，知識，スキル）のうち高業績に
つながると予想されるものを指す。コンピテンシー概念がアメリカで発展する
際にはその測定法の開発も同時に進められてきたが，測定の技術や測定を重視
する姿勢から日本企業が学べるものは多い。

「発揮能力＝行動」を「経営戦略上期待される行動＝役割」と定義し，従業
員の格付け・評価の基準とする，**役割等級制度**といわれる社員格付け制度も存
在する（石田 [2006]）。これは，従業員の職務遂行能力に着目し，その定義を
職種横断的に行うことで制度運用上の柔軟性を確保している点で，能力主義の
考え方を受け継いでいる。また，従業員への現実の期待に即して等級を付与し，
上下動を行いやすくするという点で，職務主義にも近い。

役割等級制度が，従業員に期待される貢献や実際の貢献の大小を，経営戦略
を踏まえて定義・測定しているところは，従来の社員格付け制度に見られない
点である。ただし，能力主義と職務主義，双方の特徴を踏まえたこうした取り
組みを，将来のスタンダードたりうる「進化型」と呼ぶべきか，過渡期的な
「折衷型」と呼ぶべきかについては，いまだに評価が定まっていない。職能資
格制度の短所としてたびたび指摘されてきた従業員の評価基準，ひいては等級
定義の曖昧さは，役割等級制度を導入することで克服できるとは限らない。経
営戦略という新たな変数を考慮に入れることで，かえってプロセス評価が煩雑
化する可能性すらはらんでいる。

経営のグローバル化が進む中，職務主義への転換（職務等級制度の導入）を進
める企業も存在する。世界各国の労働市場で競争力を発揮し，「日本人びいき」
をなくして世界中から獲得した有能な人材を企業内で縦横無尽に活用するため
に世界標準に合わせる，という発想である。ただし，このことは必ずしも従業
員の能力軽視を意味しない。こうした措置は従業員1人1人の成長目標を明示
的にし，適材適所の人事をより透明に行うことにもつながりうるため，より上
位のポストを伴わない「昇格」は提供できないものの，従業員の能力重視の維
持あるいは徹底化は可能である。

また，同様の背景から，逆に能力主義の徹底（職能資格制度の再設計）を進め
る企業も存在する。企業への貢献のあり方，そのために必要とされる能力，そ
れを身につけるための道筋，といったことをこれまで以上に明示し，上司と部
下の間の日常のコミュニケーションに活かすことで，同じく「日本人びいき」

をなくした縦横無尽な人材活用が目指されている。企業と従業員が互いに高め合うようなスキームが明確化され，合意がとれていれば，職務主義への転換も能力主義の徹底も，そう変わらないといえる。

　詳しくは第6章で述べるが，従業員の社内昇格の道を複数用意することも，職能資格制度の限界を克服するための手段の1つである。従来より，事務職・技術職（いわゆるホワイトカラー）と技能職（いわゆるブルーカラー）で別々に格付け制度を設けることはなされてきたが，ある等級以上ないしは全等級にわたって，それらをさらに細分化するのである。従来の職能要件の定義はきわめて曖昧であったため，「キャリア開発＝管理職・経営者としての活躍」という単一的なモデルしか示せなかった。大局観やリーダーシップに根ざした管理能力ではなく特定の専門性に根ざした職務遂行能力を評価し，それに報いるため，管理職用と専門職用に複数の等級制度を用意する企業は少なくない。

4 社員格付け制度を職場に根づかせる

　社員格付け制度をめぐる一連の歴史から学べることは，第1に，等級の基準を企業の現状，より具体的には，人事戦略や人材像に合わせて極力具体的に定義することの必要性である。各等級における職能要件が曖昧なものとなりがちな職能資格制度の普及は，職務等級制度に見られるような頻繁な制度変更を回避するという，消極的な理由から進んだ面があった。しかし，「どう運用するか」に関心が向くあまり「なぜその制度なのか」という点が従業員に伝わりにくいのでは，従業員は職務遂行や能力向上に専念できなくなる。

　第2に，制度運用時に従業員とその上司の間でのコミュニケーションを緊密化させることの，変わらぬ重要性である。もし社員格付け制度を今日広く見られるように「見える化」しようとすれば，企業で働き，報酬を受ける際の従業員にとってのリスクは，「曖昧な基準を適用される」という点から，「従来よりも悪い処遇を示される可能性がある」という点に移る。より質の高い業務遂行や成長のために必要なことについての意思疎通が日ごろから行われることで，処遇が悪くなるリスクに伴う不安を解消したり，実際に処遇が悪くなってしまった際にも，より速やかに落胆から回復することができるだろう。

従業員は，「企業が自分に何を期待しているのか」「それにどう応えることで，どう報われるのか」ということが理解できないと，目先の状況に納得することはできず，将来に対する具体的で前向きな展望も持ちにくくなる。そのため企業は，人事管理上の基本哲学や方針といった「森」と，個別の人事施策といった「木」の双方を，その間のつながりが明確になる形で設計し，従業員に提示する必要がある。コンピュータにおける OS のような役回りを担う社員格付け制度によって，従業員は自社の人事管理の基本哲学・方針と個別の人事施策との結びつき，さらには自らがある処遇を受けている理由をイメージしやすくなるのである。

KEYWORD

人事戦略　　人材像　　雇用区分制度　　社員格付け制度　　職務遂行能力　　職務価値　　職能資格制度　　職務等級制度　　職能要件表　　昇格先行，昇進追従　　職務記述書　　役割等級制度

EXERCISE

① 企業の人事管理において，社員格付け制度を設け，用いる意義は，どこにあるのでしょうか。

② 職能資格制度のもとでよく生じる，従業員の「昇格先行，昇進追従」とは，どのようなことでしょうか。また，これはなぜよく起きるのでしょうか。

③ 職能資格制度と職務等級制度が類似する点と相違する点のそれぞれについて述べた上で，今後の日本企業がどのような社員格付け制度を備えるべきか，見解をまとめてみましょう。

参考文献　　　　　　　　　　　　　　　　　　　　　　　　Reference ●

Doeringer, P. B., and Piore, M. J. [1985] *Internal Labor Markets and Manpower Analysis: With a New Introduction* (*reprint ed.*), M. E. Sharpe（白木三秀監訳『内部労働市場とマンパワー分析』早稲田大学出版部，2007年）.

Marsden, D. [1999] *A Theory of Employment Systems: Micro-foundations of Societal Diversity*, Oxford University Press（宮本光晴・久保克行訳『雇用システムの理論——社会的多様性の比較制度分析』NTT 出版，2007年）.

Spencer, L. M., and Spencer, S. M. [1993] *Competence at Work: Models for Superior Performance*, Wiley（梅津祐良・成田攻・横山哲夫訳『コンピテンシー・マネジメントの展開（完訳版）』生産性出版，2011 年）.

石田光男 [1990]『賃金の社会科学——日本とイギリス』中央経済社。

石田光男 [2006]「賃金制度改革の着地点」『日本労働研究雑誌』第 554 号，47-60 頁。

今野浩一郎・佐藤博樹 [2009]『人事管理入門（第 2 版）』日本経済新聞出版社。

楠田丘（石田光男監修・解題）[2004]『楠田丘オーラルヒストリー 賃金とは何か——戦後日本の人事・賃金制度史』中央経済社。

熊沢誠 [1993]『日本の労働者像（新編）』筑摩書房。

神戸大学大学院経営学研究科・経営人材研究所・日本能率協会 [2009]「『創造性喚起のための人材マネジメント調査』および『開発部門の創造性を支援する人材マネジメント調査』の結果報告」神戸大学大学院経営学研究科ディスカッション・ペーパー，2009-26。

笹島芳雄 [2001]『アメリカの賃金・評価システム』日経連出版部。

日経連能力主義管理研究会編 [2001]『能力主義管理——その理論と実践（新装版）』日経連出版部（初版 1969 年刊）。

日本能率協会 [2011]「日本企業の経営課題 2011 第 33 回 当面する企業経営課題に関する調査」。

濱口桂一郎 [2009]『新しい労働社会——雇用システムの再構築へ』岩波書店。

久本憲夫 [2010]「正社員の意味と起源」『季刊 政策・経営研究』第 4 巻第 2 号，19-40 頁。

リクルートワークス研究所 [2015]「Works 人材マネジメント調査 2015 基本報告書」。

労働政策研究・研修機構 [2009]「雇用システムと人事戦略に関する調査（2007 年調査）」調査シリーズ，No. 53。

CHAPTER

第**5**章

採用と退出

雇用関係を交わす

SHORT STORY　矢作圭は 1980 年代末に就職活動をした，いわゆる「バブル世代」である。とくに明確な基準で企業選びや自己分析をしたわけではなく，大学の先輩からの紹介で採用されたようなものだった。社会人となって 30 年近く経った今，矢作はわが子の就職活動を目の当たりにし，隔世の感を抱いている。今日の大学生の多くは，3 年生の夏からインターンシップへ積極的に参加し，自己分析や企業研究に余念がない。「自分がやりたいこと」を何とかして言語化し，それを基準に企業選びを行っている。

　矢作は，若者のそうした頑張りに一抹の不安を感じる。多くの企業が，論理的思考力，社会全体に関する問題意識，修得した勉学の内容など，新たな採用基準をアピールし，学生側もそれを重視している。しかし，矢作が所属する会社も含め，企業側の「現実の」採用基準，そして，実際に従業員に求められる素養は，気力・胆力・素直さといった従来のものと大きく変わっていない可能性がある。さらにいうと，昨今重視されている基準の中にも，「コミュニケーション能力」のように，曖昧なものが含まれている。

　若者の側も，多くがこうしたギャップを何となく感じ，企業に対して不信感を抱いているようだ。若年者の早期離職問題はその現れではないだろうか。多くの中高年は「『石の上にも三年』というのに，我慢を知らない」と憤慨するものの，子どもたちの就職活動を見るにつけ，矢作は「そんなに単純なものではない」と感じるようになってきた。以前よりも多くの若者が，「所属企業のため」よりは，「志をともにする人のため」「社会全体のため」という動機で仕事をし，転職を「必要に応じて行うもの」と見ている。企業側は，こうした若者に対して，どのような期待をし，どのような魅力を提供できるとよいのだろうか。

● 89

1 雇用関係の入口と出口

第1章で述べたように，雇用関係は，企業側と従業員側の双方が，主観的に「誘因≧貢献」のバランスを知覚したときに，成立し維持される。多くの日本企業において，こうした差引勘定を支えてきたのは，第1に，「従業員の雇用を長期にわたって保障する。そのための手段として，従業員を企業内で柔軟に活用する」という企業側の姿勢である。そして第2に，「企業からの時に突発的な，あるいは従来の仕事経験との関連が低いような業務上の要請に応える」という従業員側の姿勢である。

以上のような交換関係は，一部は明文化されているが，多分に柔軟かつ曖昧である。日本においては，雇用関係が締結される時点においてすら，職務と報酬の対応関係が明文化されないことが多い。**柔軟で曖昧な雇用関係**とは，別の言い方をすれば，実際の内容が事後的に確定・変更されるという意味でオープンな雇用関係である。これを前提とした人事管理においては，こうした関係に耐えうる労働者をいつ，どう従業員として雇用するか，耐えきれなくなった従業員をいつ，どう退出させるか，ということに関するルールづくりが重要となる。また，えてして従業員よりも強い立場に立つ企業の採用・退出活動を規制するため，行政や企業団体によるルールづくりも重要となる。

こうした雇用関係下では，企業の一員としての想いを強く持ち，企業からの要請に都度都度応えることが，従業員に期待される能力となる。数多の求職者に向き合う中，企業は自らのパートナーたりうる人物を，どう見極めているのだろうか。本章では，今日の採用活動において，どのような基準や手法が用いられているのか，なぜそうなったのかについて，概観しよう。また，そうした活動の一部において機能不全が起きている現状とその背景についても解説する。「日本企業は従業員の雇用を守ってきた」ということがしばしばいわれるが，この通説は一部の従業員にしかあてはまらないものであったし，従来の（従業員にとっての）安心材料が今後もそうであるとはいいきれない。

雇用関係は，企業あるいは従業員いずれかの側が，自分の求めるものが相手から十分に得られなくなったと感じたとき，解消される。これが解雇あるいは

離職である。また，従業員が「能力が低下し，将来的な企業への貢献可能性がある一線より小さくなる」「企業が担ってきた福利厚生を担わなくてよくなる」と見なされがちな年齢に達すると，一律に雇用関係が解消されることもある。その年齢を定年と呼ぶ。

従業員を採用する基準と手法

| 新卒一括採用 |

　企業が従業員を採用するタイミングはさまざまである。たとえば，ある仕事に対する欠員が生じた際の補充として，その仕事ができそうな人を面接等で見極め，雇い入れる。いわゆる「即戦力採用」「中途採用」であるが，これが経営上の優先順位の第1位にあるとは限らない。

　こうした「即戦力」の採用が広く，しかも積極的な理由で行われていることも確かであるが，一方で，特定の職務に従事してもらうことを目的としない，求職者に必ずしも特定の専門性や経験を求めない採用がある。日本で広く行われているこうした採用活動は，主たるターゲットとして未就業の学生が想定されていることから，**新卒一括採用**（定期採用）と呼ばれる。

　多くの求職者を同じ時期に募集し選抜することには，スケール・メリット（規模の経済）が生じる。こうした形での従業員の募集は，個別の職務ごとではなく，雇用区分（▶第10章 Column ㉒）単位で行われるのが常である。したがって，「事務職」「技術職」「技能職」といった業務内容の大まかな違い，または「総合職」「一般職」などといった企業経営の中枢への近さに関する大まかな違いごとの募集となる。応募者に求められる要件も，「4年制大学以上を卒業見込み」「学校での専攻は問わない」など，多くの場合，大まかである。学生を対象にした採用の要件が，「営業」「商品企画」「研究開発」といった職種別の即戦力採用よりも具体的になることは少ない（図5.1）。

　新卒採用においては，採用時点で求職者に入社後どの職務に従事してもらうかが決まっていないことが多い。企業としては，求職者に採用内定を出した後，あるいは実際に彼らが入社した後，さらには入社後もたびたび，1人1人に割

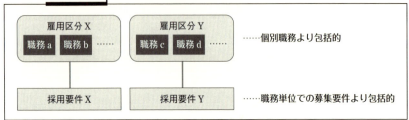
図5.1 新卒採用の門戸の設け方

り当てる職務について考慮し直すのである（▶第 **6** 章）。

こうした採用手法の背景には，企業から従業員への期待の形がある。日本企業では，従業員に対し，特定の専門性を磨き，それに関する仕事に従事し続けることよりは，幅広い職務や職種を経験しながら徐々に組織メンバーとしての中心性を高めていくことを期待することが多かった（▶第 **4** 章）。企業の一員としての強い意識すなわちメンバーシップが従業員に期待される場合，求職者の選抜を特定の職務や職種と結びつけて行うことの必然性は，さほど生じない。

日本企業の採用基準

特定の専門性以上に組織人としての意識を従業員に求める，メンバーシップ型の雇用関係を有する企業の採用基準は，どのような形をとるのだろうか。これからの企業が必要とする人材像として，たとえば経済同友会［2015］には，以下の 4 点が掲げられている。

- 変化の激しい社会で，課題を見出し，チームで協力して解決する力（課題設定力・解決力）
- 困難から逃げずにそれに向き合い，乗り越える力（耐力・胆力）
- 多様性を尊重し，異文化を受け入れながら組織力を高める力
- 価値観の異なる相手とも双方向で真摯に学び合う対話力（コミュニケーション能力）

多くの企業で大なり小なりこうした定義が用いられているが，これらは一見，仕事上の能力・姿勢に関して大きく異なる期待を求職者に同時に寄せているともいえる。それは，「いわれたことに取り組みつつ，自ら新たな職域や手法を開拓していく」「協調性を発揮しつつも，周囲に埋もれない」「感情や熱意とと

もに，体系的な知識や思考も大事」といった形をとる。これらのうち，カンマ（「，」）の前については，従来からいわれてきたことであったが，近年になってカンマの後についてもいわれるようになってきた。企業から求職者への期待は，より広がりを帯びてきているのである。

さらに，こうした期待の多くは，具体的な行動や態度の底にある，人間の内面にかかわるものである。好意的に解釈すれば本質を捉えているといえるものの，悪くいえば捉えどころが明確ではない。あらゆる職務を遂行する上での前提となるという意味ではきわめて重要な基準ではあるが，個別の業務に直結せず，測定が困難である。

企業が着目する求職者の志向や能力は，性格や価値観のような企業による入社後の育成が困難な要素と，特定の職務遂行能力のような入社後の育成が可能な要素とに分けられる。新卒採用は，入社後の能力開発も見据えつつ企業と長期的にかかわれそうな人々の選抜を目的としているために，**育成可能性**が低い要素を主要な採用基準とすることが合理的である。育成困難な要素には，性格や価値観のほかにも，育成可能な志向や能力を入社後にどれだけ身につけられそうか，つまり学習能力も含まれる。

▌採用活動の手続き▐

企業による採用活動は，複数の段階・手法からなっている。

新卒予定者，つまり学生を対象とした採用活動の場合，公式的には，①企業からの募集（採用情報の公開），②求職者側によるエントリーシートや履歴書の提出，③筆記試験・グループディスカッション・面接（一般的には複数回）などを通じた企業による選考，④企業から一部求職者への内定告知，という形をとる。また，直接の採用活動ではないが，これらに先んじて，他社との合同あるいは自社単独での企業説明会が行われる。さらに，学生に就業体験の場を提供するインターンシップも，企業からの情報開示，および求職者についての情報収集の機会として，広く用いられている。日本では，採用活動の開始時期に関して，主要企業の多くが加盟する**日本経団連**（日本経済団体連合会）が定める協定に基づいた緩やかな合意が存在しており，求職者はそれを見据えて自己啓発・内省・企業情報の収集等の就職活動を行うことになる（**Column ❿**）。

採用活動（求職者にとっての就職活動）とは，企業と求職者との間の情報交換

Column ⑩ 採用活動のスケジュールはどう決まるか

　日本の企業が多くの学生を特定時期にまとめて採用するようになったのは，第二次世界大戦後である。高度経済成長期には，あらゆる職種において大きな労働需要が発生したため，優秀な労働力を確保したい企業間の競争によって，採用・選抜の時期が年々早期化した。

　採用活動の早期化は学生が学業に専念できる期間を短くするため，1952年に採用開始時期に関する大学と企業の取り決めである「就職協定」が登場したが，ほどなく形骸化した。求職者が学校を卒業する前に企業側が採用内定を出すことは従来「青田買い」と称されていたが，「早苗買い」さらには「種もみ買い」といった呼称が次々と生まれた。就職協定は1996年に廃止されたが，こうしたなし崩し的な早期化・長期化傾向に対する学生や大学からの反発もあって，近年は，修学期間の確保と採用活動のバランスが模索されている。大学生でいうと「3年生の授業期間中には公式的な採用活動が展開されない」という前提で一連の採用活動の日程が設定されるのが，最近の傾向である。

　ただし，外資系企業やベンチャー企業の多くなど日本経団連に加盟しない企業を中心に，こうしたスケジュールに必ずしも囚われない採用活動も見られる。また，一部のインターンシップが実質的な採用活動の場となっているなど，結果として採用活動の早期化や長期化の傾向は，むしろ進んでいる。とはいえ，若者が自らのキャリアについて考えることの必要性と代替的な機会の少なさを踏まえると，こうした傾向を一概に否定するわけにもいかない。

と捉えることができる。すなわち，企業側が募集を行う際には，企業の現状と方向性，それらを踏まえた人材像を，求職者全体に向けて発信することで，ある程度まとまった人数の求職者が企業側にアクセスしてくることが期待される。求職者を引きつけた後，企業側は，自社との適合性がとくに高い求職者を絞り込む。そのために企業側は，種々の試験・観察・面接等のさまざまな手法を通じて，求職者1人1人の志向や能力についての情報を引き出そうとする。採用活動の成果は，やりとりされる情報の量と質，および企業や求職者による情報解釈に依存する。

　採用活動にはさまざまな人が関与する。正社員，とりわけ労働の場所・時間・内容についての制約が小さい従業員（総合職）の場合には，①現場の管理

者，②経営層，③人事担当者が採用活動に関与する。現場の管理者は，入社後はともに働くかもしれない人として求職者を捉え，既存の職場や従業員との適合性という観点から求職者の志向や能力を測ろうとする。経営層は，現場の管理者が見落としがちな，組織全体（とくに経営方針や経営理念など）との適合性，さらには組織の将来にとって成長・変革の起爆剤となりうる素養があるかといった観点から求職者を捉えうる立場にある。人事担当者は，一連の採用過程における求職者とのやりとり，採用の人数や時期，評価基準などの設定に加え，現場の管理者や経営者の採用実務のサポート，さらには彼らの評価結果が食い違った際の調整などに従事する。

新卒一括採用がもたらしたもの

こうした新卒一括採用の仕組みは，企業側と求職者側の双方にとって，少なからぬメリットが存在する。

企業側からすれば，第1に，特定の時期に特定の手法で求職者とまとめて向き合えることによる**採用コスト**の節約がある。第2に，採用の過程で類似した経験を持ち，互いに接点を有することになった求職者たちが**同期集団**を形成することで，組織の一員としての意識を持ちやすくなる。第3に，企業間の総意および企業・求職者間の合意の歴史の上に確立したシステムであるため，その流れに乗るだけで採用活動がある程度軌道に乗る。

求職者にとってのメリットとしては，第1に，企業内の職務やポストの空き具合にかかわらず，ある程度の幅で採用枠が設けられるため，学業修了直後に無職となるリスクを低下させられる点がある。実際，日本の**若年者失業率**は，先進国の中で群を抜いて低い。第2に，企業からの無限定的な要請に服することとセットではあるが，就職活動や入社以降の社会人としての成長の機会や生活の安定を一定程度以上確保することができる。

ただし，こうしたメリットにはデメリットがつきものである。また，こうしたメリットは，あくまで従来の経済市場・労働市場を前提としたものである。企業や求職者が他方に対して求めるものが変われば，メリットがメリットでなくなる可能性もある。以下でそのことについて見ていこう。

3 日本企業の採用活動を取り巻く問題

雇用のミスマッチ

新卒一括採用に対しては，今日数々の問題が指摘されている。とくに，すでに述べたようなさまざまな取り組みにもかかわらず，従業員に前向きな確信や満足感を抱かせることができず，雇用関係を結んだ最初の段階で従業員をつまずかせてしまうことがある。

たとえば，少なくない若手従業員が，学卒後に入社した企業を数年内に離職している。その傾向は，中卒社員の約7割，高卒社員の約5割，大卒社員の約3割が，3年以内に離職をするという数字に現れている（いわゆる「7・5・3問題」）。厚生労働省［2014］によると，離職の主な理由として，たとえば大学を卒業した若年労働者は「労働条件・休日・休暇の条件がよくなかった」「仕事が自分に合わない」「賃金の条件がよくなかった」「人間関係がよくない」「ノルマや責任が重すぎた」「会社に将来性がない」といったことをあげている。

求職者と企業の双方が合理的に行動することを想定した場合，求職者は自らのニーズに合った企業にめぐりあう，あるいは残された選択肢を踏まえて自らのニーズを調整することによって，入社先を決定するはずである。また，企業としても，定められた人材像に一定以上適合していると判断する場合に，その求職者を採用するはずである。

にもかかわらず，今日の採用活動では，採用すべきでなかった人を採用してしまい，その裏で採用すべき人をとりこぼしていた，というミスマッチが少なからず生じている。これは，企業と求職者の双方における，相手に対する情報開示，および相手についての情報収集の不十分さが，事後的に明らかになったことに由来するのである。

切迫した採用・就職活動

企業と求職者の間のマッチングがうまく進まない要因の第1には，採用基準の設定の難しさがある。端的にいうと，**曖昧な採用基準**であるため，採用

担当者が適切な選抜を行えていないのである。たとえば，前出の経済同友会［2015］で示された採用基準にある「課題解決力」や「コミュニケーション能力」を応募者にあてはめたとき，その判断基準や評価の高低は担当者ごとで大きく散らばりかねない。

　採用基準が曖昧であることの根底には，これまで何度も指摘してきた，日本企業の雇用関係上の特徴がある。頻繁な定期異動（▶第6章）に端的に見られるように，日本企業における個別の雇用契約は，事後的かつ企業主導的に変化する。そのため従業員には，比較的測定が容易な特定の専門性以上に，組織の一員としての意識，および，度重なる企業からの新たな要請に対する柔軟な対応力が，強く求められる。こうした中では，どれだけ評価基準をつくり込んだとしても，最終的には採用担当者の「総合的判断」に頼らざるをえない。

　企業と求職者のミスマッチの背景にある，その他の要因としては，**接点の希薄化**をあげることもできる。近年，情報技術の発展もあって，企業は従来よりもはるかに多くの求職者と向き合えるようになった。求職者側も事情は同じである。選択肢が増えることでより適切な相手と雇用関係を構築できる可能性も生じるものの，1つ1つの接点において相手をより深く知り，自らを十分にアピールするということが，企業にとっても求職者にとっても難しくなっている。

　こうした中ではコミュニケーションが表層的になりかねない。すなわち，企業と求職者の双方が，相手によい印象を与えようとするあまり，自らの肯定的な側面にのみ焦点を当てて情報発信を行ってしまう。しかし，そうした「演出」はある程度相手に見透かされているため，企業と求職者の双方が「ノイズ」を除去して相手を捉えようとする。結果として，相手のことを深く知る余裕が失われてしまう。

　雇用のミスマッチの原因は，企業が採用活動を終える段階にも潜んでいる。採用担当者は，一連の採用活動を通じて，入社予定者の適性や志向，より具体的には「本人が就きたいと思っている仕事」「就くとよさそうだと採用担当者が判断できる仕事」について情報を集めている。しかし，多くの企業において，採用と配属では，意思決定の主体が異なる。そのため，採用担当者が保有する情報が配属担当者に伝わらない，伝わったとしても重視されない，というケースが頻発する。入社予定者の意図に沿えない配属になったことについての十分な説得（理由の説明や代替案の魅力のアピール）も含め，採用担当者ひいては配属

3　日本企業の採用活動を取り巻く問題　● 97

担当者が，入社予定者に寄り添えていないのである。

雇用のミスマッチの波及効果

　採用・就職活動におけるミスマッチの影響は，さまざまな形で現れる。最近の就職活動中の学生がとくに重視するのは，企業の将来性，給与・処遇，職場の雰囲気，福利厚生，仕事内容などであるという（ディスコ [2015]）。しかし，数多ある「就職人気ランキング」を見ても明らかなように，彼らのうちの多くの判断は，それらとは本来相関しない企業規模に影響を受けている。意識しているかどうかは別として，就職活動への不透明感を抱く求職者の多くが，本来の選択基準の代理変数として，「大企業だから安心」「名前を知っている」といった基準を持ち出している可能性がある。

　その結果，就職活動において大企業に狙いを絞った求職者間の競争は，「見かけ上は」熾烈なものとなる。「見かけ上は」としたのは，企業にとってみれば，そうした「不確かな」動機で動く求職者の多くを選考ルートから外すことは，一定のコストが伴うとはいえ，それほど困難でないためである。こうした選別の結果として採用枠に欠員が生じたとしても，それを無理に埋めない大企業も，近年は増えてきている。

　求職者の視線が大企業に集中することの煽りを受けて，**中堅・中小企業の採用難**が発生する。これらの企業は，採用活動を行うためのパイプやノウハウに乏しく，有能な求職者に自社の存在をアピールするのが不得手であることが多い。結果として，大企業での選考から漏れたという事実から無力感を抱いたり，あるいは職務への意欲を失ったりした求職者が，中堅企業や中小企業に集まってしまう。その結果，こうした企業では長期間にわたる採用活動を余儀なくされ，それにもかかわらず質量双方で人材不足を解消できなくなる。

　新卒一括採用の慣習は，求職者間にも格差を生む。日本企業において主要な地位を占めるのは，無期的な雇用，無限定的な働き方に代表される，いわゆる正社員である。こうした雇用形態を提供されやすいのは，組織のメンバーに求められる基礎的な能力や人格，学習力を備えていると見込まれた求職者であるが，彼らのすべてがそうした機会に恵まれるわけではない。

　景気のよい時期には安定雇用の機会を手にする求職者が多くなり，景気の悪い時期には少なくなる。安定的な**雇用機会をめぐる世代間格差**がある時期に生

98 ● CHAPTER **5** 採用と退出

じ，その後固定化するという「世代（コホート）効果」が見られるのが，日本の特徴である。実際，1990年代に労働市場に参入し，その前の世代と比べて参入当初から不安定就労者が多かった「就職氷河期」世代は，参入から10年を経てもなお，不安定就労者が前世代より多い傾向を変わらずに持っている（酒井・樋口［2005］，堀田［2010］）。その理由として第1にあげられるのが，ひとたびメンバーシップ的な雇用関係を企業と結べずに他の就労形態を余儀なくされた労働者が経験する「遠回り」を，企業が評価しない傾向にあることである。また，労働者のひとたびの「失敗」を，ある種のレッテルとして企業が捉えがちだからである。

　21世紀に入り，日本でも「格差社会」という現状認識が当然のものとなった。初職で無期雇用の機会を確保できなかったことが，その後のキャリアや所得のみならず，結婚の可能性や心の健康にまで悪影響を及ぼしがちであることが，多くの研究によって実証されている（たとえば，Oshio and Inagaki［2014］）。こうした社会の不安定化の一因として，別の側面での社会の安定化に長らく寄与してきた新卒一括採用が，存在しているのである。

4　よりよいマッチングのための取り組み

▍マッチングを高めるテクニックの改善 ▍

　雇用のミスマッチは，従業員の目から見れば，就労環境に対する入職前の期待が入職後に裏切られたことや，入職前から入職後にかけて企業側から発信される情報の不完全さや不透明さに，その原因を求めることができる。そのため企業としては，採用活動の段階からこうした離職リスクの芽を摘んでおかなければならない。

　RJP（リアリスティック・ジョブ・プレビュー），すなわち，自社やそこで働くことについて，よい面も悪い面も極力包み隠さず伝えるという取り組みが，近年広がりつつある。RJPを経験した上でその企業への入社を希望する求職者は，企業への現実的な期待，入社後に起こりうる困難への覚悟，自らが選んだ選択肢への強いコミットメントを形成することになる。採用活動の早い段階から，

文字情報や組織メンバーによる語りといった多様な媒体による情報提供を行うことで，RJP は有効になる（金井［1994］，堀田［2007］，Wanous［1992］）。

実際の就職活動に先んじて学生に就労体験をしてもらう**インターンシップ**も，多くの企業で行われるようになってきている。ただし，日本で主流となっている数日から 1 週間ほどの就労体験では，その期間の短さ，さらには自らの就労時間をある程度犠牲にして学生を受け入れる職場の従業員のモチベーションを考えると，学生が真に必要な情報を得られない結果に終わるリスクもある。今日の日本企業では，海外で見られるような，「採用に結びつけたインターンシップ」「試験的な雇用としてのインターンシップ」などの取り組みは，前述した日本経団連の協定の影響もあって行いにくい。しかし，RJP という観点から見れば，これらの取り組みにも一定の意義があるといえる。

採用面接の手法の改善も，マッチングの向上に資する。たとえば，**行動結果面接**（behavioral event interview, BEI）という手法では，求職者の能力や志向を測るため，それらについて求職者自身に語ってもらうことによってではなく，求職者の過去の経験・行動に関する情報を順次引き出すことによって，面接担当者が能力や志向を推測する，ということが重視される。また，あらかじめ社内の高業績者の能力や志向，さらには実際の行動（しばしばコンピテンシーと呼ばれる）をある程度明確化しておいた上で，それらを面接の際の評価基準とすることも有効である（Spencer and Spencer［1993］）。これらは，単に求職者と企業のマッチングを高めるだけではなく，採用担当者の間での判断のブレをなくす，ということにも寄与しうる。

採用担当者が新入社員の配属にかかわることがマッチングの向上につながる可能性についてはすでに述べたが，事業領域や専門性の面でさまざまな現場の具体的ニーズをあらかじめ把握し，それらに合った多様な人々を採用することも有益であろう。職務横断的な性格や能力といった従来の採用基準に加え，応募者の配属希望と職務との適合性を重視するのである。そうすることで，少なくとも初任配属（▶第6章）の段階においては，入社したての従業員と職場のニーズの双方に沿うことができる。初任配属の職場で組織になじんでもらえれば，将来的に企業主導的な異動を 1 度あるいは複数回経験することになったとしても，そのことに対する従業員の受容性は高まっていることが期待できる。

Column ⓫　従業員確保と「自分探し」を両立させるインターンシップ

　企業向けパッケージング・ソフトの開発・販売・サポートを行うワークスアプリケーションズでは，優秀な人材との強いマッチングを意識したインターンシップが行われている。

　同社のインターンシップでは，与えられた課題に基づく製品開発業務（プログラミング）を体験する機会が提供される。この体験プログラムで成果を上げるため，インターン生は，同社における円滑な業務遂行のために必要なスキルの取得・発揮が必要とされる。このプログラムは半月以上の期間をとって行われるため，企業と求職者の双方にとり，有効な情報収集機会となっている。なお，プログラミングの初心者にも門戸は開かれている。

　もっとも，同社のインターンシップの最大の特徴は，プログラムの内容以外の側面にある。製品についての企業側による審査の結果，最優秀層（上位 3 ％ほど）には「5 年間有効の入社パス」が，優秀層（上位 30 ％ほど）には「3 年間有効の入社パス」が付与される。それは単なる内定通知ではない。このパスを受け取った学生は，本当に気に入った企業，進むべき人生の道筋が見つかるまで，大学卒業後も安心してさまざまな挑戦に打ち込むことができる。入社パスを手にした時点で就職活動を終了させ同社に入社する学生も当然いるが，結局それを行使しない学生，さらには，パスを持ったままいったん他社に入社し，その後ワークスアプリケーションズに再入社した（元）学生もいる。

　こうした内容に惹かれ，全世界から多くの学生がインターンシップへの参加希望を表明する。そのことが，優秀な人材の確保に大きく寄与するという。

新卒一括採用の前提を再考する

　新卒一括採用（定期採用）の問題点には，「新卒重視」「特定の時期に一括で採用」「メンバーシップ型の雇用関係」という大前提を問い直すことによっても，対処することができる。

　たとえば，時期に囚われない採用を行う動きも出てきている。通年採用は，定期採用と比べて，内定通知や入社の時期を弾力的に設定する取り組みである。これにより，定期採用の際にたまたまよい成果を収められなかったり，海外で修学状態にあったりする求職者を取り込むことができる。

　「新卒」の定義をより広くすることで，学業修了直後の就労状態の違いがそ

4　よりよいマッチングのための取り組み　● 101

の後のキャリアや人生に悪影響を及ぼさないようにすることも可能である。た
とえば，学業修了から5年以内は新卒と見なし，学業修了後の経験も，学業を
修めている時期の経験と同様に入社後の職務遂行能力を予測する材料にする，
といった措置である。2010年代の後半になり，一部の経営者団体からもそう
した提言が出されるようになってきたし，ごく少数ではあるが実施している企
業もある。

　採用のグローバル化の動きも見られる。企業の人事担当者自らが海外の有力
大学に足を運び，求職者と面接を行う。採用プロセスは弾力的に設定されてお
り，初対面の日のうちに内定を出すこともある。少なくない企業で「グローバ
ル人材」の確保が喫緊の課題とされているが，こうした企業の一部は，国内学
生をそうした人材に育て上げるコストよりも，すでにそうした素養を持ってい
る人に日本企業での働き方に適応してもらうコストのほうが低いと考えている
のである。

　複雑で曖昧な採用基準を用いることに伴う問題に対処するため，特定の職務
やそのために必要な専門能力に焦点を当てた採用も行われている。以前から理
工系の採用では比較的実施されていたが，これには，企業側にとっては採用基
準をより明確なものにしやすく，求職者側にとっても入社後についての予測や
期待の形成がしやすい，という利点がある。

　また，新卒一括採用の機会をひとたび逃した求職者に対する就職支援サポー
トとして，訓練機関の設置や利用をあげることができる。こうした機会は，こ
れまで公的機関によって提供されてきたが，民間の力も活かしながら，さらに
拡充させていくことが求められる。

⑤　雇用関係の解消

▌企業による退出管理の仕組み

　企業は競争力を確保・維持・向上させるため，必要な労働力の確保に加え，
必要性が小さくなった労働力の放出を行う。その主たる手段となってきたのが，
①定年制，②出向・転籍，③希望退職者の募集，④整理解雇，である。

定年制とは，従業員との雇用関係を，たとえば満 60 歳といったある年齢に到達した時期に解消する仕組みである。ただし，近年はその後の継続雇用が一般化してきており，厳密な意味での雇用関係の解消とはいえなくなっている（▶第 13 章）。また，出向や転籍といった，自社以外の職場で働いてもらうための仕組みがある（▶第 13 章 Column㉗）。籍を元の職場の企業にとどめる場合を出向，新しい職場の企業に移す場合を転籍という。転籍は，自社で十分に提供しきれなくなった活躍の場を，たとえば子会社等で得てもらうための措置ということで，雇用関係の解消という側面が強い。一方，出向は，組織の強化，あるいは人材配置（ジョブ・ローテーション）や能力開発の一環として行われることも多い。

　希望退職者を募集するにあたって，企業は，退職金の割り増し等により，定年以前での退職を従業員に呼びかける。しかし，希望退職に応募する従業員の多くは，その後のキャリアを自らの手で再構築する必要があるため，企業には退職金の割り増し以上の措置が期待される。具体的には，転職の援助や斡旋，独立開業の支援，さらには，中年期に入った従業員を幅広く対象とした特定の企業に囚われないキャリア形成を可能にするエンプロイアビリティ志向型の教育・研修である。

　整理解雇に関して，日本には，裁判の判例の積み重ねの中で実体化した固有の慣習がある。すなわち，以下のような**整理解雇の 4 要素**を企業が履行したと，整理解雇の対象となる従業員，あるいは裁判所が判断しない限り，企業の解雇行動は無効とされる。

（1）　企業にとっての人員整理の必要性がある。

（2）　解雇回避の努力義務を企業が全うした。

（3）　被解雇者の選定基準が妥当である。

（4）　解雇のための手続きが妥当である。

　企業には，経営上の困難に際しても整理解雇を極力行わずに社内の人材再配置や報酬水準の圧縮を行うか，あるいは従業員本人の意思による雇用関係解消を待つ，ということが期待されてきたのである。これは，「企業は，現在抱える従業員の雇用を極力保障する。従業員は，勤務の内容・時間・場所等に関して，たびたび新たに示される企業のニーズに柔軟に応える」というメンバーシップ型の雇用関係を前提とした，「労働者の権利の保護」である。

これからの退出管理と雇用保障

　現在の新卒採用から長期雇用に至る仕組みは，学業修了時点でそのレールに乗ることができた労働者とそうでない労働者の間での職業人生の安定性・発展性に関する格差を生みやすくしている。上述のような退出管理や労働者保護は，そうした傾向を助長するものであり，その妥当性については，①格差の温床となってきている，②こうした保護が保護対象者の便益になるとは限らなくなってきている，という2点から，疑問を呈することができる。

　第1の論点に関しては，雇用保障と引き換えに拘束的な働かせ方に服するという従来の正社員以外の働き方でも十分に生活を営めるような所得政策の実施に加え，正社員の**解雇規制の明確化**と緩和が検討の対象となる。正社員の就労機会の確保が，失業者や非正社員の正社員としての就労機会の損失につながっている可能性が高いからである。労働市場における機会の平等，つまり正社員的な就労機会を幅広い対象に開くためには，職務内容に加え，採用・解雇・人事評価の基準の明確化も求められる。さらには，そうした雇用環境を前提として，各企業がすでに雇っている従業員を対象に，特定の企業の枠を越えて雇われ続ける能力，すなわちエンプロイアビリティを志向した能力開発を行うことが必要となる。能力開発に携わる公的あるいは私的な機関も，失業者・無業者を含む幅広い労働者を対象に，同様の措置を行うことが求められる。

　第2に，**雇用機会の平等化**が解雇可能性の平等化にもつながる中で，「解雇されることは労働者にとっての不幸を意味する」という社会通念の妥当性も，改めて検討することができるはずである。企業と従業員の交換の内容が曖昧で事後的に決定される従来の雇用関係のもとでは，従業員は企業からの要請に応えるために多大なコストを払わなければならなかった。仕事と生活の調和や精神的豊かさが1人1人の人生にとって大きなウェイトを占めるようになった昨今，そうしたコストを従業員が負担する必然性は揺らいでいる。だとすれば従業員にとって，自らの希望に合わせたキャリアや人生を営むための時間や職務遂行能力などの資源を獲得できる経路を，特定企業の枠に縛られずに確保し，必要に応じて転職できることのメリットは，解雇される可能性が高くなるデメリットを埋めうるのではないか。

　退出管理を見直すにあたっては，従来型の労働者保護が，真の意味で労働者

保護たりえているのかを検討すべきである。もちろん解雇規制を緩和するにあたっては，条件整備や運用指針の確立を慎重に行わなければならない。しかし，企業が直面する環境と従業員が抱える価値観の双方が複雑化する今日のような状況下では，特定の雇用関係の維持を強い前提とすることの必然性は揺らいでいる。特定の企業ではなく，企業群，労働市場，行政や教育の機関も含めた社会全体の力で，人々の仕事や人生にかかわる権利を確保できるような体制を模索すべき時代に入ってきているといえよう。

臨機応変で対等な雇用関係

　雇用関係を結び，解消するための取り組みから見えてくるのは，企業側と従業員側の双方の価値観が変化する中，「関係性の基盤が曖昧な中で，強い相互義務を引き出す」というような雇用関係に伴うデメリットが，近年に至って看過できないほど大きくなってきているということである。そういう状況においては，デメリットを緩和する措置を勘案しつつ，それによって失われる従来のメリットの補完が必要になってくる。

　企業と従業員の関係が安定していることは，短期的にはメリットである。しかし，複雑化した現代社会では，長期的に見た場合には両者の成長可能性を引き下げかねない。今後，雇用関係がより流動化することが避けられないのだとしたら，自社の枠を越えて活躍できるような力を従業員に持ってもらうという労働者保護を，企業は実践しなければならない。

　企業がそれを行うメリットはどこにあるのだろうか。エンプロイアビリティは従業員の転職可能性を高めるため，企業側はそれに対して強いインセンティブを持ちにくい可能性はある。しかし，長期的な関係性を大前提としない「ドライな」雇用契約のもとでも，従業員からの企業への持続的で積極的な貢献を引き出すことは可能である。採用活動を通じて，自社への想いの強さ（エンゲージメント；Wollard and Shuck [2011]）を求職者の中に生じさせ，経営の理念や方向性について従業員同士が共感し実践できる場を醸成するのである。こうした共感的な関係性は，「一度雇った以上，極限まで力を使い尽くす」「他の所属先を見つけられない以上，この場で全力を尽くす」といった，企業と従業員

が互いを拘束するような関係性にはない，しなやかさに基づく強固さを示すだろう。

KEYWORD

柔軟で曖昧な雇用関係　　新卒一括採用　　メンバーシップ　　育成可能性　　日本経団連　　採用コスト　　同期集団　　若年者失業率　　曖昧な採用基準　　接点の希薄化　　中堅・中小企業の採用難　　雇用機会をめぐる世代間格差　　RJP（リアリスティック・ジョブ・プレビュー）　　インターンシップ　　行動結果面接　　定年制　　出向　　転籍　　希望退職　　整理解雇の 4 要素　　解雇規制　　雇用機会の平等化

EXERCISE

① 新卒一括採用が持つ，他の採用手法には見られない特徴を，整理してみましょう。

② 日本企業がこれからも新卒一括採用を継続すべきか否かについて，現在およびこれからの労働市場の姿や，各企業の経営課題を意識しながら，論じてみましょう。

③ 従業員の出向を，従業員本人と出向先企業のいずれか，あるいは双方の能力向上に活かしている企業の実例を探し，紹介してください。

参考文献　　　　　　　　　　　　　　　　　　　　　　　　Reference ●

Oshio, T., and Inagaki, S. [2014] "Does initial job status affect midlife outcomes and mental health? Evidence from a survey in Japan," RIETI Discussion Paper Series, 14-E-025.

Spencer, L. M., and Spencer, S. M. [1993] *Competence at Work: Models for Superior Performance*, Wiley（梅津祐良・成田攻・横山哲夫訳『コンピテンシー・マネジメントの展開（完訳版）』生産性出版，2011 年）.

Wanous, J. P. [1992] *Organizational Entry: Recruitment, Selection, Orientation, and Socialization of Newcomers* (2nd ed.), Addison-Wesley.

Wollard, K. K., and Shuck, B. [2011] "Antecedents to employee engagement: A structured review of the literature," *Advances in Developing Human*

Resources, vol. 13, no. 4, pp. 429–446.

金井壽宏［1994］「エントリー・マネジメントと日本企業の RJP 指向性――先行研究のレビューと予備的実証研究」『研究年報 経営学・会計学・商学』（神戸大学）第 40 巻，1–66 頁。

経済同友会［2015］「これからの企業・社会が求める人材像と大学への期待――個人の資質能力を高め，組織を活かした競争力の向上」。

厚生労働省［2014］「平成 25 年 若年者雇用実態調査」。

酒井正・樋口美雄［2005］「フリーターのその後――就業・所得・結婚・出産」『日本労働研究雑誌』第 535 号，29–41 頁。

ディスコ［2015］「2016 年度 日経就職ナビ 就職活動モニター調査結果（2015 年 1 月発行）」。

堀田聰子［2007］「採用時点におけるミスマッチを軽減する採用のあり方――RJP（Realistic Job Preview）を手がかりにして」『日本労働研究雑誌』第 567 号，60–75 頁。

堀田聰子［2010］「『初職非正社員』は不利なのか――『最初の三年』の能力開発とその後のキャリア」佐藤博樹編著『働くことと学ぶこと――能力開発と人材活用』ミネルヴァ書房，147–184 頁。

CHAPTER

第6章

配　置

仕事を割り振る

SHORT STORY　化学繊維系のメーカーの上海支社で総務・人事の責任者を務める山西康成には，現地で採用された部下たちが意欲や実力を十分に発揮していないという悩みがある。現地スタッフの多くが，大学で経営管理や人事管理を専攻しており，自らの専門性を活かすために入社してきている。彼らは，上司である山西にも専門性を強く期待するのだが，山西自身はそれほど総務・人事についての高い専門性を有しているわけではない。そのため山西は，適材適所を実践できるリーダーだと現地スタッフから認めてもらえず，「この人と一緒に重要な仕事を成し遂げたい」とも思ってもらえていない。

　山西も経営学部の出身ではあるのだが，大学時代の所属といえば自然と「空手部」が思い浮かんでしまう。入社後の 15 年を振り返っても，たしかに総務や人事の仕事を 6 年務めているが，事業部で企画や営業の業務に携わっていた期間のほうが長い。幅広い職務経験のおかげで，総務や人事を含む管理部門の人々の一部における現場勘のなさや専門性への過度のこだわりに敏感になってしまう。

　上海支社における山西のミッションは，「総務・人事の実現を通じた組織力強化」である。組織力強化は同支社の重点課題であったため，山西自身としてもこれまでの経験を活かせると納得して異動したはずだった。しかし，現地の総務・人事スタッフは，自らの専門性に相当の自信を持っており，単に「現場のことを考えろ」というだけでは動いてくれない。山西は自らの成長課題をどう定義すべきかわからなくなっている。現地スタッフに伍していくために自らも専門性を磨くべきなのだろうか。あるいは，総合的な経営能力（ゼネラル・マネジメント）を高めれば，彼らを束ねることができるようになるのだろうか。

108

1 配置とは

　企業は雇い入れた従業員に対し，何らかの職務を割り当てる。つまり，ある職場への配置（staffing）が行われる。従業員の多くは，雇用期間が終了するまで同じ職務に従事し続けるわけではない。ある職務についての担当を外れ，別の職務についての担当を割り当てられることを**配置転換**，より一般的には**異動**（transfer）という。異動には，部長・課長といった役職レベル（≠社内等級）の変更を伴わないものと，伴うものがある。後者のうち組織階層の上昇にあたるものは，**昇進**（promotion）とも呼ばれる。異動には，職種や勤務地をまたぐようなものも，しばしば含まれる。

　企業が従業員の配置転換を行う理由はさまざまである。第1に，業務上の必要性がある。質と量の両面で人的資源をどこに集中させるべきかは，経営上の力点をどこに置くかによる。人手が余りがちな部署から，人手が不足しがちな部署に人を動かすことで，バランスのとれた経営体制が構築できる。整理解雇に関する法的制約への対応から，多くの日本企業が人員調整の手段として解雇の代わりに配置転換を用いる（▶第**5**章）。

　第2に，従業員の能力開発のために行われる。特定の職務に囚われず経験を積むことは，その従業員が自らの強みを活かしながら異なる背景を持つ人々と協働したり，多様な人々を管理・統率したりするのに有効な手段である。

　第3に，社内の活性化のために行われる。それぞれの職場に人の出入りがあることで，異動してきた従業員やそれを受け入れる従業員が互いに新たな気持ちで仕事に取り組めたり，人的ネットワークがより緊密になったりする。

　そのほかにも，たとえば，銀行や行政組織（官庁や役所など）のように金銭あるいは特殊な情報等を扱う組織や職種においては，特定の個人に知識や経験を集約させてしまうことによる不正を防止するためという側面もある。また，懲戒目的で行われる異動もある。近年では家庭の事情（たとえば配偶者の転勤）など，従業員のニーズに合わせた配置転換も増えてきた。

　ある職場への従業員の配置あるいは配置転換は，企業の**人事権**の一部をなすものであり，往々にして企業主導で行われる。もちろん多くの企業は，決定の

1 配置とは ● 109

過程において従業員個人から希望や事情を聞き，それらをできるだけ決定に反映させようとはする。しかし異動は，最終的には企業の都合によって決められることが多い。

企業内で働く個人からすれば，キャリアとは，複数回の異動を経た仕事経験の積み重ねそのものである。民間企業の人事異動には，行政組織のような3～4年に1度といった規則性は，必ずしも見られない。しかし，多くの日本企業では，年度の初め，あるいは前半と後半の折り返しの時期に，「社内人材のシャッフル，玉突き」ともいうべき現象が起きる。これは**定期異動**と呼ばれる。新卒一括採用の場合と同様に，配置転換を同じ時期にまとめて行うことで，業務の効率化が目指されている。

 はじめての仕事

採用後に決定される従業員の職場・職務

雇い入れた従業員の最初の配置を**初任配属**という。日本企業の人事部門にとって，誰をどこに配置するかは，小さからぬ労力を要する判断である。この労力は，日本企業の労働力確保の手段として新卒採用が大きなウェイトを占めていることに起因する（▶第5章）。

中途採用の場合，あらかじめ特定の職務に従事することを前提として，従業員の募集・選抜が行われることが基本的な前提となる。採用が決定した時点で，応募者の配属先はすでに決定しているため，「この人をどの職場に配属させればよいか」といった問いや悩み自体が生じない。

反面，新卒採用の場合，募集・選考の時点では，誰にどの職務を割り当てるかについて，決められていないことが多い。採用数を決める段階においては，経営の状況や方向性に基づき，事業所や部署ごとの必要人数が検討されるわけだが，実際の職場や職務への人の割り当ては，雇い入れることが内定した（将来の）従業員の仕事への適性や成長可能性，あるいは個別の事業所・部署の事情を考慮に入れながら，彼らが実際に入社する前後に決まる。

初任配属の前に「仮配属」が行われることもある。入社式や新入社員研修後

の数カ月間，新入社員に「現場」（営業所や工場など）に身を置いてもらうのである。これは，実際に職務に従事し，成果を上げて部門や企業全体の業績に貢献してもらうためというよりは，仕事の進め方や組織のありようを学んでもらうためという意味合いの強い配置である。背景には，現場の実態こそが経営の基盤であり，それはどこで仕事をするにせよ身をもって知っておくべき素養となるという考え方がある。

近年になって，仮配属された従業員に対し，組織への定着や成長を支援するための担当者があてられることが増えてきている。「メンター」あるいは「ブラザー／シスター」などと呼ばれる担当者の多くは，同じ職場の上司や先輩である。また，この期間中から従業員の仕事や成長に対する主体性を高めるため，具体的な目標の設定やそれに関するコミュニケーション，目標達成度を踏まえたフィードバックが組織的に行われることも増えている（労働政策研究・研修機構［2012］）。仮配属期間中に新入社員を周囲が観察した結果も，初任配属先の決定に用いられる。

初任配属の進め方と影響

労働政策研究・研修機構［2012］によると，初任配属でとくに重要視されるのは，優先順位が高い順に「社員の適性」「配置される各部門からの要望」「基礎的な職務経験を積める職場への配置」「社員の希望」となっている。人材育成を視野に入れながら，従業員と職場とのマッチングを図ろうとしていることが窺える（▶第 **8** 章）。従業員本人の希望が優先されているとはいいがたいが，彼らの大学での専攻や専門性は，さらに重視されない傾向にある。

「適性」は，基本的に企業が判断するものであり，従業員本人の「希望」と一致しないことが多い。したがって，初任配属は従業員に必ずしも満足をもたらすわけではない。にもかかわらず，初任配属がどこになったのかは，その後のキャリア形成に大きな影響を与える（佐藤［1995］）。より具体的には，初任配属先で経験する職能分野が，従業員の最長経験職能分野，いわば将来の専門分野となるパターンが多く見られる。従業員が，その後の在職中に経験する複数回の異動の内容には，会社・人事・上司の意向や本人の希望が大きくかかわってくる。しかし，そうしたものに先立つ入社後最初の配置が，最終的には効いてくるのである（表6.1）。

CHART 表6.1 従業員の主領域についての「影響度指数」

初任配属のセクション	109.8
会社や人事の意向	106.9
自分の希望	62.8
上司の意向	61.1
入社後数年で経験した仕事の分野	41.6

注) 影響度指数＝最も影響度が大きい項目の比率（％）の２倍＋次に影響度が大きい項目の比率（％）。
出所) 佐藤［1995］。

配置転換（ヨコの異動）

「ゼネラリスト養成」の実態

よく、「日本企業はゼネラリスト志向、外国企業はスペシャリスト志向」といわれる。つまり、日本企業の従業員は職種や事業部をまたいだ異動を頻繁に経験し、専門性を深めないとされる。そして、特定のポストに欠員が生じ、それを内部人材で補充する際に異動が発生するような諸外国の企業と比べ、欠員補充以外のさまざまな理由によって従業員の異動を行う日本企業では、異動の頻度も多くなる。

しかし、そうした議論は正確さに欠けるようだ。国際比較調査の結果を要約した佐藤［2002］によると、日本企業（とくに大企業）の異動のマネジメントには、以下のような特徴が見られる（表6.2）。

第１に、日本では米独と比べて「複数職能型」が多い。表6.2にある数値は、たとえば、現在所属する企業への在籍年数20年間のうち、最も長く携わった職種が営業で、それが８年間だとすると、「8/20＝40％」と算出される。この場合、残りの12年間は、営業と比べて少し短い期間ほかのある特定の職種を経験しているか、あるいはさまざまな職種を短期間ずつ経験しているか、ということになる。最も長く携わった職種の経験年数がキャリア全体の50％を切る人が、日本では約３割おり、おおむね、これが社内におけるゼネラリストの比率に相当するといえるだろう。とはいえ、米独の企業においても、ゼネラリ

CHART 表6.2 特定職種における経験の深み

	「ゼネラリスト」寄り			「スペシャリスト」寄り
	最長経験職能分野での経験年数/現所属企業での勤続年数			
	25％未満	25％以上 50％未満	50％以上 75％未満	75％以上
日　　本 (1415人)	3.0 %	27.4 %	30.4 %	39.2 %
アメリカ (619人)	1.0 %	14.7 %	18.7 %	65.6 %
ド イ ツ (523人)	3.6 %	13.0 %	25.4 %	57.9 %

出所) 佐藤 [2002] に基づき，筆者作成。

ストは2割弱存在している。

　第2に，同一国内で比較した場合に，日本で一番多いのは他国と同様，「単一職能型」，いわばスペシャリストである。ただし，その割合には差がある。キャリアの大半（表では75％以上）を特定の職能で過ごした人の割合は，日本が4割弱であるのに対し，欧米諸国では6割前後に上る。

　ある専門性を持ちつつ幅広い経験も積んでいる人のことを，「T字型人材」と呼ぶことがある。表6.2でいうと，「キャリアの50％以上75％未満を特定の職能分野で過ごしている」という層が，それに該当しよう。日本企業の異動マネジメントの第3の特徴は，そうした人材を多く備える点にある。日本企業の人材育成において，純粋なゼネラリストの養成はそれほど志向されていないようだが，複数の職能を経験すること自体は非常に重視されている。佐藤 [2002] によると，そういった経験が課長養成のために必要と考える企業がアメリカとドイツではそれぞれ約17％，約46％であったのに対し，日本企業では全体の約73％に達した。顕著なゼネラリスト志向は見られないとはいえ，スペシャリストに管理業務を任せられないとする傾向は見られるのである。

　ただし，上記のデータはあくまで「課長」についてである。経営トップには幅広い職務経験が必要であるという認識は，日本のみならず世界共通で見られるようだ。Storey *et al.* [1991] では，日本企業以上に徹底したゼネラリスト志向で経営者を育成するイギリス企業の例が紹介されている。第4節でも改めて紹介するが，経営者候補を入社後早い段階で見極め，彼らに限って幅広い職務経験を積ませ，その一部を早めに昇進させるというやり方が，欧米を中心とした諸外国企業の配置転換では多く見られる。

3　配置転換（ヨコの異動） ● 113

CHART 表 6.3　直近の異動に伴う職務内容の変化の程度

	まったく同じ	ほとんど同じ	一部同じ	まったく異なる
18〜29 歳（ 396 人）	13.2 %	23.8 %	27.0 %	36.1 %
30〜39 歳（1058 人）	12.3 %	21.4 %	29.8 %	36.6 %
40〜49 歳（1011 人）	9.4 %	19.1 %	32.9 %	38.6 %
50〜59 歳（ 826 人）	9.6 %	20.0 %	31.4 %	39.1 %

出所）　リクルートワークス研究所［2011］に基づき筆者作成。

　「職務経験の幅」を見るときに，職種をまたぐ異動に加えて考慮すべきなのが，異なる部署で同一職種の業務に携わるケースである。やや古いものになるが，今田・平田［1995］に示された，あるメーカーの実際の人事データを集計した結果によると，勤続年数 30 年以上の大卒従業員に着目した場合，技術系の人々は職種をまたぐ異動を 4.11 回，またがない異動を 3.85 回経験している。同様の異動を事務系の人々はそれぞれ 4.49 回，3.77 回経験している。

　より近年の動向に関し，リクルートワークス研究所［2011］が，直近の異動の前後における職務内容の違いの程度について，企業で働く個人に尋ねている。これによると，職務内容の変更を，まったくあるいはほとんど伴わない異動を経験した従業員は，全体の 3 割強に過ぎない。職種をまたぐにせよそうでないにせよ，異動を経験する従業員の多くが，新たな環境への適応という成長課題に向き合うのである。（表 6.3）。

ヨコの異動と日本型人事管理

　異動，とりわけ職種をまたぐ異動は，日本企業の人事管理システムを形成する他の要素とも補完的である。

　多くの日本企業において社員格付け制度として採用されているのが，職能資格制度である（▶第 4 章）。そこでは従業員は，担当する職務の内容およびそれについての達成度ではなく，職務遂行能力，すなわち「何ができるのか」について評価され，処遇される。従来とは大きく異なる職務へと異動する場合，それまでと同等の成果を当初から出すことは多くの従業員にとって容易ではないが，そうしたときにも評価が大きく下がることのないようなインセンティブ・システムをとっていれば，異動，とりわけ職種をまたぐそれは，行いやすくなる。また，職能資格制度を採用している場合は，職務内容が変わるたびに異な

114 ● CHAPTER 6　配　　置

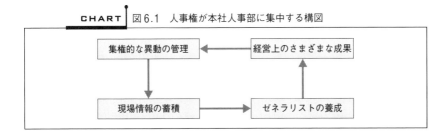

図6.1 人事権が本社人事部に集中する構図

る職務記述書（実質的な雇用契約書）を従業員に提示する必要がないため，実施上の手間も軽減することができる。

　従業員を採用し，採用の後の人事権を保有する主体が本社の人事部門であるということも，異動の頻繁な実施を妨げない。このことにより，従業員がさまざまな職務を渡り歩く空間を，事業部門や職種部門の意向による影響を抑制し，全社単位で構築できるからである。

　他国と比べて人事部門に人事管理上の権限が集中しがちであるのが，日本の特徴であるとされる（Jacoby [2005]）。そうした体制が維持される理由を，日本企業においてコア従業員の育成方針となっている「技能・能力の幅の広さ」との関係性で論じたのが，八代 [2002] の「異動の力学」論である。

　従業員の職務遂行能力の幅を広げようとするならば，全体最適の観点に立った異動を実施する必要がある。それを行えるのは，経営者とその代理人としての人事部である。従業員への指示命令を行いつつ，仕事の中での育成（OJT）を担うのはライン管理職であるが，彼らは部分最適としての自部門業績の最大化，ひいては優秀な部下の抱え込みに動機づけられている。こうした状況下で人事権がライン管理職にあった場合，本社から次世代経営者候補としての優秀人材を推薦するよう依頼があったとしても，彼らが最適な人材を推薦するとは限らない。しかも本社側は，ライン管理職による推薦内容が妥当であるかどうかを確かめることができない（情報の非対称性）。

　そのため多くの日本企業が人事権を経営者や人事部に集中させてきた。そうすることで**人事情報**が本社に蓄積され，それが実際の異動管理やそれに伴う成果につながれば，人事権を集中させることは正当化されるのである（図6.1）。

従業員主導型の異動に向けた動き

　こうした異動の取り組みは，主として企業主導で進められてきた。ただし近

年になり，配置転換を従業員本人の意思や候補者間の競争で進めようという動きが見られるようになった。それにはいくつかの理由がある。

第1に，配置転換の意思決定を企業主導で進めることについて，これまでより多くの従業員が不自然と受けとめるようになった。第2に，経営環境や従業員構成の変化などに伴い，経営者や人事部がゼネラリスト養成を適切に行えるとは限らなくなった。第3に，企業主導で職務を割り振った上で成果主義的な処遇を行うと，従業員から納得を得るのが難しい。第4に，能力開発投資の節約や経営者候補を早期に絞り込む必要性から，ゼネラリストとして養成すべき対象者が少なくなった。

従業員の主体性を尊重した配置転換（従業員主導型の異動）を行うために最近導入が進みつつあるさまざまな制度のうち，以下では自己申告制度と社内公募制度を紹介しよう。

自己申告制度とは，キャリアや仕事に関する従業員の期待についての情報を人事部門が収集し，実際の配置転換に役立てようとするものである。実際の情報収集は，人事評価に関する面談などの際に，ライン管理職が行うことが多い。この制度の機能としては，①動機づけ効果，②内省・育成効果，③職場のコミュニケーションの活性化，が期待される。もっとも，従業員からすると窓口となる上司に対し，「他部門への異動」といった希望を直接的には示しにくいことが予想される。また，従業員のニーズと企業のニーズを合致させるのは難しいため，従業員の希望に沿った提案を企業が行うことは容易ではない。重要性は高いものの，即効性は必ずしも高くない施策である。

社内公募制度とは，ラインの各部門が，人員の補充を必要とする仕事を明示した上で，企業全体から希望者を募り，最適な従業員を選抜するものである。こうした「社内転職」によって期待される効果としては，①人材の発掘を通じた組織活性化，②個人の意欲や能力開発の活性化，があげられる。これを機能させるためには，応募の事実を上司に知られないようにすることや，制度の趣旨を上司に理解してもらうことが求められる。落選者に対する定期異動などでのフォローといったきめ細かい対応ができれば，さらに望ましい。ここで人事部門は，職場（買い手）と従業員（売り手）の仲介人といった役割を担う。そこでは，職場と従業員の適切なマッチングのため，経営や人事管理のビジョンを明示し，双方に理解を促す必要がある。

Column ⑫　異動・転勤の効果

　配置転換に伴って頻繁に起きるのが，転居を伴う異動，すなわち転勤である。これを命じる権利は，従業員側によほどの不利益を生じさせるものではない限り，企業側にあるとされてきた。「子育ての最中」「家を新築したばかり」という「個人の事情」は，企業による転勤命令を拒否する理由として正当なものとは見なされてこなかった。

　しかし近年，転勤の合理性は揺らぎつつある。転勤する社員の生活環境の整備や転勤に伴う手当の支給などの目に見えるコストに加え，従業員の価値観がワーク・ライフ・バランスの重視などへ変化する中，目に見えないコストも大きくなってきているのである。転勤が特別な育成効果を持つことについての証拠も明示されていない。松原［2017］によると，不本意な転勤を余儀なくされた従業員ほど転勤を能力開発の機会として活かそうとしない傾向が見られるが，そういう従業員が近年増加傾向にあるという。

　こうした状況への対応としては，転勤に頼らない従業員の能力開発や組織づくりの体制を構築することが求められる。原則として各事業所の単位で人事管理や雇用関係を自己完結化し，そのための人事機能の委譲を進めつつ，全社を統合する能力を企業として確保するために「最低限必要な」転勤の量を見極めるのである。

　さらには，転勤の対象者を選定する基準，転勤によって得られるものと失われるもの，転勤の期限などを明確化し，情報共有することが必要となる。従業員による自律性・発言権の確保も重要である。武石［2017］によると，円滑な転勤のためには以下のような施策が有効である。

（1）　転勤の希望等に関する自己申告等の制度
（2）　社内公募制度や社内 FA 制度など社員自ら手を挙げて異動する制度
（3）　特定の事由がある場合に転勤が免除される期間がある
（4）　転勤はするが個人の希望する本拠地を決める
（5）　転勤はするがその範囲は一定のエリア内に限定する制度

3　配置転換（ヨコの異動）　● 117

4 昇進管理（タテの異動）

昇進のメカニズム

　従業員を昇進させることで何が生まれるか。従業員本人にとっては，より責任の重い，高度あるいは広範な知識・経験が求められる職務に就くことが，成長の機会となる。そのことは，経営資源の蓄積や適正配分に資するため，企業にとってもメリットとなる。

　さらには，昇進の対象となったことによる自尊感情の高まりにより，従業員の職務遂行に対する意欲や所属企業との一体感が高まる。こうした動機づけ効果は昇進の対象となった従業員に限って生じるものであり，対象から外れた従業員の動機づけ水準は低下する可能性がある。とはいえ，企業内のポストに制限がある以上，誰を昇進させるかは，厳格な相対評価のもとで決定されなければならない。

　そのため多くの日本企業では，職能資格制度のもとで，「**昇格先行，昇進追従**」という昇進管理が行われてきた（▶第4章）。職能資格制度のもとでは，職務遂行能力の高さを表す「資格・等級」（以下，「等級」）が，組織内の地位の高さを表す「役職」以上に，従業員に支払われる報酬水準に影響する。また，ある水準以上の等級を有することが，ある役職に就くための条件となる。従業員の格付けの基準を職務遂行能力とし，等級に応じて報酬を提供することで，「昇進」機会を十分に得られなかった従業員にも「昇格」を通じた昇給の機会を残すことで，彼らの動機づけ低下を抑制できるのである。一方，役職と報酬水準が厳格に結びついた職務等級制度のもとでは，昇進なくして基本的な報酬水準を高め続けることは難しい。したがって，従業員にとっては，職能資格制度下にある場合と比べて昇給機会が少なくなりがちであるため，社外に活路を見出すことも合理的となる。

　こうした事情から，職能資格制度のもとでは**役職なき管理職**（プレイング・マネジャー）が多く生じる。そのことは企業の人件費負担を重くするため，①非管理職層の段階に「滞留年数」すなわち直近の昇格から次の昇格までに要す

Column ⑬　専門職制度の現実

　1970 年代から 80 年代に日本企業で幅広く導入が見られた専門職制度である
が，その経営上の意義と長い歴史にもかかわらず，専門職層の従業員の職務へ
の動機づけは低いものとなりがちである。その主な理由は，「管理能力よりも専
門性に秀でている」従業員ではなく，「管理職に就く競争に敗れた」従業員が，
この社員区分に割り振られるケースが多いという点にある。制度設計時の理念
とは異なる運用がなされているのである。理念と現実がずれる背景には，若年
従業員のキャリア開発を管理者養成という一点に絞って行いがちである，とい
う人事方針があることも関係している。

　管理職ポストに制限があることや，昇進意欲の低下も含めた近年の若年従業
員のキャリア意識の変化を踏まえると，こうしたキャリア開発指針や，専門職
層への従業員の割り振り方は好ましいものではない。管理職コースと専門職
コースがともに機能する複線型人事を行うためには，専門職的な人材を，企業
が求める多様な中核的人材の一角として明確に位置づけることが必要となる。
その上で，従業員にも若年の時点からキャリアの多様性を示し，早い段階から
自らのキャリアについて自律的に考える習慣を持ってもらう。多様なキャリ
ア・コースを前提とした，評価制度や能力開発機会の整備も欠かせない。

る期間について一定の枠を設けて管理職層に到達する年限を遅らせる，②管
理職層に昇格するための要件を厳しくする，③一定の年齢になったら管理職
層から外れる仕組みを設ける（「役職定年」），④出向・転籍の枠組みや早期退職
優遇制度を利用するように促す，といった措置が講じられてきた（▶第 13 章
Column ㉗）。

　また，すべての従業員には管理職ポストを提供できないし提供すべきでもな
いという考え方から，**専門職**という非管理職とも管理職とも異なる社員区分を
設け，そこに配置される従業員には，管理能力ではなく特定の専門性を磨くこ
とで企業に貢献してもらうということも行われる。管理職と同様に専門職も，
非管理職からの昇進・昇格を通じて就任する。こうしたキャリア・パスを円滑
に機能させるためには，①管理職層と比べた報酬水準の差の有無や大小を公正
な形で設ける，②高い専門性が実際に求められるような職務を設計する，③求
められる，あるいは実際に保有する専門性の水準に応じた複数の等級を設ける，

4　昇進管理（タテの異動）　● 119

④そのポストに割り当てられた従業員が高い専門性を獲得・維持できるよう人材育成の体系をつくる，といったことが必要となる（Column ⑬）。

さまざまな昇進パターン

昇進管理は，経営層をはじめとするさまざまなポストをめぐる従業員間の競争を通じた，組織編成の手法と見ることもできる。従業員の序列化はさまざまな形でなされる（図6.2）。

すべての人に経営層に昇進する可能性が常に開かれている，逆にいうと，一度得た地位を誰もが失いかねないキャリア移動の仕組みを，「競争移動」（contest mobility）という。他方，入社時点ないしはそれに近い時期にどのような地位にいるかが最終的な地位を決めるようなキャリア移動の仕組みを，「庇護移動」（sponsored mobility）という。前者ではすべてのメンバーを競争に向けて常に動機づけておけることが，後者では有能と判断された一部のメンバーに早い段階から訓練費用を集中させられることが，組織にとっての合理性となる。ここでは，機会と効率がトレードオフの関係にある。

Rosenbaum［1984］は，ある企業の観察を通じ，これらとは異なる組織内移動のパターンを見出した。彼が観察した組織内移動のパターンは，枝からさらに枝が分かれるような樹木構造になっていた。そこでは，組織メンバーは常に勝者と敗者に振り分けられる。そして，勝者は勝者の，敗者は敗者のグループの中で，さらなる上層を目指した，あるいは下層を回避することを目指した競争が，常に行われる。こうした仕組みを，「トーナメント移動」（tournament mobility）という。競争移動の場合と異なり，ひとたび敗北の経験をした者は，その経験がない者と同じ地位を目指すことは難しくなるが，企業により新たな競争環境が用意される。

もっとも，竹内［1995］や今田・平田［1995］によると，日本企業の移動パターンは必ずしも純粋なトーナメント型ではないという。彼らが見出したのは，以下のような移動のパターンであった。

キャリアのある時期，少なくない従業員が，同時期に入社した他の従業員との間に生じた昇進の遅れを別の時点で取り戻す，逆に他者から遅れを挽回される，場合によっては逆転したりされたりする，といったことを経験する。たしかに，所属企業によって相対的に早めに選抜された従業員は，その後も同様の

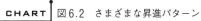
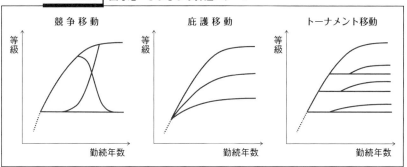

扱いを受ける可能性が高い。しかし企業は、そうでない従業員の多くにも挽回可能性を残しておく。あるいは、挽回可能性がないことを明らかにしない。こうすることで、先述の「機会と効率のトレードオフ」を解消しようとしているのである。

こうした「見た目の」競争移動は、日本企業の大卒正社員の場合、入社 5～9 年目から始まり、15～20 年目で終焉することが多いようだ（山本 [2002]）。その後は、人事部門がそれまでに収集した情報をもとに、従業員ごとに昇進の上限がおおむね定められ、上限を同じくする従業員同士での競争が行われる。ここで従業員はトーナメント移動を経験することになる。

また、「見た目の」競争移動が始まる前の期間、つまり入社後数年間は、原則として同時期に入社した従業員間で昇進スピードに格差は生じず、しかも基準は年功的であることが多い。同一年次同時昇進とすることには、①従業員の意欲の維持（「負け組」をつくらない）、②従業員の能力開発（将来の競争に向けて備えさせる）、③従業員についての情報収集（時間をかけて経営者候補を見極める）、といった効果が期待される。

もっとも、等級や給与の高さには現れない形での「優秀層」「経営者候補」の選抜は、トーナメント移動が開始する前から行われることがある。一部の企業には、たとえ名目上の等級や給与が同等であっても、将来の昇進につながりやすい職務が存在する。「花形コース」「出世コース」と呼ばれる道に誰を載せるか、誰が載るかということが、多くの人事担当者や従業員にとっての関心事になる。

「遅い選抜・昇進」における問題と対応

　日本企業のこのような昇進管理は，しばしば「遅い選抜・昇進」モデルと呼ばれる。実際，佐藤 [2002] によれば，昇進機会をめぐる従業員間競争が開始するまでの期間と，実際の競争期間の両方が，日本企業では米独企業の倍ないしそれ以上の長さになっている（表6.4）。

　こうした管理には先述のようなメリットがあるが，近年，それを打ち消すデメリットや，環境変化に伴うメリットそのものの消失が指摘されている。

　第1に，企業内で，将来経営者になる可能性をすべての若手従業員に与えることの費用対効果を疑う声が大きくなってきた。また従業員の中にも，そういう機会に魅力を感じない，経営志向よりは専門志向が強い，あるいは，そもそも昇進意欲に乏しい者が増えてきている。

　第2に，若い時期には同期の間に昇進機会の格差を設けないことに，「優秀層」を自認する一部の従業員が，「悪平等ではないか」という疑念を示しうる。こうした従業員は，昇進をめぐる競争が主に同期の間で行われることに由来する，組織内に依然として残る年功的序列についても，不満を示しうる。

　第3に，「遅い選抜・昇進」が経営層の高齢化につながり，それが企業の戦略の構築能力や遂行能力を損ねる可能性がある。現在の経営環境を十全に踏まえた意思決定が行えなかったり，経営者の在任年数の短期化を招くため，リスク回避的で近視眼的な意思決定が企業内で横行する可能性がある（三品 [2004]）。

　第4に，長期間にわたる評価の蓄積から経営層を選抜するため，経営者ではなく管理者としての適性を示す者のほうが，経営層に登用されやすくなる可能性がある。「管理と経営」「マネジメントとリーダーシップ」の違いを踏まえると，管理（マネジメント）に長けた経営層が経営戦略を機能不全に陥れる可能性がある。

　こうした事態を克服すべく，経営者育成のための早期選抜が日本企業でも真剣に取り沙汰されるようになってきた。つまり，一部の従業員に，若い時期から他の従業員と比べて難度の高い職務経験や速いペースでの昇進機会を与えるのである。労働政策研究・研修機構 [2015] によると，**早期選抜**型の人事制度（ファスト・トラック）を導入している，あるいは導入を検討している企業が，約4割ある。産業能率大学 [2012] でも，次世代リーダーの選抜型育成を行っ

| CHART | 表6.4　日本企業における「遅い選抜・昇進」 |

	はじめて昇進に差がつき始める時期（第一次選抜）	昇進の見込みのない人が5割に達する時期
日　　本 (n=565)	7.85 年	22.30 年
アメリカ (n=290)	3.42 年	9.10 年
ド イ ツ (n=369)	3.71 年	11.48 年

出所）　佐藤 [2002]。

ていると答えた企業が，2006年度には38％だったのが，12年度には51％へと増加している。

　こうした取り組みは，従業員の選抜を従来よりも早期に行って一部を「早い選抜・昇進」のルートに載せるということ以外にも，選抜をより明示的に行うという点にも特徴がある。経営者候補から漏れた従業員にとっては，組織に貢献するには特定の職種に関する専門性を磨くことが主要な方法となるが，学習効果の観点からすると，そのためのルートもまた早めに歩み出したほうがよいという点では同じであるし，企業から明示されたほうが，そうしたルートを歩むことへの覚悟も生まれやすくなることが期待できる。

5　配置・異動の個別管理に向けて

　近年の経営環境は，企業間の競争が激しさを増し，技術・サービスの絶えざる革新が求められ，なおかつそうした競争や革新の行く末の見通しが立てにくい，きわめて複雑なものである。こうした環境のもとでは，組織は，組織をまとめ上げるリーダーシップに加え，多様な職能分野における高い専門性が求められる。従業員に求められるものも，彼らが現時点でどの階層にいようと，将来時点でどのような階層や職種に至ろうと，年々高度化・多様化している。

　こうした中では，従業員のタテやヨコの異動を漫然と行うことは許されない。従業員ごとに，企業への貢献可能性と個人的なライフスタイルの両方を見据えた機会提供の形を入社後間もない段階から定め，実践する必要がある。そこでは，費用対効果の重視に加え，公正性に関する従業員間の基準をつくり直すことが求められる。「なぜ自分は，経営者ではなく営業のスペシャリストを目指

すことが適切であると企業に判断されたのか」「早期選抜の対象となったが，心の準備がまったくできていない」。こういった従業員の疑問や不安に対して，従来よりも広い視野から綿密に回答し，企業からの機会提供の形が従業員ごとに異なる根拠を示すことが，経営者や人事担当者には求められる。

こうした取り組みは，常に軌道修正を必要とする。たとえば，企業からの機会提供に，従業員が十分に応えてくれないことがありうる。そのときには，その原因が企業側にあるのか従業員側にあるのかを検証した上で，企業が提供する機会と従業員の貢献の交換の図式を描き直さなければならない。企業と従業員が他方に対して何を期待しているのかを可視化してこそ，絶えざる軌道修正の中に一貫性や納得性を持たせられるようになる。

KEYWORD

配置転換　異動　昇進　人事権　定期異動　初任配属　ゼネラリスト
スペシャリスト　人事情報　従業員主導型の異動　昇格先行，昇進追従
役職なき管理職（プレイング・マネジャー）　専門職　早期選抜

EXERCISE

① 職場や仕事の選択に関する従業員本人の意思を，これまで以上に強く，さらには早い段階から実際の配置転換に反映できるようにするために，従業員と企業のそれぞれに求められることを論じましょう。

② 重要な地位や職務に若い従業員を積極的に登用して一定の成果を収めている事例に着目し，なぜそれが可能になったのか述べてください。

③ 高度な専門家（スペシャリスト）たちを束ねて職場の目標を達成できる経営管理者（ゼネラリスト）をどのように育てたらよいか，見解をまとめましょう。

参考文献　Reference ●

Jacoby, S. M. [2005] *The Embedded Corporation: Corporate Governance and Employment Relations in Japan and the United States*, Princeton University Press.（鈴木良始・伊藤健市・堀龍二訳『日本の人事部・アメリ

カの人事部——日米企業のコーポレート・ガバナンスと雇用関係』東洋経済新報社，2005 年）．

Rosenbaum, J. E.［1984］*Career Mobility in a Corporate Hierarchy*, Academic Press.

Storey, J., Okazaki-Ward, L., Gow, I., Edwards, P. K., and Sisson, K.［1991］"Managerial careers and management development: A comparative analysis of Britain and Japan," *Human Resource Management Journal*, vol. 1, no. 3, pp. 33–57.

今田幸子・平田周一［1995］『ホワイトカラーの昇進構造』日本労働研究機構。

佐藤博樹［1995］「新しい働き方と人事管理」連合総合生活開発研究所編『新しい働き方の創造をめざして』連合総合生活開発研究所，36-55 頁。

佐藤博樹［2002］「キャリア形成と能力開発の日米独比較」小池和男・猪木武徳編著『ホワイトカラーの人材形成——日米英独の比較』東洋経済新報社，249-267 頁。

産業能率大学［2012］「第 3 回『次世代リーダーの選抜型育成』に関する実態調査報告書」。

武石恵美子［2017］「ダイバーシティ推進と転勤政策の課題——社員の納得性を高めるために」佐藤博樹・武石恵美子編『ダイバーシティ経営と人材活用——多様な働き方を支援する企業の取り組み』東京大学出版会，23-42 頁。

竹内洋［1995］『日本のメリトクラシー——構造と心性』東京大学出版会。

松原光代［2017］「転勤が総合職の能力開発に与える効果——育成効果のある転勤のあり方」佐藤博樹・武石恵美子編『ダイバーシティ経営と人材活用——多様な働き方を支援する企業の取り組み』東京大学出版会，43-63 頁。

三品和広［2004］『戦略不全の論理——慢性的な低収益の病からどう抜け出すか』東洋経済新報社。

八代充史［2002］『管理職層の人的資源管理——労働市場論的アプローチ』有斐閣。

山本茂［2002］「従来の諸研究」小池和男・猪木武徳編著『ホワイトカラーの人材形成——日米英独の比較』東洋経済新報社，55-79 頁。

リクルートワークス研究所［2011］「ワーキングパーソン調査 2010」。

労働政策研究・研修機構［2012］「入職初期のキャリア形成と世代間コミュニケーションに関する調査」調査シリーズ，No. 97。

労働政策研究・研修機構［2015］「『人材マネジメントのあり方に関する調査』および『職業キャリア形成に関する調査』結果——就労意欲や定着率を高める人材マネジメントとはどのようなものか」調査シリーズ，No. 128。

CHAPTER

第7章

評価と報酬

報 い る

SHORT STORY 食品メーカーで営業部長を務める長瀬寛にとって，年度の最後の大仕事が部下の評価である。「大口顧客を獲得した」「同僚の業務を支援した」「来年度からいよいよ本格的な営業活動を展開するため，地域のキーパーソンとの人脈をつくってきた」等々。年度末になると部下たちの自己主張が強くなり，さまざまな成果を誇ってくる。

長瀬の目から見れば，メンバーが主張する「成果」のすべてが実際にそうであるとは思えない。しかし，組織のまとまりや将来性を考えると，成果を伴わない活動や定量化の難しい成果も，少なくともその一部は評価すべきである。しかし，評価すべき点とすべきでない点の境界がどこにあるのかについて，長瀬は確信が持てない。また，実際の評価においては，同じ目標が設定され同じ仕事をしているわけではないメンバーの間に優劣をつけるのがためらわれることが多い。そもそも長瀬自身，他部門との調整や部下の業務の支援・肩代わりに多くの時間をとられ，すべての部下の仕事ぶりを同等かつ十分に捉えきれない。

現場を預かる長瀬には，「客観的な基準，透明なプロセスで，メリハリのついた評価を」という人事評価の建前が絵空事に映ることがある。それは，多くのメンバーも同様なのではないだろうか。「自分の成果」を強く主張する彼らも，自分の仕事が純粋に個人プレーでないことはよく理解しているだろう。もっとも，部長である長瀬には，1人1人を適切に評価する自信がないと告白することは許されない。

日ごろの業務で培われた信頼関係をテコに，人事評価に対するメンバーからの納得感を得る，というのが長瀬の基本的なやり方であるが，こうした姿勢を「説明責任の回避」と捉えるメンバーもいる。営業の仕事に関しては辣腕リーダーとしての評判が高い長瀬であるが，年度末になると表情に影がさすことが多くなる。

1 評価・報酬とは何か

評価と報酬とは

人事管理における評価（あるいは査定）とは，従業員の日常の勤務や実績に着目して，その能力や仕事ぶりを評価し，報酬・配置・能力開発等の決定に結びつける手続きを指す（白井［1992］）。企業は，メリハリのついた評価を通じて，従業員の貢献意欲や帰属意識を高めようとする。また，評価に基づいたフィードバックや新たな仕事機会の提供を通じて，従業員の能力を高めようとする。その上で，人員・予算の最適配分を行い，経営戦略の達成を目指す。

評価は実際の報酬と結びつくことで，従業員の意欲や満足感により大きく影響する。企業が従業員に与える報酬は，大きく3つに分けられる。第1に，月例給や賞与（ボーナス）に代表される物的なもの。第2に，役職・資格・権限のような社会的なもの。第3に，第2の報酬に関連した，仕事における新たな成長機会。それらは企業から従業員への感謝の意や期待であり，受け取った従業員は承認感や心理的な安心感を得ることになる。

評価や報酬におけるさまざまな要素

では，企業は従業員の何を評価し，報酬を与えているのだろうか。しばしば「企業への貢献を総合的に勘案する」ということがいわれるが，従業員が実際に業績を出すまでの各段階に着目すれば，**評価要素は多様化せざるをえない。**そこで主に注目されるのが，従業員が保有する能力や意欲（インプット），実際の職務行動（プロセス），業績（アウトプット）である（図7.1）。

まず，業績に対する評価は従業員の企業への貢献を最も直接的に示すものであり，従業員を職務遂行へと強く動機づける効果（時にプレッシャーを含む）を持つ。また，報酬を業績評価に連動させることで，企業の財務状況に即した柔軟なコスト管理が可能になる。しかし，ある時期の業績が，本人の能力・意欲・行動のみによって生み出されるとは限らない。そこには，前任者の働き，社会トレンド，偶然性なども作用する。また，業績評価のみを重視してしまう

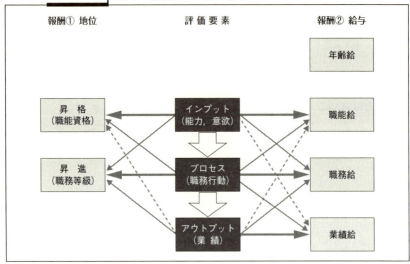

図7.1 評価要素と報酬の結びつき

と，従業員の生活や心理が不安定化する恐れがあり，企業のパフォーマンスを最終的に損ねかねない。そのため業績評価の結果の給与への反映は，ボーナスにとどめられることもある。月例給や昇進・昇格に与える影響は，さらに限定される。

一方，能力や意欲，さらには職務行動を評価することで，従業員に「自分の努力次第で何とかなる」と思わせ，安心感や貢献意欲を抱かせることが期待できる。また，能力・意欲・行動は，業績と比べて状況に左右されず安定的に発揮されやすい。したがって，業績に対して報酬を支払うとした場合に見られるようなコストの柔軟化は期待できないものの，従業員の能力の蓄積・発揮は彼らの継続的な業績につながることが期待できるため，企業にもメリットがある。そのため，こうした評価要素は，昇進や昇格，さらには給与の中でも月例給についての判断に，強く関連づけられることが多い。評価や賃金において能力・意欲・行動のうちどれが重視されるかは，企業がどのような社員格付け制度（▶第4章）をとるかによって変わってくる。

これら複数の評価要素間のバランスのとり方は，第1に，企業の事業内容，戦略，組織構造，業務プロセスなどによって変わる（▶第3章）。たとえば，急成長中のベンチャー企業のように，じっくりと内部育成を行う暇のない企業の場合には，実際に達成された業績に強く関連づけて報酬を支払うことにより，

Column ⓮　評価・報酬と時間軸

　評価要素の多様性は，時間軸に関しても見られる。第1に，「過去の貢献」に対する評価・報酬がある。たとえば，政治の世界では，これが顕著である。そこでは，「衆議院議員を7期務め，党に貢献してきたから，そろそろ閣僚か党の重役に就いてもよいころだ」といった配慮が多く見られる。

　逆に，「将来の貢献可能性」に対する評価・報酬もある。いわゆる「抜擢人事」は，対象となる従業員が当該時点でその地位に値する能力を示しているから行われるとは限らない。そうした人事によって，対象者の成長意欲や責任感を強める狙いがあることが多いのである。

　それに伴う報酬の時間幅をどう設定するかによっても，評価要素は多様である。たとえば，偶然あげられた顕著な貢献は，当然評価の対象となる。しかし，そうした従業員を特定のポジションに登用して持続的に厚遇するということは考えにくい。そうした貢献に対しては一度限りのボーナスで報いるのが理に適っている。

　もしあるポジションに従業員を抜擢する場合，その候補は，数年間といった継続性のあるスパンで一定以上のパフォーマンスを上げ続けた従業員に絞られる。なぜなら，そうした継続的な実績が，将来もそのようにパフォーマンスを上げ続けられると期待させる証拠となるからである。

労働市場全体から即戦力を確保しようとすることが合理的であろう。反面，特定の事業に，時間をかけて，しかも個人間および部門間の連携を通じて取り組むような企業の場合には，一朝一夕には身につかない組織人としての素養を従業員に習得してもらうため，能力や意欲の評価に基づいた報酬の支払いが重視されるだろう。

　第2に，従業員のタイプによっても，バランスのとり方は異なってくる。たとえば，若手社員に第一に期待されることは，将来責任ある立場に就いたときのための能力蓄積であり，目先の業績ではない。こうした社員に対して業績給のウェイトを大きくしてしまうと，長期的に企業に貢献していく能力を身につける意欲を削ぐかもしれない。逆に，管理職に対してはそのウェイトを高めることで，周囲を巻き込みながらイノベーションや業績向上を実際に達成するという，本来の役割に向けて動機づけることが必要となる。そのほうが職場の業

1　評価・報酬とは何か　● 129

績への責任感を高められるだろう。また，一口に業績といっても，管理職の評価については，管轄する職場・部門の業績を，専門職を含む非管理職のそれについては自分自身の業績を結びつけることが，理に適っている。

2つの評価法

　一般的に従業員は，「私の」意欲，能力，行動，業績の評価に関する明らかな基準が存在し，それが厳格に適用されることを望む。これを実施することを，**絶対評価**という。あらかじめ決められた目標の達成度合いに応じ，たとえば「110％を超えればA〜Eの5段階評価のB，120％を超えればAとする」といったことである。

　ただ，「できた，できなかった」の基準は時とともに変わることがあるため，それだけでは従業員による企業への貢献の大小を捉えきれない。上述の絶対評価基準のもと，たとえある従業員が基準以上の成果を上げたとしても，他の従業員も同等の成果を上げていたとすれば，それは標準的と評価されるべきなのかもしれない。こうした考え方に立ち，多くの企業が，従業員の評価得点の分布について，全社あるいは部門単位でルールを定めている。「Aは従業員の10％，Bは20％，Cは50％，Dは15％，Eは5％」というのが，そういった分布の例である。こうした評価法を**相対評価**と呼ぶ。この評価法のもとにある従業員は同僚と競争する中でより高い評価を得ようとするが，その力学が企業組織の活性化や成長を引き出す可能性もある。

従業員はどのように報酬を増やすのか

　従業員の報酬は，所属企業への貢献の大小，つまり評価の高低によってのみ，受け取る額が変わるわけではない。たとえば，月例給には，年齢に応じて増加する部分（年齢給）が設けられている場合がある。これは，従業員の評価の高低に左右されることなく支給されるもので，従業員に定期昇給の機会を提供する。「査定付き定期昇給」は，日本企業の人事管理において幅広く観察される（久本［2010］）。

　では，従業員が自らの働きを評価されることでより高い報酬を受け取るとき，その背後にはどのような仕組みがあるのだろうか。

　何よりもそれはまず第一に，継続的に高いパフォーマンスを出してきたこと

130 ● CHAPTER 7 評価と報酬

図7.2 レンジ・レートの概念図

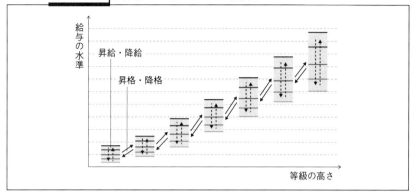

を評価されて、組織の中でより高い地位を得ること、つまり、昇進やその裏づけとなる昇格（社内等級の上昇）によって可能になる。一般的には、等級ごとに異なる報酬の額が設定されており、昇格は昇給を伴うことが多い。日本企業では、昇進を伴わない昇格および昇給も多い（▶第 **4** 章・第 **6** 章）。

しかし、昇進・昇格しないと昇給がないということになれば、評価に基づく昇給のタイミングは、そう頻繁には訪れない。定期昇給やベースアップ（基本給水準の引き上げ）のような評価によらない昇給に比べ、評価による昇給は仕事に対する従業員の意欲を強く規定するが、企業がそうした手段を数年に1度しか行使できないとなれば、それ以外の時期における従業員の動機づけが不十分になるかもしれない。「コンスタントに高い評価を獲得していれば数年に1度は昇進・昇格のチャンスがある」といわれても、従業員が次の昇格まで仕事に没頭し続けられるとは限らない。

そのため、多くの企業が、同一等級の中で給与額にある程度の幅を持たせている。同一等級内でも、毎年の評価の結果に応じて昇給の機会を与えるのである。また、「2年連続で最高ないしはそれに準ずる評価を獲得していることが昇格の要件」といったように、2つの昇給機会を連動させている企業も多い。同一等級内での給与額に幅がない給与体系をシングル・レート、幅のある体系をレンジ・レートと呼ぶ（図7.2）。

2 日本企業における評価と報酬

能力主義とは

　日本企業では，1960年代に従業員の職務遂行能力の高低を評価し，それを報酬に結びつける**能力主義**が概念化され，70〜80年代に一般化した。当時のこうした動きの指針となった書物によると，従業員の職務遂行能力とは，以下の要素からなるきわめて包括的なものである（日経連能力主義管理研究会 [2001]）。

(1)　適性および性格：いわゆる気質・パーソナリティ
(2)　一般的能力：理解力・判断力などの天賦の能力
(3)　特殊能力：経験の中で身についた専門的知識や技能
(4)　意欲：能力を成果に結びつける行動力
(5)　身体的特質：筋力・運動神経・器用さ

　評価基準として従業員の職務遂行能力が着目された背景には，日本全体における高度経済成長があった。具体的には，第1に，企業規模の拡大，経営の国際化，技術革新など，企業が直面する環境が複雑化した。これに伴い，従業員に求められる能力が変化し，「経験年数に応じて成長し，企業に貢献できるようになる」という従来の年功主義的な図式が一概に妥当なものと見なされにくくなった。第2に，生活保障という従来の賃金に求められた役割がおおむね充足したため，多くの企業が従業員同士の競争を促進することで，彼らの仕事への動機づけを強めようとし出した。第3に，多くの企業において，企業内での従業員のランクづけが，職務基準によっていた一時の試行錯誤を経て，能力基準で行われるようになった。つまり，**職能資格制度**が普及した（▶第4章）。

　この制度のもとでは，従業員の職務遂行能力の可視化こそが，最も重要かつ難しい点である。一般的には「人事考課」と呼ばれる評価（あるいは査定）の作業を円滑に進めないと，能力開発，さらには職務遂行に向けた従業員の戦力化がままならない。が，職務遂行能力という概念そのものが抽象的かつ多元的である上，企業内の地位や職種に応じて求められる具体的な能力も変わってく

る。そのため，原理的には，数多くの評価項目を従業員ごとに異なる形で適用しなければならない。

　しかし，多くの日本企業における能力評価の指標は，個別の職務ごとに特有のものが定められているというよりは，その企業で仕事をする以上は，さまざまな職務に共通して適用されるものとなっている。このように階層ごとに異なる指標が設けられているものの職務横断的となる背景には，日本企業に特徴的な従業員の活用法がある。

　日本企業は経営環境の変化に対し，数量的柔軟性ではなく**機能的柔軟性**で臨む傾向がある。数量的柔軟性とは，端的にいえば，ある部署で人が余れば解雇し，別の部署で人が必要になった場合は労働市場から調達する，という発想である。一方，機能的柔軟性とは，人手が余っている部門から人手が不足している部門に人員を移転させるといった，社内での労働移動を指す。企業が機能的柔軟性を確保するためには，従業員に企業内のさまざまな職務を遂行できる，あるいはすぐに遂行できるようになる素養を身につけさせる必要があるが，上述のような汎用的な能力指標の採用は，このことと整合的である。

日本企業は年功主義的か

　「日本企業の人事管理は年功主義的だ」と（しばしば否定的に）評されることが多いが，それは必ずしも正確な認識ではない。

　給与の大半を占める基本給は，従業員の年齢や勤続年数のみならず，職務遂行能力も反映して支払われている。そして，職務遂行能力は，すでに述べたように「年とともに高まっていく」という機械的な捉え方はされていない。つまり，日本企業においては，「年＝功」ではなく，「年と功」に対して報酬を支払うという考え方がとられているのである（小池［2005］）。

　そもそも，企業組織というピラミッドを維持するためには，何らかの選抜を行う必要がある（▶第**6**章）。新卒一括採用に伴う「同期」集団の形成もあって，日本企業の従業員は昇進・昇格をめぐる競争意識を強く持ちやすくなる。日本企業では，そうした選抜の基準として，職務遂行能力が用いられることが多い。たしかに，年齢ごとに平均給与を算出し比較してみると，ある年齢に到達するまでは，年齢に応じて給与が高まるという事象が観察される。ただし，こうした全体的傾向は，日本特有の現象というわけでもないし，「意図としての年功」

2　日本企業における評価と報酬　●　133

と「結果としての年功」は同じではない。

　ではなぜ，日本企業は年功主義的であると評されがちなのだろうか。その理由の1つは，能力評価を行う目的にある。日本企業では，ある年齢グループ内での選抜のために能力評価が用いられてきた。しかしそれは，優秀であるとされる人をより上位の年齢グループの人たちと競わせるという「抜擢」ではなく，同一グループ内で相対的に優秀でないとされる人を「振るい落とす」ための手段であった。「遅い選抜・昇進」という傾向が，能力主義という実質を見えにくくしている。

　それとはまったく別の理由に，次の第3節でも詳しく述べる，評価作業の難しさに起因した「結果としての年功」の発生がある。従業員の能力の伸長を判断する代理指標として，年齢，より正確にはある職能等級に昇格してから経過した年数が，多くの職場で非公式に用いられがちなのである。

業績評価とは

　その他の評価項目に，従業員個人の業績がある。1990年代に入って「**成果主義**」という言葉が日本の企業社会を席巻したが，これは業績に基づいて報酬を与えるという考え方である。しかし，この言葉ほど誤解や憶測を伴うものも珍しい。

　まず，業績を評価することと，職務遂行能力を評価することの違いについて，改めて確認しよう。第1に，職務遂行能力の評価が「何ができるか」という可能性に関するものであるのに対し，業績の評価は「何をしたか」という事実に関するものである。第2に，職務遂行能力が今後数年（または数十年）にわたって業績を上げられる可能性を示唆する一方で，業績は過去数カ月から1年のものとなる。第3に，能力評価においては「能力は原則的に目減りしない」という前提が置かれるために報酬水準の右肩上がりをサポートしがちなのに対して，業績評価においては「業績は上下に変動する」という前提が置かれるため報酬水準の低下を招くことがある。

　これらの違いを踏まえた上で，そもそも業績とは何かということを検討したい。まず，「業績＝出来高」と単純には見なせない。たとえば，経理・法務・人事といったスタッフ部門に所属する従業員の「個人の」業績は，営業部門に所属する従業員の場合と比べて，財務的指標のような数字には表しにくいもの

CHART 図7.3 目標管理シート

平成○○年度 MBO シート

		実施日	面接者
所属	目標設定面談		
氏名	上期評価面談		
	下期評価面談		

所属組織の重点目標

1	
2	
3	
4	
5	

	業務負荷量	上司アドバイス
上期	○○○○○ 1　　5	
下期	○○○○○ 1　　5	

	目標	具体的な実施項目	ウェイト(%)	難易度	上期達成度 自己評価	自己評価コメント	下期達成度 自己評価	自己評価コメント
1				○○○○ 1　4	○○○○○ 1　　5		○○○○○ 1　　5	
2				○○○○ 1　4	○○○○○ 1　　5		○○○○○ 1　　5	
3				○○○○ 1　4	○○○○○ 1　　5		○○○○○ 1　　5	
4				○○○○ 1　4	○○○○○ 1　　5		○○○○○ 1　　5	
5				○○○○ 1　4	○○○○○ 1　　5		○○○○○ 1　　5	
追加				○○○○ 1　4	○○○○○ 1　　5		○○○○○ 1　　5	

出所）筆者作成。

である。とはいえ，いずれの職種も企業経営上は不可欠であり，数量的に捉えられる業績ばかりが高く評価されることは望ましくない。

　定量的な業績と定性的な業績の双方を踏まえて従業員1人1人の仕事内容に即した評価を行うため，評価者と本人の間で業績目標についてあらかじめ合意をとっておき，その達成度を可視化することがよく行われる。こうした評価技法のことを，**目標管理**（management by objectives and self control，MBO）という。評価項目が従業員個別に，その都度設けられる点が，あらかじめ全社単位で定められた評価項目を適用する能力評価と異なる点である。目標管理の評価項目には，実際の業績（アウトプット）に加え，それを引き出すため実際にとられた行動（プロセス）が含まれることも多い。達成度を数値として導出する作業は必ずしも機械的に行われるわけではないが，この技法を用いることで，質的に異なる仕事に従事する人々の業績を順位づけしやすくなる（図7.3）。

　目標管理の実施にあたっては，従業員本人の主体性が鍵となる。評価される内容の策定に積極的にかかわることで，従業員本人にとっての目標の妥当性と達成への意欲が高まることが期待される。また，評価者（上司）には，部門や全社の戦略を考慮に入れて従業員（部下）の目標設定を支援することが求められる。その結果，組織目標と個人目標の間での方向性の共有が見込まれる。そ

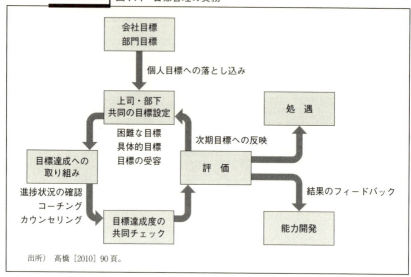

図7.4 目標管理の実務

出所）髙橋［2010］90頁。

の上で，評価者には，目標設定や達成度評価のときに限らず日常的に，目標達成に向けたサポートや状況の変化に応じた目標修正を行うことが期待される。計画の策定・実施・修正・振り返りというコミュニケーションには，人材育成の効果が伴う（髙橋［2010］，図7.4）。

能力主義と成果主義の関係

　能力主義的評価と成果主義的評価は，従業員にとっては異なるモチベーター（仕事への動機づけの要素）である。とくに業績評価の実施は，多くの従業員にとって，「減給・降格の可能性」という，成果主義的評価の導入以前にはなかったプレッシャーを生むこととなる。このプレッシャーは，仕事への意欲を強めも弱めもする。そのため，多くの企業がプレッシャーの適正化を図っている。具体的には，業績評価の給与への反映を部分的なものとしたり，原則として昇進・昇格には結びつけないといった措置である。

　1990年代以降，多くの日本企業で人事管理が成果主義化したとされるが，それは必ずしも能力主義という概念の否定を伴うものではなかった。多くの企業が職能資格制度を維持したことは，従業員を序列づける基準が職務遂行能力であり続けたことを意味する。業績評価を能力評価の補完として用いるにとど

めるべきとする根拠としては，従業員の業績は本人の能力や業務に対する姿勢のみでは説明できないものであるため，成果を持続的に生み出す職務遂行能力を従業員評価の基軸とすべき，というものである。

ただし，その一方で，社内での等級が上がるにつれて給与に占める業績給の割合が高められたり，それまでの業績を踏まえて昇進・昇格の判断がなされたりする傾向も指摘される。管理職の場合，個人の給与水準が部分的に企業全体や部門の業績に連動することは珍しくない。管理職の役割は，部下の成長や業績向上を促し，組織としての業績を高めることであるためである。もっとも，だからといって，管理職には，その職務を全うし，さらに成長してもらうための能力開発や，それを促す能力評価が必要ないというわけではない。

 従業員評価の困難さ

正確な評価を目指して

評価に関しては，従来から，その客観性・正確性・透明性を担保するための仕組みが，さまざまな形で設けられてきた。そもそも人間は偏った捉え方をする生き物であり，それは評価者とて例外ではない（Column ⓑ）。

評価バイアスを是正する最も直接的な方法は，評価者に対する訓練機会の提供である。このほかに，ある人が下した評価を別の人が確認し，場合によっては協議・是正するという「多段階評価」が導入されることも多い。たとえば，被評価者の直属の上司である一次評価者の評価結果が，その上の上司（二次評価者）による再評価や，一次評価者同士の話し合いを通じて，改めて吟味されるといったやり方である。

上述のように，日本企業においては，評価や報酬における成果主義が，能力主義を補完するものと位置づけられてきた。この意味合いは，それぞれの評価手法上の特徴を踏まえて強みを活かし合っているというだけにとどまらない。この背景には，評価者の負担を軽減するようなさまざまな措置にもかかわらず，実際の能力評価の作業が形骸化しがちだったこともある。たとえば，職務遂行能力を測定することの難しさから，評価結果の中心化や，被評価者の年齢ある

Column ⓯　評価バイアス

　評価バイアスの源泉は，人間の認知能力の制約であるが，そのほかにも，日常的に評価者と被評価者がともに過ごすことが多い場合に，「悪い評価をつけると人間関係にひびが入る」と評価者が判断するといったこともあげられる。

　ある調査によると，「評価者が変わることで従業員の評価が5段階でどのくらい変わるか」という質問に対し，58.6％の回答者が「1段階」と，32.8％の回答者が「2段階」と回答している。「評価が変わらない」とした回答者は4.2％に過ぎなかった（日本労働研究機構［1998］）。

エラー	内　容
ハロー効果	とくに優れた点や劣った点についての評価に，それ以外の点に関する評価が影響されてしまう
論理的誤差	密接な関係がありそうな考課要素が関連づけられてしまう
寛大化傾向	評価者の自信欠如から甘めに評価してしまう
厳格化傾向	辛めに評価してしまう
中心化傾向	厳しい優劣判断を回避して評価が中央に集中してしまう
逆算化傾向	先に全体の評価結果を決めて，それに沿うように個別の評価を行う
対比誤差	自分の得意分野であるほど辛めに評価してしまう
遠近効果	最近の事柄への評価が何カ月も前の事柄への評価よりも大きく影響してしまう

出所）今野・佐藤［2009］149頁に筆者加筆。

いはその等級に就いてからの年数を代理指標とすることが横行した。また，学歴や性別等による差別もしばしば現れてきた（遠藤［1999］）。

　評価作業の実務は被評価者に明らかになりにくいだけに，その過程や結果に対する被評価者の疑念は強まる傾向にある。結果，従業員の職務遂行能力を評価するという考え方そのものについては問題視されなかったにもかかわらず，その代替案が模索されることとなった。

　成果主義を標榜し，新たな評価・報酬制度を導入した日本企業の多くが，「業績＝出来高」とはせず，定量的な把握が困難な結果や，結果に至る（有意味な）行動をも業績と見なし，「顕在化した能力」と定義している。なお，こうした定義にあたっては，産業心理学分野で体系化が進んだ「コンピテンシー」という概念も参考にされることが多かった（Column ⓰）。このように，

Column ⑯　コンピテンシー

　1980年代から90年代アメリカの人事界を席巻した評価要素に，「コンピテンシー」がある。コンピテンシーとは，「職務上の高い成果や業績と直接的に結びつき，行動として顕在化する職務遂行能力」と定義され，パーソナリティや知的能力も含む，きわめて包括的な概念である。下表は，企業で着目される傾向の強い要素を示したものであるが，実際には，こうした要素についての具体的な行動特性が職務別に定められることが多い。

　こうした取り組みは，能力評価と業績評価の「両獲り」を狙ったものであるといえる。当時のアメリカには，従来よりも人間的要素に焦点を当てた評価項目を開発しようという機運があり，その中でコンピテンシーという概念が誕生した。従業員の給与（とくに職務給の額）や等級（割り当てられる職務）の上昇や下降を定めるために，行動ないしは顕在化した能力への注目が集まった。

A. 達成・行動	C. インパクト・対人影響力	E. 知的領域
1. 達成志向	7. インパクト・影響力	14. 分析的志向
2. 秩序・正確性への関心	8. 組織感覚	15. 概念的志向
3. イニシアチブ	9. 関係構築	16. 技術職的・専門職的・
4. 情報収集		管理職的専門性
B. 援助・対人支援	**D. 管理領域**	**F. 個人の効果性**
5. 対人理解	10. 他者育成	17. 自己管理
6. 顧客支援志向	11. 指　導	18. 自　信
	12. チームワークと協力	19. 柔軟性
	13. チーム・リーダーシップ	20. コミットメント

出所）　髙橋［2010］151頁をもとに筆者作成。

多くの日本企業にとって，成果主義と能力主義は別物ではなく，前者は後者を正確性や納得性の面で進化させるものだったといえる（中村［2006］）。

繰り返される歴史

　「修正型」能力主義のもとで，評価項目において実際の行動や結果が重視されるようになり，全般的に項目の明確化も進んだ。ところが，評価・報酬を通じて従業員を組織目標に貢献するよう動機づけるという大目的が，これまでとは違う形で揺らぐようになってきた。

　揺らぎの第1は，経済学領域で広く指摘される「**マルチタスク問題**」

3　従業員評価の困難さ　● 139

(Holmstrom and Milgrom［1991］)の発生である。業績評価が重視される中では，多くの従業員が，組織業績への自らの貢献を具体的に示せる行動や結果を，限られた期間でどう生み出すか，という点を強く意識しがちになる。反面，目先の評価につながらない活動には動機づけられにくくなる。たとえば，将来の大きい成果の可能性を示すにとどまる活動や，実際の成果に至るまでに息の長い取り組みを要する活動，個人的業績として評価されにくい他の従業員との連携や彼らへのサポート，といったものが軽視されがちになる。

修正・徹底された能力主義という評価制度の基本方針のもとで，評価者は，結果と過程，目に見えるものと見えないもの，短期的な取り組みと長期的な取り組み，「深化」と「探索」(▶第1章)，確実性とリスク，個人的な取り組みと集団的な取り組みといった両極の，双方を重視しなければならない。そのバランスをとることは，評価者にとって難しいことである。結果として，正確性や客観性に評価者が自信を持てるような評価が行われにくくなり，ひいては，従業員の個人のニーズに引っ張られた，組織の全体最適を危うくするような評価が横行しかねない。

揺らぎの第2は，「社内政治」である。高い業績評価を獲得することは，従業員本人にとっても，その上司である評価者にとっても，部門内での自らの存在をアピールすることにつながる。そのため，被評価者本人ないしは評価者が，高い評価につながりやすい活動を目標として申請したり，目標達成度を過大に算出する余地が発生する。つまり，従業員が挑戦をしなくなり，評価ポイントがインフレ傾向を示すようになる。あるいは，部下からの支持を獲得するため，評価者が自分の部下を過大評価するインセンティブが発生する。

ところが，企業が提供する人件費の大枠がそういった評価結果に対応できないため，結局，評価ポイントは下方修正を迫られることになる。そうなると，誰の評価にどの程度の下方修正をかけるかをめぐり，評価者間，さらには評価者・被評価者間で，交渉や論争が発生する。場合によっては，「最終的に下方修正をかけられても大丈夫なように」という理由から，達成が容易な目標の設定や，目標達成度の過大な算定が，さらに横行する。従業員1人1人の評価や報酬が，正確性を軽視する形で決まってしまうのである。

揺らぎの第3は，「評価のブラックボックス化」である。評価の作業において評価者は，自身に固有のバイアスと闘いながら，正確で客観的な評価を目指

さなければならない。それは容易ではないため，評価の正確性や客観性を個人的にではなく組織的に担保する仕組みとして，複数の評価者がある評価結果について確認を行う多段階評価が登場した。しかし，現実の多段階評価は，評価の正確性や客観性に十分に寄与しているとはいえない。多段階評価によって評価の妥当性に関する被評価者の印象が悪化する可能性すらある。

　ある従業員の直属の上司である一次評価者の見解と，さらにその上司である二次評価者の見解は，一方が日ごろからともに仕事をする中で導出され，他方が部門全体を俯瞰して導出される，という点で異なっている。いずれの見解も特定の観点に立てば正しいものであるが，どちらがより正しいかを普遍的な観点から判定することはできない。結局，最終的な結論は必ずしも論理的には導き出されずに，場合によっては，年齢やその等級に就いてからの年数を個人業績の代理指標として読み換えたり，業績の高低を十分に反映しない形で従業員の評価差を設けるといったことが起こりうる。

　そうした評価の過程を評価者が包み隠さず被評価者に伝えるのは困難である。そのため，評価結果について，被評価者の側から正確性や客観性を確認するのは難しい。正しいか間違っているかを確認しようがないという**評価の不透明性**が現出してしまっている。従業員から企業への不信感を誘発しかねない評価の難しさは，評価対象が能力であろうと業績であろうと変わらない。

「不透明＝不適切」か

　多くの評価者が，実際の評価作業に「総合評価」と呼ばれる姿勢で臨んでいる。そこでは，所定の評価項目以外の要素を考慮に入れながら，最終的な評価が下される。さらに，評価者は，従業員を評価すべきか否かについて，個別の評価要素の合算ではなく，従業員の人格の全体的な把握によって，しかも直感的に見分ける傾向がある。

　ここでよくなされるのが，全体的観点から個々人の評価結果を先に出し，それに対して手続き上の根拠を与えるために，個別の評価項目を事後的に勘案していく「逆算評価」である。これは，賃金等の支払いのために1年単位で行われることもあれば，ある従業員の昇進・昇格のために数年がかりで行われることもある。たとえば，「○○氏は再来年度には昇格させたいから，その条件を満たすために今年はこのくらいの評価にしておこう」という作業である。

3　従業員評価の困難さ　● 141

これは，評価の手続きの厳正さや正確性を重視する観点から見れば問題である。しかし，評価制度そのものの難点を前提に，可能な限りより適切な評価を行おうとした結果生じる取り組みでもある。また，すべての評価者がそうではないにせよ，被評価者の賛同や納得を得られる直感的判断を行える評価者がいるのも，事実であろう。

4. 評価・報酬制度を現場になじませる

　評価や報酬を通じて従業員を仕事に向けて動機づけることは，企業経営上必要不可欠であるが，そこには数多くの困難が付随する。結局のところ，「完璧な評価」というものが不可能であること，評価制度から不透明さを排除できないことを，評価する側とされる側の双方が認め，それを前提にした「正しい主観」に立脚した評価を目指すしかない（江夏［2014］）。ここでいう「正しさ」は，客観的なそれではなく，評価者と被評価者の関係性の中で定義・理解されるものである。

　では一体どうすればよいのか。たとえ実際の評価プロセスから不透明さを消すことができないとしても，評価の前段階と後段階で手を抜くべきではない（守島［2006］）。前段階に関していえば，従業員が追求する仕事上の目標，すなわち評価項目について納得できるようにすることが必要である。業績評価に関しては，目標設定の面談を双方向的にすること，自己申告制や社内公募制などを通じて業務内容そのものも従業員自身に選ばせること（▶第6章）などが，それを助けるだろう。能力評価に関しては，人事考課の項目が職場の現実に即しているかどうかを，人事担当者が常にチェックすることが必要となる。

　そして，後段階に関しては，評価結果についてのコミュニケーションを，未来の前向きな活動のための起爆剤とすることである。具体的には，より高い成果を出すための道筋や，必要な成長課題をフィードバックの際に示すことで，従業員の視点を「すでにもらった評価」から「これからもらう評価」に移す。浮上した成長課題を踏まえて，翌期の仕事上の目標について，従業員と評価者のコミュニケーションを進めるのである。

　こうした取り組みにより，たとえ評価プロセスが不透明だとしても，その実

態に対する従業員の関心や疑念を小さくすることができよう。ただし，従業員からすれば，大なり小なりグレーゾーンが残っていることには変わりがない。何かのきっかけで従業員が「やはり腑に落ちない評価だ」と思うようになるのを抑制する措置が，別に必要となる。

　たとえば，評価をする人とされる人，あるいは同じ賃金原資を分け合うライバルという側面にとどまらない，より重層的な職場の人間関係をつくり上げることが求められる。具体的には，上司と部下の間あるいは同僚同士で，賞賛，叱責，助言，配慮を日常の仕事の中で行い，それを通じて互いの固有の人格を尊重し，相互の信頼関係を深めるのである。自分に対する評価を知る経路が多様化し，頻度が増えることで，従業員にとっての公式的な人事評価の重要度は小さくなっていくだろう。

　良好な人間関係に加えて重要なのが，魅力的な職務内容である。たとえば，挑戦に満ちている，裁量がある，連携の中で進む，責任がある，支援的な関係が構築されている，といったような職務は，それ自体が従業員にとっての報酬となる。仕事に打ち込み，充実感や有能感を得ることで，会社や上司に評価されるために仕事に従事する傾向は弱くなるだろう。

　「正しくなくはない」といった，評価における「グレー」な領域は，「評価の高低に一喜一憂しすぎることで，周りの人々とともに充実した仕事ができる機会を失いたくない」という感覚を従業員に持ってもらうことにより，「クロ」に転じずに済む。「完璧な評価」が不可能である以上，従業員の不満を最小化するために，経営者や人事担当者のみならず，従業員自身の発想の転換，ないしはそれを促進するための現場の評価者のサポートが必要になる。人事制度の機能を過信すると，かえって円滑な人事管理が損なわれるのである。

KEYWORD

評価要素　　絶対評価　　相対評価　　レンジ・レート　　能力主義　　職能資格制度　　機能的柔軟性　　成果主義　　目標管理　　コミュニケーション　　評価バイアス　　マルチタスク問題　　評価の不透明性

EXERCISE

① 人事評価において，絶対評価と相対評価がどのように組み合わされるのか，評価のステップや各ステップで着目されることを念頭に置いて整理してみましょう。

② 目標管理制度（MBO）が従業員を仕事や成長に向けて動機づけるのはなぜでしょうか。また，その強みを最大限引き出すためには，評価者と被評価者の双方に，どのようなことが求められるのでしょうか。

③ 完全な人事評価を実現するのはきわめて困難であることを前提にした上で，従業員の業績評価をどう行うべきか，もし行わないとしたら代わりに何を評価すればよいのか，あなた自身の意見を理由とともに述べてください。

参考文献 | Reference ●

Holmstrom, B., and Milgrom, P. [1991] "Multitask principal-agent analyses: Incentive contracts, asset ownership, and job design," *Journal of Law, Economics, & Organization*, vol. 7, special issue, pp. 24–52.

今野浩一郎・佐藤博樹 [2009]『人事管理入門（第 2 版）』日本経済新聞出版社。

江夏幾多郎 [2014]『人事評価の「曖昧」と「納得」』NHK 出版。

遠藤公嗣 [1999]『日本の人事査定』ミネルヴァ書房。

小池和男 [2005]『仕事の経済学（第 3 版）』東洋経済新報社。

白井泰四郎 [1992]『現代日本の労務管理（第 2 版）』東洋経済新報社。

髙橋潔 [2010]『人事評価の総合科学——努力と能力と行動の評価』白桃書房。

中村圭介 [2006]『成果主義の真実』東洋経済新報社。

日経連能力主義管理研究会編 [2001]『能力主義管理——その理論と実践（新装版）』日経連出版部（初版 1969 年刊）。

日本労働研究機構 [1998]「管理職層の雇用管理システムに関する総合的研究（下）——非製造業・アンケート調査・総括編」調査研究報告書，No. 107。

久本憲夫 [2010]「正社員の意味と起源」『季刊 政策・経営研究』第 4 巻第 2 号，19-40 頁。

守島基博 [2006]「成果主義に未来はあるか？——"後工程"だけの改革だった成果主義の今後の方向性を探る」『労政時報 別冊 人事管理の未来予想図——10 年後の働き方，成果主義と組織改革のゆくえ』143-155 頁。

CHAPTER

第 **8** 章

人 材 育 成

「育つ」と「育てる」の交差

SHORT STORY　　入社3年目の柳沼菜月は，職場の成長支援体制が就職活動のときに聞いていたのと裏腹であることに不満を募らせている。たしかに仕事の内容は魅力的で，経験を通じて大きく成長できる可能性はあるものの，好ましくない意味で上司や先輩から放っておかれていると感じてしまう。仕事の仕方をよりよくしたいと思って助言を求めても，「自分で考えろ」「うまくやっている人の技を盗め」といわれるばかりである。

　柳沼の感覚からすると，個人と職場の成長のためには，仕事の目標や意味を共有し，成果を出すためのノウハウを極力共有することが必要である。しかし，年輩世代の多くが，他人に教えを請うことを，社会人として恥ずかしい，望ましくない行動と考えているようである。

　柳沼は，そうした雰囲気に効率の悪さと息苦しさを感じている。このままでは，仕事をうまく進めるための力や視野を養うことができず，企業に貢献する力も自らの市場価値も高められない。もちろん現場の仕事の流れがわかってきた柳沼としては，上司や先輩の業務負荷を考えると，「部下や後輩の育成にまで手を回せない」といいたくなることも，十分に理解はできる。

　「人を育てることが企業全体の成長につながる」というビジョンや，それを実現するための具体的な取り組みを，従来の手法や関係者の枠を超えるような形で構想・展開できないか。最近，柳沼は，こうしたことを一部の同僚と話し合っている。

● 145

1 人材育成とは何か

　「社会人になる」という言い方をよくするが，ある人が学業を終え，組織に所属したり，事業を興したりしたその瞬間に，学生から社会人へと変わるわけではない。一言で「社会人」といってもさまざまである。**新人**はやがて**一人前**や**熟達者**（エキスパート）になっていき，さらに**指導者**になる可能性もある。指導者とは，単に自らの仕事ができたり仕事の仕方を理解できるだけでなく，周囲の人々が各自仕事をできるよう支援できる人のことをいう。

　新たな仕事や人間関係に身を置いた当初，人はさまざまな驚きや発見，そしてストレスを経験する。ストレスは，職務環境へ慣れるに従って徐々に軽減される。学習とは，新たな環境の中で活動するために必要となる能力（知識・スキル）や信念を，一定の経験を通じて身につけることである（松尾［2006］）。ここでいう経験には，環境と実際にかかわりを持つこと（外的経験）と，そのかかわりについての解釈や内省（内的経験）の双方が含まれる。

　よい内的経験はよい外的経験を必要とするし，よい内的経験が将来のよい外的経験を引き寄せる。企業は，企業の成長と従業員の成長を両立させようと，従業員の成長段階に応じたさまざまな機会を職場の内外で提供する。たとえば，従業員が目下の業務を適切に遂行するための上司や先輩による支援，一般的なものから特定の業務に関連するものまでの各種研修，さらには従業員の能力の伸展や深耕のための新たな職務への配属などである。

　従業員の学習にとって必要なのは，「育つ」すなわち従業員自身の自律的な変化に加え，「育てる」すなわち企業からの機会提供である。人材育成は，企業からすれば「介入」と「放任」の間の，従業員側から見れば「自己決定」と「人任せ」の間のバランスの中で行われる。従業員の学習内容が経営方針に合わない場合，それを企業として支援するのは難しい。だからといって，従業員の意思を無視したような企業側からの押しつけは望まれない。

　これまで，従業員には，企業からの提案を自明のものとして受け入れることが求められてきた。しかし，近年に至って経営環境が複雑化・流動化・不透明化する中，従業員の成長の主導権を従業員本人に移す流れが生じ始めている。

企業主導では身につかない，戦略・組織・業務の変革を推進するような能力を自ら学ぶことが，従業員に期待されるようになっているのである。こうした学習は所属企業の外でないと行えないことが多い。

にもかかわらず，多くの日本企業が，従業員による新しい学習を促進・支援するためのビジョンや体制・予算を，十分に備えられなくなってきている。さらには，新たな実践や内省の機会がふんだんにちりばめられた業務や，1人1人がそうした業務に主体的かつ深くかかわるための制度的・人間関係的な支援も，限られたものとなりつつある。

これからの人材育成においては，こうした状況下で従業員が自律的に成長できるようにするため，従業員同士が「指導者」「学習者」両方の役割を同時に演じながら交流するという，新たな習慣をつくり上げることが課題となる。さらに，学習内容についても，一般性・体系性・専門性を旨とする「プロフェッショナリズム」を重視することが求められる。

 人が「育つ」ということ

人は何を学ぶのか

一言で「職務遂行能力」といっても，具体的な内容は職務に応じて異なってくる。それを Katz［1955］は，①業務上必要となる知識としての「テクニカル・スキル」，②組織内で協力関係を構築する力としての「ヒューマン・スキル」，③組織目標の達成のために諸活動を統合する力としての「コンセプチュアル・スキル」，という3つの次元で捉えている。また，Ashforth, Sluss and Harrison［2007］によると，人は組織の成員となる（社会化）過程において，仕事を行うのに必要な「能力」を習得することに加え，組織から期待されている「役割」や，自らの職業生活に資する組織内の「サポート源」について理解するようになる。役割は「なぜその能力を習得しなければならないのか」という問いへの回答を，サポート源は「どうやってその能力を習得すればよいか」という問いへの回答を見出すために，それぞれ必要な情報となる。

Katz［1955］によると，組織内で下の階層にいる従業員ほどテクニカル・ス

Column ⑰　成長に要する時間

　人材育成の現場では，「各領域における熟達者になるには，最低でも10年の経験が必要である」という，「10年ルール」が語られることが多い。ただし，初心者と熟達者の間には，いくつかのステップが存在すると考えられる。Dreyfus [1983] によると，「初心者」は，経験を積み重ねることで，状況に即した合理的意思決定のできる「上級ビギナー」に，状況を個別要素に分けてアクション・プランを立てることのできる「一人前」に，順次成長していく。その後は，状況を要素分解的にではなく全体的に把握する「上級者」，さらには，直観的に合理的判断を行える「熟達者」へと成長する。

　リクルートワークス研究所 [2003] によると，新入社員が独り立ちするには，平均で3.4年を要する。これはDreyfus [1983] の「上級ビギナー」，あるいは，そこから「一人前」への移行過程に相当するといえよう。また，松尾 [2006] では，営業担当者，プロジェクト・マネジャー，コンサルタントといったさまざまな職種に，「10年ルール」がおおむねあてはまることが確認されている。

　ただし，「10年」というのは，最も順調に進んだ場合である。最短での熟達を実現するため，優れた指導者とともに，適切な訓練内容が必要となる。

キルが，上の階層にいるほどコンセプチュアル・スキルが重要になる。これは，前者ほど着実に業務を遂行する力（戦略実行能力）が，後者ほど部下が何を遂行すべきかを的確に定義する力（戦略構築能力）が必要とされるという，従来型の組織観に則ったものである。しかし，階層のフラット化や権限委譲，あるいは管理職のプレイング・マネジャー化が進む昨今の組織では，こうした垂直的分業の構図は緩みつつあり，広い範囲の人々に両方の能力が求められるようになってきている。また，企業内で複数の職務・職場を経験しながらキャリアが形成されることを考えると，Ashforth, Sluss and Harrison [2007] が示したような能力や情報を，人は継続的に取得し直さなければならない。

　特定領域において専門的なトレーニングや実践的な経験を積み，特別な能力（知識・スキル）を獲得した人のことを「熟達者」という（松尾 [2006]）。体系化された知識に基づいて手際よく意思決定したり深く内省したりできる熟達者の能力は，組織経営上欠かせない。ただし，こうした力は，異なった領域では十分に活用できるとは限らない。複数の職務領域で経験を積むことで，組織全体

を見渡すような視野，未経験の事柄に対応するための推測力，すなわち新たな状況への適応力や学習力を得ることができる（大久保［2014］）。

人はどう学ぶのか

学習は，新たな仕事環境に参入する過程で起きる。実際に参入した新たな状況においては従来培ってきた能力の多くが通用しないため，事前の想定・期待は少なからず裏切られ，焦りやストレスを知覚することになる。こうした中で，自己を再認識したり，組織からの期待に気づいたり，周囲のサポート源を発見するなどして，新たな状況に適応するに足る力を身につける。

学習の道のりがストレスを伴うものであるということこそが，ある能力を人に固定化する要因にもなる。**経験を通じた学習**を行いやすい人には，自分の能力への自信，学習機会を追い求める姿勢（好奇心），挑戦する姿勢，批判やフィードバックを受け入れる姿勢（柔軟性）が見て取れる（松尾［2006］）。

経験を通じた学習をモデル化したものに，Kolb［1984］がある（図8.1）。このモデルでは，実際にやってみることで得られた成功や失敗についての振り返りも含めて，経験を定義している。過去の経験やそれについての学習は，その後のさらなる経験・学習の土台となる。

人の学習はどのような環境によって促進されるのだろうか。「一皮むける経験」に関する先行研究によると，①初期の仕事経験，②上司や先輩等のロール・モデル，③複雑性の高い職務（難度や新規性の高さ）といった要因が，人の成長を促進する（金井・古野［2001］，McCall［1998］）。Ericsson, Krampe and Tesch-Römer［1993］によると，①課題が適度に難しく明確である，②結果についてのフィードバックがある，③誤りを修正するためのやり直しの機会がある，という3点が備わった学習機会が有益である。また，実際に新しい仕事が始まる前に，その中身や適応時に感じうるストレスについて従業員と意思疎通を図り，新しい仕事に関する現実的な知識・期待・覚悟を持ってもらうことも有効である（Wanous［1992］）。

経験を通じた学びの多くは，他者の存在によって引き起こされる。第1に，どのような経験を積むべきか，そして，経験からどう学びを引き出せばよいかという問いへの答えは，学習者の周囲の他者に求められることが多い。「社会的学習」という概念を提唱したBandura［1977］によると，人の学習は，獲得

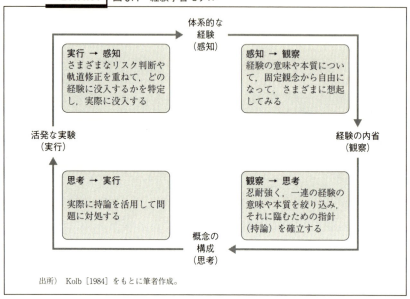

図8.1 経験学習モデル

出所) Kolb [1984] をもとに筆者作成。

したい能力を実際に発揮している他者を観察する中で生じる。また,「状況的学習」という概念を提唱した Lave and Wenger [1991] によると,ある事柄についての学習は,周囲の人々から「できるようになった」と承認されたことを学習者本人が自覚することで,はじめて成立する。

周囲の人々による積極的な関与によって学習が促進されるという側面もある。中原 [2010] の分類によると,従業員の成長を促進する他者としては,上司以外にも,上位者・先輩,同僚・同期,部下があげられる。彼らが提供する**学習支援**は,①業務支援,②内省支援,③精神支援に分類できる(表8.1)。中原 [2010] では,上司からの内省支援と精神支援,上位者・先輩からの内省支援,同僚・同期からの業務支援と内省支援が,成長をとくに促進することが明らかにされた。

CHART 表 8.1　学習支援活動の詳細

業務支援	自分にはない専門的知識・スキルを提供してくれる 仕事の相談に乗ってくれる 仕事に必要な情報を提供してくれる 仕事上の必要な他部門との調整をしてくれる 自分の目標・手本となっている 自律的に働けるよう，任せてくれる
内省支援	自分について客観的な意見をいってくれる 自分自身を振り返る機会を与えてくれる 自分にない新たな視点を与えてくれる
精神支援	精神的な安らぎを与えてくれる 仕事の息抜きになる 心の支えになってくれる プライベートな相談に乗ってくれる 楽しく仕事ができる雰囲気を与えてくれる

出所）中原［2010］。

人を「育てる」手法

職場内の人材育成

　企業が従業員を育てる場には，大きく分けて「職場内」と「職場外」がある。職場内の人材育成は，①**業務経験**そのもの，② **OJT**（on the job training）に大別できる。

　人事担当者は，従業員の配置について，その職務を遂行できる可能性のみならず，その職務に割り当てられることで成長する可能性という観点から，考慮すべきである。職務内容と従業員個人との相性を考慮に入れて配置をするのに加え，従業員のスムーズな成長を可能にするよう仕事の難度を徐々に上げていくのである。後者は，従業員に数年間で「一人前」「上級者」あるいは「熟達者」に成長してもらうことを企図して，同一職種の中で複雑性が徐々に上がっていくような形で複数の職務を経験させることを指す。こうしたことを徹底するためには，従業員の成長に資する良質な職務を企業内で充実させることに加え，従業員1人1人の現時点での能力や将来の伸び代などについての情報を，

人事部門が収集することが必要となる。

　実際に仕事をする中で，従業員は，上司，上位者・先輩，同僚・同期といった周囲の人々とかかわりながら，自らの職務を遂行するために必要な能力を培っていく。こういったかかわりのうち，特定の上司や上位者・先輩と従業員本人との間で交わされる，計画的・公式的な教育訓練上のやりとりのことを，OJT と呼ぶ。「ブラザー／シスター」「OJT 担当」「メンター」などと称し，特定の新入社員の成長を数カ月〜数年にわたって支援する役割を一部の従業員に公式的に担わせる企業も少なくない（▶第 6 章）。

　しばしば誤解されることだが，従業員の OJT を促進する担当者に第 1 に求められるのは，「背中を見せる」ことではない。従業員が失敗したり思い悩んだりしているとき，あるいは一見成功を収めているときに，「なぜそうなっているのか」「どうすればよいのか」を考えさせるきっかけを与える積極的なコミュニケーションをとってこそ，具体的経験と抽象的思考からなる従業員の経験学習のサイクルを活性化させられる。

　1 つの仕事を長く行っていると，成長の限界が見えてくる。そうした限界を超えるために企業が行えるのが，従業員の配置転換（異動）である（▶第 6 章）。新しい仕事を経験することは，従業員の成長を促す大きな要因となる。とくに，従来の仕事と質的に違う仕事は，従業員の視野の広がりや，不確実な状況下における適応力・学習力を向上させられる。国内外に関連会社を有するような企業の場合，そこへの出向によって，従来の職場では経験できない，管理や経営の幅がより広い業務を従業員に経験させることができる。

　通常の配置転換の枠を越えた業務付与も行われることがある。たとえば，企業内での特殊なあるいは新規の活動のために設けられる部門横断的な組織（クロスファンクショナル・チーム）への派遣，ジョイント・ベンチャーや人事交流などを通じた他組織のメンバーとの協働である。また，職業キャリア上あるいは家庭生活上の理由により離転職をした元従業員の再入社を歓迎するような企業も少しずつ増えてきている。自社のことをよくわかっている従業員を再度雇用することで訓練費用を抑えられることのほか，当該従業員が経験の幅を広げ，社内にとどまっていたのでは得られない経験学習をしてきたことが，歓迎の理由としてあげられる。

職場外の人材育成

職場外の人材育成は，Off-JT（off the job training）と呼ばれる。さらにそれは，企業内のものと企業外のものに分類される。Off-JT は一言でいうと「研修」「座学」であり，これによって学習内容が体系化・明示化されるため，とりわけ自らの経験内容の概念的な把握を促す。

企業内のものに関していえば，大企業であるほど Off-JT が体系化される傾向がある。階層別または職能別の教育プログラムでは，各役職・各職務に特化した知識や考え方が教授される。新入社員研修では「社員としてどうあるべきか」について情報が提供されるが，これに関しては，それ以外の研修の場でも意識的に再確認されることが多い。メンタル・ヘルス，ハラスメント，CSR（企業の社会的責任），コンプライアンス（法令遵守）に関する研修も，役職や職務に関係なく行われる傾向がある。近年は，コスト削減，社内人材の有効活用，ノウハウ蓄積，従業員ニーズへの対応などのため，研修プログラムの内製化を進める企業が増加している（産労総合研究所［2012]）。

また，年齢や役職等を基準に従業員を一律に管理する傾向が近年弱まってきている。実際，個人業績を評価して処遇に反映させたり（▶第 **7** 章），自己申告制度などにより従業員の希望に沿った配置を定期異動とは別に行ったり（▶第 **6** 章），といった取り組みが出てきている。さらには，経営者候補の早期選抜を行う企業や，その対象となる従業員に従来の階層別あるいは職種別の研修とは異なる研修を受講させる企業が増えている。

企業による**選抜型研修**の最たるものが，同じ等級の，ないしは同じ年次に同じ等級へ昇格した従業員の中でも，受講機会を持つ者と持たない者を分けるような研修である。端的にいうと，「優秀層」と企業が判断した者に対して受講機会を与えるものである。選抜型の研修には，「少数精鋭」だからこそ可能になる，多様な方法がある。たとえば，①休職させて国内外の大学院（とくに MBA と呼ばれる専門職大学院）に留学させる，②戦略・財務・商品企画といった個別機能の専門的知識を体系的に従業員に習得させる，MBA プログラムに類似した機会を社内で設ける（いわゆる「社内大学」），③経営者自身が講師となって受講者と経営やキャリアなどについての「持論」を濃密に交換する，などである。社内大学を含む選抜型研修の体系を構築するにあたっては，講師の選定

3 人を「育てる」手法 ● 153

Column ⑱　職場内学習と職場外学習の間

　本文で紹介した教育訓練機会のほかに，「フォーマルな OJT」とも「インフォーマルな Off-JT」とも呼ぶべきものが，とりわけ製造業を中心とした多くの日本企業で長く活用されてきた。

　日本企業の製品・サービスの質の維持・向上は，それを専門とする個人や部門に加え，そのために各職場に設けられた小集団が担ってきた。こうした小集団は「QC（quality control）サークル」と呼ばれ，メンバーの自発性やチームワーク，さらには「QC 七つ道具」といった体系化された手法が，その活動を支えた。QC 活動は，品質の維持・向上のみならずメンバーやチームの成長のための自発的活動と位置づけられていたので，その多くが各職場において業務時間外に行われ，また一方で QC 大会など成果を全社的に披露する場が設けられて優秀事例は社内で広く顕彰された（司馬［1997］）。

　一見ボトムアップ的で自発的であるといっても，その根底には職場の規範や経営の意図といった強制力が潜んでいる，実質的な労働時間の長時間化に結びつく可能性が高いといった問題点もある。日本企業の活動が国際化する中で QC 活動も輸出されたが，上述のような特徴から海外ではそれほど定着しなかった。しかし，トップダウン的で職場横断的な改善活動である「シックス・シグマ」が，QC を参考に誕生・普及したアメリカの事例からもわかるように，一定の影響力が存在することは確かである。

やカリキュラムのつくり込みを完全に社内で行うこともあれば，大学等の教育機関と共同で行われることもある。

　こうした場への参加者は，専門知識を効率的に伝える，「選抜された」という意識を持たせる，密なネットワークの中で切磋琢磨してもらう，といった目的から，絞り込まれる傾向がある。また，経営のグローバル化を志向する企業では，選抜型研修の対象を全世界から募ることで，社内での交流や競争の活性化が目指される事例もある。

　従業員の側でも，企業側から一律に管理されるのを嫌う傾向が強まっている。もっとも，従業員自身が研修内容を選択することについては，受講できる研修の選択肢を企業が用意し，そこへの参加の有無を従業員に委ねることは，可能ではあるもののあまり実施されていない。その代わりに多いのが，従業員の自

己啓発の促進・支援である。自己啓発には，学校への通学など従業員が社外の学習機会を利用すること，あるいは，勉強会を組織するなど従業員が新たに社内での学習機会を設けること，の双方が含まれる。

厚生労働省［2013］によると，広く行われている**自己啓発支援**として，受講料などの金銭的援助（83.6％），教育訓練機会についての情報提供（49.5％）がある。しかし同調査では，大半の従業員が自社の自己啓発支援には問題があるとしていること，とくに「仕事が忙しくて自己啓発の余裕がない」とする従業員が多いことが指摘されている。就業時間の配慮（33.8％），自己啓発休暇の付与（17.2％）といった措置を，同時に講ずることが必要である。

4 これからの人材育成

企業主導の人材育成が直面する課題

「人材」の重要性は常に叫ばれてきたが，その傾向は近年ますます強まっている。このことは，人が現実に育っていないこと，より具体的には，人が育つ方向性や方法論に関して，現状に即したものが確立されていない，あるいは実践に移されていないことを意味する。

日本企業の人材育成について，最も表面的に観察できる難点は，従業員の経験学習の機会を十分に用意できていないことである。より具体的には，第1に，「人材育成は投資である」という観点が不十分なことである。受講者アンケート以上に精緻な形で人材育成施策の効果測定を行っている企業は多くなく，結果として，さほど効果のない研修プログラムが継続されていたり，新たなプログラムの開発が行われなかったりしている。

第2に，従業員の成長に資する良質の職務経験が限られたものになっている。先進的な他社のビジネス・モデルを模倣するだけでは利益が確保できなくなっているにもかかわらず，多くの企業が新たな事業や市場の創出といった挑戦的な活動に踏み込めずにいる。ゼロから新しいことを始める経験を業務の中で経験できず，CSR（企業の社会的責任）やコンプライアンス（法令遵守）への強い意識が定式的業務の増大を招き，従業員の思考や活動を窮屈にしている側面も

ある。

　第3に，職場全体で業務の繁忙感が増し，とくに管理者のプレイング・マネジャー化が進展する中で，他者の力を借りながら成長するということや，他者の成長にかかわるということが行われにくくなっている。こういう状況の中では，濃密な人間関係の中で成長していく経験が十分でないまま管理職に就く者が徐々に増えることになり，人間関係の中で部下を成長させる機会がますます乏しくなりかねない。

　第4に，上述のような育成環境の劣化により，従業員1人1人の志向やポテンシャルに合った成長の道筋を，これまで以上に個別に提供していくというニーズに対応できなくなる。複雑化した経営環境のもとでは，経営者向きかどうか，特定領域での専門家・熟達者であるべきかどうかといった観点から，従業員1人1人の適性を早期に見極め，早期選抜（ファスト・トラック）や専門職層への移行も含めた成長機会を整える必要性が生じてきている（▶第6章）。にもかかわらず，現場における「人が人を育てる」という関係性の回復が十分でなければ，こうした「タレント・マネジメント」（▶第14章）が行えなくなってしまう。

　たとえ「人が人を育てる」という関係性が回復したとしても，育てたい事柄や育てる方法についての育成担当者側の前提が誤っていると，期待される効果は得られない。特定の専門領域であっても日々更新されていく知識などについては，古くからその業務に携わっている人よりも，経験が浅い人のほうが通じている可能性がある。誰が育成を担うか，そもそも特定の育成担当者を置くのかどうかについては，柔軟に考える必要がある。

従業員1人1人の自律的学習に向けて

　すでに述べたように，学習には，従業員の自律的な学習行動と，それを支援する周囲の人々という学習環境の双方が必要である。ただし，これらをともに実現するには，学習に関する考え方そのものを変えなければならない。

　中原・長岡［2009］によると，従来，学習は，「知識や情報を一方から他方に転移するプロセス」であると捉えられていた。電子データをある記憶媒体から別の記憶媒体に複写するようなものであり，そのプロセスで学習者に求められるのは，指導者の一挙手一投足を捉え記憶するといった，受動的な姿勢であ

る。ところが，先に述べたように，育成する側が適切な教授内容を持たない場合，こうした発想に立った実践は効果を発揮しない。

　ある学習内容を特定の指導者から引き出すのが不適切である場合には，学習者1人1人が学習内容を自ら見出すのを，周囲の人々が支援することが有効である。経営の現場における重要な問題への解を周囲との協調の中で主体的に見出すことに重きを置いた人材育成手法である**アクション・ラーニング**が，近年広がりを見せている。こうした学習は，実践から離れた場で行われつつも実践の場と密接にかかわったものであるため，仕事経験を通じた学びと別物ではなく，むしろそれを加速化させる。

　そこでは，学習は，「積極的に知識・情報を収集・解釈し，その結果について周囲からフィードバックを受けるプロセス」と定義できる。人材育成の担当者には，自らが直接指導するのではなく，相互に教え合い，学び合うことに対して人々が積極的になれるような場を形成・演出することが期待される。また，学習者自らが現状や進むべき方向性を確認するように習慣づけるという**コーチ**としての役割も期待される。

　こうした実践においては，学習者個人以上に，学習の場への配慮がより必要とされる。このような**組織開発**（organizational development）を志向した実践の実例の1つが，問題発見・解決ツールとしてのフューチャー・サーチ（future search）である。フューチャー・サーチは，目的を共有しつつも異なる利害を持つ人々が，未来志向かつ民主的な討議を通じて複雑性の高い課題を解決するための技法である。フューチャー・サーチでは，理想的な未来やそこに至る道筋についての合意（コモン・グラウンド）の形成が目指されつつも，1人1人の価値観や思考の多様性を保持・尊重することが大前提となっている。そのために粘り強く対話する中で，人々は他者や自分自身に関する認識を改め，結果として全体で何を目指し，その中で自らはどう変化し，どのような貢献をすべきかを発見する（Weisbord and Janoff［2000］）。

エンプロイアビリティ重視の学習環境

　本書では，「所属企業の枠を越えて雇われ続ける能力」としてのエンプロイ

アビリティを重視する雇用関係が，企業と従業員の双方にとって有用になるということを，たびたび述べてきた。社内外で広く評価されるような「プロフェッショナル」の多くは，体系性・専門性の高い能力を有している。

そうした能力に対する投資を企業が行うことは，従業員の転職可能性を高めるため，合理的ではないとされてきた。逆にいうと，特定の企業でしかその有用性が発揮されないような能力（企業特殊的能力）が，雇用関係の安定化や経営目標の達成に資するものとされてきた。職場外学習（Off-JT）や個人主導の育成より，職場内学習（OJT）や企業主導の育成が優先されてきたことは，それを裏づけている。

しかし今日では，従業員に求められる行動やそのために必要な能力の基準を，企業が社会全体の動向を見据えて可視化することが，有能な人々を集め，チームとしてまとめるために必要である。外国人，転職に抵抗を持たない人々，企業からの拘束を嫌う人々などをも含む多様な労働力の確保や，働き方（とくに勤務の時間や場所）の面で制約のある従業員同士の連携をスムーズに進めることが，企業にとっての喫緊の課題となってきているためである。企業の変革や新事業の創造のため，さまざまな側面において組織の構成員の多様性を高め，彼らを公正に扱うことが求められる。ここでいう公正とは，労働市場の動向や各人の生活上の必要性などを考慮に入れつつも，企業に対する貢献の大小に応じて報酬水準に差をつけることを指す。また，何らかの理由で自社で働けなくなった際にも就労が継続できるような支援を行うことも，企業から従業員への公正な関与の一種である。

こうした現状から，エンプロイアビリティに立脚した雇用関係の必然性が浮上する。エンプロイアビリティ獲得のためには，プロフェッショナルとしての能力の習得機会を従業員が主導的に見つけ出して利用すること，そうした機会の発見・利用を企業が支援することが求められる。そこでは，社外の学習機会がこれまでにないほど大きな位置を占めるようになる。さらには，企業内の職務やそれを遂行するのに必要な能力について，「プロフェッショナルの育成」という点を強く意識した定義を行い，従業員によるこの種の能力の蓄積・行使を促進するような，業務体制や評価・報酬制度の整備が求められる。キャリア開発についても，できるだけ早い時期に特定分野において一定程度の専門性を身につけられるような機会を従業員に対して提供し，その後の成長の道筋につ

いても，企業と従業員の間で適宜，合意形成を図ることが求められる。

　これは，企業と従業員の関係がドライになることを意味するわけではない。従業員が「社内プロ」化することに対して積極的に投資を行う企業の姿勢は，労働市場における肯定的な評判と，従業員による「自分はそうした企業の一員なのだ」という意識，および「この企業にとどまってさらに成長したい」という意欲を引き出しうる。そこで働く限り，従業員の職務遂行能力に一定以上の企業特殊性は必ず発生する。したがって，それ自体が企業の独自性に寄与するような企業特殊的能力に一定の価値を認めつつも，組織や事業を今後変革させるために必要な能力という観点から，エンプロイアビリティを念頭に置いた能力開発を行えばよいのである。

KEYWORD

新人　　一人前　　熟達者　　指導者　　経験を通じた学習　　学習支援　　業務経験　　OJT　　Off-JT　　選抜型研修　　自己啓発支援　　アクション・ラーニング　　コーチ　　組織開発

EXERCISE

① 「経験を通じた学習」がどのようになされるのか，個人の学習にかかわるさまざまな要因に目を配りながら整理してみましょう。

② 選抜型研修は，経営能力の早期育成につながる可能性があるものの，選抜に漏れた層による不公平感や不満を引き起こす可能性がある。この研修制度を組織に定着させ，期待された効果を引き出すため，何を行うべきでしょうか。

③ 自社以外のさまざまな企業で活躍する人を輩出しつつ，企業としての競争優位も維持している「人材輩出企業」の具体的事例に着目し，その企業の「人材育成を通じた個人と組織の強化」の仕組みについて述べてください。

参考文献　　　　　　　　　　　　　　　　　　　　Reference ●

Ashforth, B. E., Sluss, D. M., and Harrison, S. H. [2007] "Socialization in organizational contexts," *International Review of Industrial and Organi-*

zational Psychology, vol. 22, pp. 1–70.

Bandura, A. [1977] *Social Learning Theory*, Prentice Hall.

Dreyfus, S. E. [1983] "How expert managers tend to let the gut lead the brain," *Management Review*, vol. 72, no. 9, pp. 56–61.

Ericsson, K. A., Krampe, R. T., and Tesch-Römer, C. [1993] "The role of deliberate practice in the acquisition of expert performance," *Psychological Review*, vol. 100, no. 3, pp. 363–406.

Katz, R. L. [1955] "Skills of an effective administrator," *Harvard Business Review*, vol. 33, no. 1, pp. 33–42.

Kolb, D. A. [1984] *Experiential Learning: Experience as the Source of Learning and Development*, Prentice-Hall.

Lave, J., and Wenger, E. [1991] *Situated Learning: Legitimate Peripheral Participation*, Cambridge University Press (佐伯胖訳『状況に埋め込まれた学習——正統的周辺参加』産業図書, 1993 年).

McCall, M. W., Jr. [1998] *High Flyers: Developing the Next Generation of Leaders*, Harvard Business School Press (金井壽宏監訳『ハイ・フライヤー——次世代リーダーの育成法』プレジデント社, 2002 年).

Wanous, J. P. [1992] *Organizational Entry: Recruitment, Selection, Orientation, and Socialization of Newcomers (2nd ed.)*, Addison-Wesley.

Weisbord, M. R., and Janoff, S. [2000] *Future Search: An Action Guide to Finding Common Ground in Organizations and Communities (2nd ed.)*, Berrett-Koehler Publishers.

大久保幸夫 [2014]『会社を強くする人材育成戦略』日本経済新聞出版社。

金井壽宏・古野庸一 [2001]「『一皮むける経験』とリーダーシップ開発——知的競争力の源泉としてのミドルの育成」『一橋ビジネスレビュー』第 49 巻第 1 号, 48–67 頁。

厚生労働省 [2013]「平成 24 年度 能力開発基本調査」。

産労総合研究所 [2012]「2012 年度 教育研修費用の実態調査」。

司馬正次 [1997]「新しいマネジメント・モデルの先駆けとしての QC サークル活動」『品質』第 27 巻第 2 号, 35–42 頁。

中原淳 [2010]『職場学習論——仕事の学びを科学する』東京大学出版会。

中原淳・長岡健 [2009]『ダイアローグ——対話する組織』ダイヤモンド社。

松尾睦 [2006]『経験からの学習——プロフェッショナルへの成長プロセス』同文舘出版。

リクルートワークス研究所 [2003]「Works 人材マネジメント調査 2003——第一次集計レポート」。

CHAPTER

第**9**章

労 使 関 係

従業員尊重のための人事管理

SHORT STORY 所属先から勤続 25 周年の表彰を受けた塚口
純平は，これまでの会社員生活を振り返って
いる。彼の世代は，残業も転勤も厭わずに働き続けるのが当然であった。入社から
25 年も経つと，同期の中でも，自己都合で退職する，病気で長期の休業に入る，と
いうことが珍しくなくなってくる。塚口は，そうした同期のことで心を痛めながらも，
会社第一・仕事第一の姿勢で会社や顧客から高く評価されてきた自分の四半世紀を誇
りに思い，会社にも強い感謝の念を抱いている。

　塚口の部下の新津佳那は，塚口の仕事を認めながらも，そうした姿勢には共感でき
ない。飲み会の席で，「そこまでやったら，普通は病気になる」「そこまで会社の駒に
はなれない」と述べ，塚口を当惑させたこともある。新津にしてみれば，人生の中で
仕事並みに，場合によっては仕事以上に大事なことはほかにもあり，残業や転勤の意
義は，そうした事柄との兼ね合いの中で決まるものである。会社が多様で自律的な働
き方を重視していることはわかるものの，塚口のような働き方をする人々が社内で幅
を利かせている限り，自分のような考え方は受け入れられないのではないかと，新津
は心配している。

　一方で塚口も，飲み会の席での新津の発言をなかなか忘れられずにいた。最初は反
発を覚えたものの，新津のような若い世代の社員が仕事で成果を出す力には，時折目
を見張るものがある。彼らは，どちらかといえば個人主義的な傾向が強いものの，一
部の同僚とは週末に家族ぐるみの付き合いもしているという。塚口は，会社と社員の
「よい関係」の定義が変わりつつあることを感じている。

1 従業員の「活用」と「尊重」

　企業として従業員を大切にするのが人事管理の大前提であるが，そもそも「大切にする」とはどのようなことなのだろうか。

　企業が人事管理を行う最大の目的は，「従業員から企業のニーズに合った貢献を引き出す」ということである。企業にとって従業員の存在は，第一義的には，経営上の目的を充足するために活用する対象である。そして報酬とは，従業員が目標達成に貢献してくれたことに対する返礼である。このことを前提に，本書の随所で，従業員と企業との間の公正な交換関係が重要であるということを述べてきた。従業員にしてみれば，公正な扱いを受けることで，自らが大切にされていることを感じることができ，働きやすさや働きがいを知覚し，労働者・社会人としての自己存在（アイデンティティ）を形成・維持することができる。

　ただし，従業員の多くは，家庭や趣味の世界，あるいは仕事以外の社会活動の世界を生きる存在でもある。こうした世界における彼らのアイデンティティは，雇用主である企業にとっては直接的には重要でないにせよ，従業員1人1人の人格を形成する重要な要素である。そのため，企業が従業員とかかわるときには，自らにとっての有用性という観点から優劣を判断するだけでは不十分である。つまり，企業と従業員との公正なかかわりは，企業が従業員を「活用」するために公平な扱いをするということだけでは完成しない。企業には，従業員個人の人格そのものを「尊重」するようなかかわりもまた求められる。企業から従業員に対して，ある便益を期待しての交換（ギブ・アンド・テイク）ではなく，無条件の贈与（ギブ）を行うことが求められるときもある。

　たとえば，賃金制度において従業員の生活上の必要性に配慮するといったことは，公平原則だけでは説明のつかない公正さに属する。また，「自分の居場所がある」「楽しい」というような感覚を，職場の親密な人間関係の中で従業員に知覚してもらうように支援することなども同様である。

　さらにいえば，こうした「企業が従業員を活用すると同時に尊重する」活動は，企業から従業員に対する一方的な「恩恵」としてなされるべきではない。

CHART | 図 9.1 企業から従業員への多様なかかわり

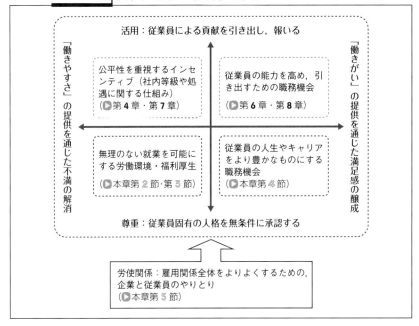

「従業員の活用・尊重」のための枠組みの適正化は、企業と従業員の協働を通じて実現されなければならない（図 9.1）。

　本章では企業が従業員を尊重するという側面について論じるが、この議論は第 3 部全体にわたって展開されるものでもある。たとえば、女性・高齢者・外国人といった従来の日本企業では基幹的な労働力として想定されてこなかった人々を取り込んでいこうとする際には、彼らの固有性を見出し、承認するということが重要になってくる。本章では、多様な従業員への個別的対応を行う前段階として、幅広い従業員が持つであろうニーズへの対応について紹介する。また、ワーク・ライフ・バランスなど従業員の生活全体の最適化に関しては第 12 章で論じることとし、本章では、労働環境の最適化のあり方について従業員の尊重という観点から論じたい。

1　従業員の「活用」と「尊重」　● 163

適切な労働環境の設定

労働環境をめぐる問題

　労働者が業務や通勤の中で負う怪我・病気・障害・死亡のことを**労働災害**（労災）といい，それが生じた際には，労働者災害補償保険法に基づき，企業から（元）従業員への補償義務が生じる。また企業には，労災を未然に防ぐような労働環境の改善が求められる。

　第二次産業に従事する労働者が労働市場の過半を占めていたころ，労働環境の改善とは，物理的な作業環境の整備や労働時間の適正化を意味していた。そこでは，危険な作業条件や労働者の体調不良に伴う事故の抑止が目指されていた。

　労働市場の中心的な担い手が第三次産業に従事する労働者に移った今日，企業は，労働者が感じる物理的・時間的な拘束感とは異なる問題にも向き合っている。今日では，労働者の多くが，商品やサービスをつくり出し，提供するにあたって，自らの頭脳や感情を投入することを求められている。このことは，長期休職・退職・過労死などにも至る過度の精神的ストレスの原因となりうる。

　厚生労働省が定期的に行っている「労働者健康状況調査」によると，仕事や職業生活に関して強い不安・悩み・ストレスを自覚する労働者の割合は，ここ20年ほど，約6割の水準で高止まりしている（図 9.2）。過剰なストレスに伴う**メンタル・ヘルス疾患**の具体例としては，うつや不安障害をあげることができる。労災認定された精神障害の約2割は，労働者本人の自殺を伴うものである。過剰なストレスの帰結には，脳や心臓の疾患も含まれるが，労災認定された疾患の約4割が，労働者の死亡の原因となっている。こうした労働災害に関連して，労災保険請求件数および労災認定比率は双方とも，この四半世紀，上昇傾向にある。

　「労働者健康状況調査」によれば，労働者のメンタル・ヘルスに影響を与える主な要因は，「職場の人間関係」「仕事の量」「仕事の質」である。職場の人間関係に関して近年よく取り沙汰されるのが，第1に，職場における人々の孤

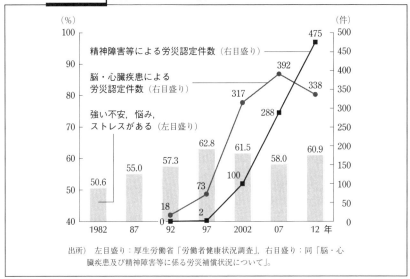

CHART 図9.2 新たな労働災害

立である。これは，個人主義化という労働者個人に起因する要因と，IT化や繁忙化による職場のつながりの希薄化という企業に起因する要因の掛け合わせにより生じる。第2に，いじめ・嫌がらせ・ハラスメントなどの不適切な人間関係である。こうした人間関係の多くが，性別や社内の立場などを異にする他者への偏見によって生じる。加害者側の多くが相手に対する加害の意識を持っていないことが問題解決を複雑なものにしている。

　従業員の過度なストレスの原因となる仕事要因のうち，最たるものは労働時間であろう（詳細は▶第12章）。近年の一般労働者（いわゆる正社員）の統計上の総労働時間は年間で2000時間前後，所定外労働時間（いわゆる残業）は年間で100時間台後半の水準で安定している。残業そのものは条件を満たせば合法的なものであるが，所属企業に報告されず労働時間として計上されていない残業（サービス残業）の存在，特定の従業員への残業の集中といった問題が存在する。実際，1週間当たりの総労働時間が60時間を超え，心身の健康を損ねるリスクを抱える労働者は，全労働力人口の約10％，500万人前後に上る。長時間労働の傾向は，とりわけ30〜40歳代の男性労働者や零細企業（従業員1〜4名）に所属する労働者に，より顕著に見られる（総務省「労働力調査」）。

　また，労働時間以外の物理的なストレス要因には，通勤，出張，勤務時間の

不規則さ，温度・湿度・騒音などの面での作業環境の悪さ等がある。

労働環境の改善のための法的対応

過酷な労働環境をなくすため，種々の法律や，裁判所による判例が積み重ねられてきた。たとえば，**労働基準法**には「1日8時間，1週間40時間」という**法定労働時間**の定めがあり，各企業の**所定労働時間**は，この法定労働時間を超えない範囲で定められることになっている。そして，従業員の労働時間が所定労働時間を超える，すなわち残業が生じた場合，企業は**割増賃金**（いわゆる残業代）を支払うことが義務づけられている。

残業や休日労働に関するルールは，労働組合のような従業員の過半数を代表する個人・機構と企業が書面による協定を結び，行政官庁に届け出た場合に，はじめて設定・施行が可能になる。この取り決めは，労働基準法第36条に基づくため，「36（サブロク）協定」と呼ばれる。もっとも，労働時間の自己裁量性が高いと判断される高度な専門業務や企画業務に従事する従業員については，労働側との合意の上で，こうした時間管理の適用対象から除外することができる（労働基準法第38条の3および4）。いわゆる**裁量労働制**である。

また，労働に伴う労働者の心身の損傷を最小化し，安全と健康を確保するため，労働基準法を補完する形で**労働安全衛生法**が定められている。この法律では，労働災害を防止するために労働者自身に自己管理を促すのみならず，職場の安全・衛生管理のために企業が果たすべき義務が定められている。職場の安全・衛生管理は，作業環境そのものの改善に加え，労働者の疲労回復施設の充実，定期的な一般健康診断の実施，安全衛生に関する管理者や委員会の設置，産業医の選任を通じてなされる。さらに2014年の同法改正に伴い，企業には，ストレス・チェックや高ストレス従業員に対する医師等による面接指導も義務づけられることになった（**Column ⑲**）。

十分条件としての個別企業による対応

法律や判例の動向を踏まえ，企業として労働時間や作業環境の改善を進めようとしても，現場の業務遂行上の慣習や，組織メンバー，とりわけ管理者や経営者の意識が障壁になることがある。たとえば，日本企業では多くの従業員が，職場の上司などからの要請により，勤務簿に記録しない，いわゆる「サービス

Column ⑲ 健康経営

　健康管理を通じて従業員を「尊重」することは，企業にとって長らく，「経営に伴う費用」であり続けた。しかし近年，健康管理を「経営のための投資」，つまり，従業員を「活用」するための有力な手段と捉える見方が生まれてきた。

　従業員の健康増進を重視し，それを企業の生産性向上につなげようとする考え方を，「健康経営」という。従業員の心身の健康の増進が，彼らの職務モチベーションの向上や，企業による医療費負担の軽減，ブランド価値の向上などにつながるとされている。一部企業では，定期健診の受診を「業務」として義務化するなど，従来は見られなかった形での啓発が行われている例もある。また，経済産業省と東京証券取引所が「健康経営銘柄」を指定したり，日本政策投資銀行が健康経営の実践度に応じた企業の格付けを行ったりと，健康経営の考え方を社会に広めようという動きも見られる。

残業」に従事しているといわれる。これは，法律や判例の動向に職場として辻褄を合わせようとした結果であると考えることができる。

　日本の職場における長時間労働の背景には，各人の業務範囲が不明確である，周囲との時間をかけた連携の中で業務が進む，周囲による事前承認を経て意思決定をする，といった傾向がある。管理職か非管理職かを問わず，自分の裁量だけでは業務が進まないのである。この傾向はまた，「顧客のニーズに極力応えたい」「他の人が働いているのに自分だけ先に帰るのは申し訳ない」といった，従業員にある種の自己犠牲を強いる風土によって，さらに強まっていく。

　こうした状況を変えて，1人1人が働きたい時間・場所で働けるようにしながらも，集団としての成果をどのように維持していくのかが，日本企業の今後の課題である。情報技術の進展により，対面，あるいは職場でコミュニケーションをとらなくても，一定水準の成果は出せるようになってきた。デジタル技術に慣れ親しみ，仕事外の活動時間を確保するため短時間で仕事上の成果を出すことに意義を見出す人々も増えている。「対面のよさ」「職場のよさ」を保つために従来のコミュニケーション技法にこだわるのではなく，同様の機能をそれ以外のコミュニケーション手法で実現するための技術の開発・利用に注力することが求められる。結果として，従来型も含めて企業におけるコミュニ

2　適切な労働環境の設定　● 167

ケーション手法のバリエーションが高まるのである。

技術的条件だけで従業員の働きやすさが改善するわけではない。上述のような業務特性や組織風土を変えていくためには，以下のような包括的な変化が求められよう。

(1)　経営目標の達成のために必要な業務の1つ1つを，標準的な従業員であれば残業を要さない，および，できるだけ自律的に遂行できる（同僚の業務状況に左右されない）形に設計する。

(2)　個別の業務に従業員が専念できるために必要な報酬と育成のモデルを描く。

(3)　業務の割り当てに際しては，従業員の意思に極力配慮した上で，内容や目標についての合意をとる。

(4)　あらゆる業務について，代行者を立てられるようにする。

(5)　従業員の便益を損ねない範囲で，顧客の便益を追求する。

③　企業による社会保障の補完

企業が従業員に対して支払う金銭（労働費用）は，その多く，すなわち約8割が，月例給や賞与等の現金給与という形でなされている。それ以外で大きな比重を占めるのは，「法定」「法定外」の2つからなる福利厚生費である。

従業員の社会保険料は，従業員本人に加え，企業が一定分を負担して，国に納付される。たとえば健康保険料や厚生年金保険料の半分，また労災保険料の全額は，企業が負担しなければならない。種々の法律によって定められた，こうした企業負担を，**法定福利**と呼ぶ。一方，**法定外福利**とは，各企業が任意で従業員に支払うもので，主として住居や医療保険に関する手当てからなる（図9.3）。法定外福利は，大企業ほど充実している傾向が見られる。

法定福利は，その内容について企業に戦略的な判断の余地がほとんどない反面，法定外福利には企業による選択の余地が大いにある。法定外福利のメニューには，住居や食事の手当て，医療保険のほかに，文化・体育・娯楽施設の提供が含まれる。社内運動会や社員旅行などといった種々の社内イベントもその一環である。これらの報酬は，単に従業員を職務に向かって動機づけるの

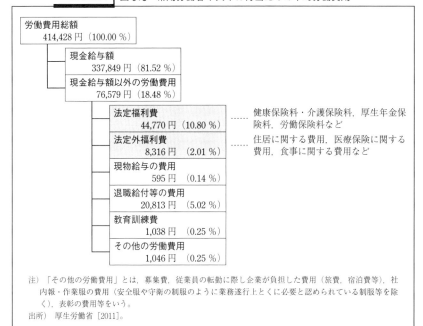

図9.3 常用労働者1人1カ月当たりの平均労働費用

みならず,従業員の全人格を尊重する証として,各企業が独自に設けているとも解釈することができる。

ただし近年,こうした措置に価値を認めない従業員も増えてきた。たとえば,会社が保有する宿泊施設が以前ほど利用されなくなってきている。社員旅行や社内運動会など社内のレクリエーション活動への参加率や積極性の低下が窺える現象もある。また,自己啓発の機会が乏しい,社員食堂のメニューが職場近隣の食堂・カフェ・レストランや弁当屋に見劣りするなど,法定外福利の内容に不満が抱かれることも少なくない。

従業員の価値観や働き方の多様化に伴い,ここ20年ほど,法定外福利を通じて従業員をいかに「尊重」するかについて,再考が進められてきた。第1に,社内育児施設の設置や自己啓発支援など,より従業員のニーズを踏まえた福利厚生メニューが現れた。第2に,「カフェテリア・プラン」とも呼ばれる,従業員が種々の福利厚生メニューの中から好きなものを自由に選び取れるようにする方法も現れた。第3に,そもそも法定外福利厚生のための費用を圧縮し,それで浮いた予算を給与・賞与の増額に回す例も出てきている。

3 企業による社会保障の補完 ● 169

Column ⑳ 退職金とは何か

　退職金とは，定年まで企業にとどまるように従業員を動機づけるための，一種の報酬であるという考え（後払い賃金説）がある。「企業は従業員に対し，当初は生産性以下の賃金を支払い，後に生産性以上の賃金を支払う」という報酬の基本構造や，「月々の賃金の一定割合を退職金の原資とする」という運用実態を踏まえると，こうした考えには一定の妥当性がある。

　では，退職金の意義は，どう説明されてきたのだろうか。第1に，長年の勤続に対して企業が報いるための報酬であるという考え（功労報奨説）が，経営側から示された。これは賃金後払い説と整合的である。また第2に，失業時や老後の生活の原資であるという考え（生活保障説）が，労働側から示された。これは，退職金の従業員への支払われ方が，多くの場合，退職時に一部を一括で渡し，残りについては「年金」として一定期間ではあるが毎月支払うという運用実態になっていることと整合的である（大湾・須田 [2009]）。

　このように，退職金からは，企業が経営目的達成のための道具としての従業員をつなぎとめようという意図と，従業員の職業生活終了後の人生も尊重しようという意図の両方が見て取れる。

　従業員の支持を得られなくなってきた福利厚生関連の取り組みの中身を見直す例もある。社員旅行や社内運動会などのイベントについて，若手社員に企画や幹事を任せるなど従来よりも現場の意見を反映するといった工夫が増えてきた。また，従業員の家族を対象にした職場見学会の開催，自主的な食事会・部活動・勉強会に対する金銭的支援といった取り組みも見られる。

　今日，法定外福利を取り巻く状況はさらに変化している。その最たるものが，従業員の高齢化などにより法定福利費の企業負担が増大したことである。この負担は，これからさらに大きくなっていくだろう。これに伴って法定外福利費は圧縮が進められ，企業は，従来以上に福利厚生メニューの「選択と集中」を意識するようになるだろう。

4 従業員1人1人の働きがいに対する支援

企業主導のキャリア開発の曲がり角

人の一生において，労働は，最も時間と力が注がれる活動の1つである。そのため，労働やそれに従事する自分に対し，やりがいや自尊心といった前向きな感情を抱くことは，その人の人生を実りあるものにする。企業が従業員を尊重するというときに，働きがいの醸成は欠かせない。

従来の日本企業で前提とされていたのは，「企業が提供する雇用保障を受け取る代わりに，社員である限りフルタイム勤務を続け，勤務の時間・内容・場所といった点に関して企業からの柔軟な要請を受け入れ続ける」という雇用契約であった（久本［2010］）。企業からのこうした要請を受け入れる中で，従業員の側も，幅広い職務経験や，組織の文化・風土への理解に根ざした視野の広さ，あるいは調整能力といった，企業特殊的な能力を取得・発揮し，その期待に応えてきた。企業がそうした従業員に対し，金銭や地位の面で「右肩上がり」の報酬を提供し，定年までの雇用を保障することが，社会人・家庭人としての従業員の働きがいや生きがいにつながってきたのである。こうしたインセンティブを，より多くの層へ安定的に提供することが，企業による従業員尊重の1つの実態であった。

しかし今日，こうした尊重のあり方は岐路に立っている。多くの日本企業の競争力が以前ほど高くなくなった結果，従業員に上述のような報酬を安定的に提供できる基盤が揺らぎつつある。また，従業員の世代や構成が変化する中，これらの報酬を働きがいの源泉としない層も増大している。出産や育児のために休職期間を挟みたい。今の勤務地から離れたくない。特定の職種で専門性を極めたい。キャリアアップのための転職を厭わない。こうした志向を持つ人々を企業経営のための中核的なメンバーとすることは，人口減少の時代においても安定的に労働力を確保するため，さらには，複雑化する競争環境をリードするため，企業にとって不可欠となっている。

今後，雇用関係は流動化し，企業外の労働市場により開かれ，多様性に満ち

たものとなるだろう。このことは，働きがいや従業員尊重の新たな形を，企業と従業員が一緒になってつくらなければならないことを意味する。

従業員の自律性の尊重を通じた働きがい醸成

これからの時代の雇用関係は，従業員にとって，リスクと機会の双方をはらんだものとなろう。企業への貢献の大小を他の従業員と比較され，場合によっては処遇が悪化したり雇用機会を喪失したりする傾向は，強まりこそすれ，おそらくは弱まらない。反面，社内外の就労機会がより可視化されれば，自らにとって最適な業務内容や職場が見つかる可能性が高まるだろう。こうした中では，従業員のリスクを最小化し，機会を最大化するための投資こそが，企業による従業員尊重となるといえる。

これまでの各章にも何度も登場している**エンプロイアビリティ**という概念について，改めて確認したい。それは，変化する労働市場の中で「雇われ続ける能力」（employee-ability）を意味する造語で，若年者失業率が高い欧米において，彼らの能力向上や労働市場とのマッチングを促進するために案出されたものである。

国際労働機関（International Labour Organization, ILO）によると，エンプロイアビリティは，汎用性が高く高水準の，①学び続ける力，②情報通信技術や言語・語学力に裏打ちされたコミュニケーション力，③チームワーク力，④課題解決力，からなる。エンプロイアビリティの高い人とは，専門性を有し，異質な背景を持つ人々と協調して創造的活動に従事できる人を指す。労働者が生涯を通じてエンプロイアビリティを習得・維持・向上できるよう，学校や企業などの職業訓練の場が連携することが求められている（Brewer［2013］）。

エンプロイアビリティは，2000年前後から日本でもしばしば論じられるようになったが，論じられ方が欧米とは異なっていた。たとえば労働側は，この概念が経営側から提唱されたことを「従業員解雇の自由化への第一歩」と捉え，職務等級制度や成果主義的な報酬制度のような促進策に難色を示すことが多かった。一方で経営側は，元来の定義を「企業による支援や雇用保障を受ける資格を勝ち取るに値する，業務遂行や能力開発における自律性」と読み換えた（日経連特別教育委員会［1999］）。労使双方とも，「より対象や条件が絞られた雇用保障モデル」としてエンプロイアビリティを捉えている点では，おおむね一

致している。山本［2014］は，特定企業に高く評価される能力を「内的エンプロイアビリティ」，社会全体に高く評価される能力を「外的エンプロイアビリティ」としたが，ILO のいうエンプロイアビリティが「外的」を意味しているのに対し，日本の労使が論じるそれは「内的」の範囲にとどまっている。

　労働者に対する（外的）エンプロイアビリティ教育は，自律的な職業人生を営むのに不可欠なキャリア上の選択肢や，解雇や倒産などによる非自発的な離職を余儀なくされた際のセーフティ・ネットを用意するという点で，彼らへの尊重の現れである。ただ，今日の日本社会に，そうした教育の基盤が十分に備わっているとはいいがたい。学校教育と職業教育の間，職業教育における企業内での訓練と公的機関による訓練の間の分離は，依然として顕著である。とりわけ企業は，企業特殊的能力以外の能力開発のノウハウや意思を十分に持っていない。労働市場が流動化・不安定化する昨今，労働者1人1人が特定の企業の枠を越えた範囲で自律的にキャリア形成できるよう，こうした教育訓練機会の統合や補完は不可欠となっている（諏訪［2003］）。

　「内的」「外的」という2つのエンプロイアビリティは，トレードオフの関係にあると考えられがちである。第1章や第8章でも述べたように，投資の結果として従業員が他企業に流出するリスクが高まるため，企業は従業員に汎用的な能力，すなわち外的エンプロイアビリティを身につけさせるための投資を行いたがらないとされている（Becker［1993］）。反面，企業内訓練によって企業特殊的能力，すなわち内的エンプロイアビリティを従業員に内在化させ，機会主義的な行動を抑制しようとする。しかし，たとえ企業が能力開発において汎用的な能力に焦点を当てたとしても，それを習得し行使する過程で企業と従業員の関係はより緊密なものとなり，結果として従業員の能力には企業特殊的な要素が伴うことになる（Hansson［2008］）。また，汎用的な能力に力点を置くことは，社内外の労働力の獲得を通じた欠員補充，休職中の従業員の能力開発，復職後の即時活用をより容易にしたり，背景の異なる従業員間の協働を容易にするという，企業側のメリットにもつながる。

　企業として従業員のエンプロイアビリティ向上を促進する際には，社会的に確立された能力基準を利用したり，その形成に参画したりするのが，有用な方法である。たとえば，2000 年代前半に経済産業省が定めた「IT スキル標準」というものがある。変化がめまぐるしい環境において，効果的に人材を採用・

4　従業員1人1人の働きがいに対する支援　● 173

配置・処遇・育成するための「ものさし」として，ITに関するさまざまな技能をランク化したり，IT職種ごとの人材のキャリア・パスについてアウトラインを示したりしている。これ自体は十分に活用されたとはいえないが，何らかのスキル標準を参考にして諸制度を設計することで，企業は経営や人事管理を効率化できるし，労働者も，自らの技能水準を証明する材料を手にできることで，キャリアの選択肢を増やしたり，自律性を発揮する余地を広げられたりする。**職種別労働市場**が質と規模の双方で充実し，労使双方にとって柔軟かつ効果的な雇用関係の礎となることが期待されるのである。

⑤ 従業員が勝ち取る権利

┃「企業から与えられる権利」を超えて

　ここまで，企業が従業員を尊重するためにとりうる，さまざまな観点や手法を紹介してきたが，それらはいずれも，方向性としては「企業が従業員に与える」というものであった。しかし，従業員としては，企業が与えてくれる「恩恵」を，ただ待っているだけでよいのだろうか。

　そもそも，「従業員の尊重」という事象は，従業員が「尊重された」と知覚して，はじめて成立する。逆にいうと，企業が「従業員を尊重している」と主張していても，従業員はそう捉えていない可能性があるし，そうした齟齬のある状態を従業員の側から積極的に是正すべきときもある。したがって，「従業員の尊重」を謳うのであれば，企業は，自らそのためのアクションをとることに加え，従業員側からの提案・発言を聞き，対応する必要がある。

　日本では，こうした従業員からの積極的な働きかけは，「労働三権」（労働基本権）として，憲法で保障されている（第28条）。すなわち，

　　(1)　団結権（労働者が労働組合を組織し，加入する権利）

　　(2)　団体交渉権（労働組合が使用者と交渉し，協約を結ぶ権利）

　　(3)　団体行動権（ストライキを行う権利）

である。従業員は，個人の単位で見た場合，企業に対して無力であることが多いため，**労働組合**のような自分たちを代表する団体を組織し，企業と対峙する。

Column ㉑　日本の労働組合

　日本の労働組合を諸外国と比べたときの主たる特徴は，第1に，それが企業別に組織されることが多いことである。ある産業単位で使用者団体と労働組合が交渉したり，一企業が複数の職種別組合と，あるいは一職種別組合が複数企業と交渉したりといった形とは異なり，企業ごとで労使交渉が展開されることがほとんどである。そのため，賃金の水準や支払われ方等の種々の雇用条件に，企業ごとの固有性が生じやすくなる。

　第2の特徴は，ホワイトカラーも労働組合員となっていることである。日本においても，戦前のある時期にブルーカラーのみで労働組合が組織されていた時代はあったが，戦後の「民主化」の中，ホワイトカラーとブルーカラーが一体となって経営側に対して条件闘争を挑むようになっていった。経営層の多くは自然と「元組合員」となり，組合の役員を経験した者が経営陣入りするケースも出てくる。そのことにより，労使関係は協調的になりやすくなる反面，労働組合の交渉力は高まりにくくなる。

　第3に，非管理職層については，入社とともに自動的に労働組合員となるという「ユニオン・ショップ制」が採用されていることである。「組合員資格のある者は組合員でなければならない」といった協定を，労働組合の多くが企業と締結している（法政大学大原社会問題研究所［2001］）。

　労使間の条件闘争といえば，年度末に行われる賃金についての団体交渉（「春闘」）を想起する読者が多いだろう。反面，近年あまり見られなくなったものに，大規模なストライキがある。数十年前の日本では，比較的頻繁に，運転従事者のストライキにより鉄道やバスが止まり，都市の交通機能が麻痺した。また，経営合理化に伴う退職勧告に端を発した三井鉱山での大規模ストライキ（三井三池争議，1959〜60年）では，死者も出た。この争議は，日本の労使関係が対立的なものから協調的なものに移る大きなきっかけとなった。

それに対して企業も，従業員1人1人と労働条件を詰めるのではなく，労働組合と一般的な労働条件について協議する。こうした関係性を**集団的労使関係**と呼ぶ。

　経営者と労働組合の間では，じつに幅広い事柄が議論・交渉されている。雇用の条件や環境に関することはいうまでもなく，人材育成や未組織労働者（多くの場合，非正社員）の雇用，さらには経営の方針・計画などといった経営側の

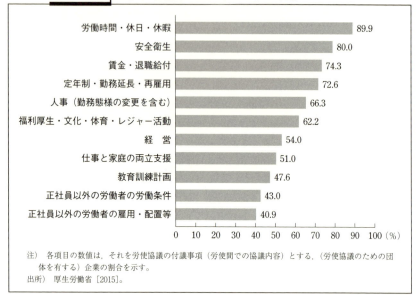

図9.4 労使間コミュニケーションの内容

注) 各項目の数値は，それを労使協議の付議事項（労使間での協議内容）とする，（労使協議のための団体を有する）企業の割合を示す。
出所) 厚生労働省［2015］。

専権事項，つまり一般的には労働組合が直接関与しない事項についても，議題として取り上げられることは少なくない（図9.4）。

日本の集団的労使関係の特徴といえるのが，「労使は目的を同じとするパートナー」という前提が置かれていることである。一般的に，労働組合のような従業員団体は，「経営目標の達成に従業員が進んで貢献できるような雇用条件」を求めてきたし，経営側は彼らとのかかわりの中で現場の実情を把握しようとする。日本企業では長らく，経営の実質的な主導権を経営者（ないしは株主やメインバンク）に一極的に集中させるのではなく，従業員を含む社内外の**ステイクホルダー**にも部分的に分散させてきた。特定の利害を優先させるより，複数の利害のバランスをとることが，「よい経営」とされてきたのである。

個別化する労使関係のもとでの従業員尊重

最近，労働組合の影響力の低下が取り沙汰されている。雇用者数の増大や雇用の受け皿の変化に，労働組合の組織化が追いついていない（図9.5）。具体的には，年々増加傾向にある非正社員の多くが，労働組合に組織化されていない。たとえばパートタイマーの組織率は，2014年時点で6.7％にとどまっている。

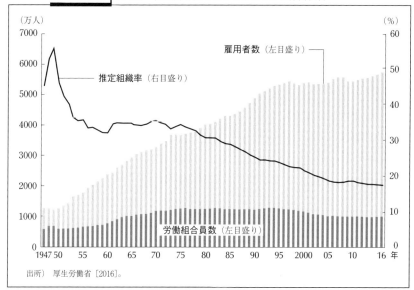

図9.5 従業員を代表しなくなってきた労働組合

出所）厚生労働省 [2016]。

　加えて，卸・小売業，医療・福祉，飲食・宿泊業など，組織率の低い第三次産業に所属する労働者の数が，増加傾向にある（厚生労働省 [2014]）。さらには，創業から日が浅い企業（ベンチャー企業）で労働組合が組織されるケースも少ない（日本労働研究機構 [2002]）。

　さらに深刻な問題として，従業員のニーズを捉えられなくなった労働組合に，従業員が信頼や関心を抱きにくくなっていることがある。従来は，賃金水準の上昇こそが，全従業員に共通する要望であった。しかし，報酬体系が成果主義的な性格を強め，転職がキャリアアップの手段としてより認知されるようになった今日，昇給や昇進の手段として多くの従業員が想起するのは，同僚や他社の従業員との連帯ではなく，自助努力である。

　これまでの労働組合は賃金面での条件闘争に重きを置いてきたが，経済的ニーズが一定程度満たされた結果，そうした運動方針が，多くの従業員の価値観とそぐわなくなってきた。多くの従業員は，職務内容や職場環境の充実，あるいは職場外での個人的ニーズの充足などを重視するようになっている。労働組合としてもそうした変化に対応しようとはしているものの，従業員ごとに中身が異なることの多いそれらの要望に，十分に応えてきたとはいえない。

　こうした流れは，集団的労使関係から**個別的労使関係**への変化と要約できる。

5　従業員が勝ち取る権利　●　177

これからの労働組合には，「弱い個の連帯」ではなく，「個をより強くする」ことの促進が必要とされるであろう。従業員を1つにまとめて企業や経営層と向き合うのではなく，時に企業や経営層からも協力を引き出しながら，従業員1人1人に個別のサポートを提供するのである。そのためには，社会全体の動向も見据えつつ，それぞれの従業員がどういう志向やアイデンティティを持っているかを理解する必要がある。そうした活動内容の中には離転職時の支援も入ってくるが，そこに力点を置いた職種別組合や地域別組合は，少数とはいえすでに日本にも存在している。

　管理者や非正社員が抱えるさまざまな問題に向き合うことも，労働組合の重要な活動目標となる。管理職に昇進する従業員は，建前上は使用者の立場となるため，労働組合から脱退する。しかし，「名ばかり管理職」「プレイング・マネジャー」という言葉からもわかるように，業務において管理監督の割合が必ずしも高くなく，職務上の裁量が十分でない管理職が多数存在する。一方，既存の企業別労働組合の多くが，非正社員を組織化してこなかった。しかし，非正社員が質的・量的に基幹化し，正社員への転換を望む非正社員が増加する中（▶第10章），彼らの労働問題を放置したままでは，労働組合の大目標である「労使の共存共栄」はスローガンの域を出なくなる。

　最近は，労働組合を間に挟まない形で，労働問題に立ち向かわざるをえない従業員や企業も増えてきている。彼らにとって，労働組合の創設，さらには裁判による解決は，課題解決の有力な手段であるが，これらには種々のコストが伴う。そうした中で近年注目を集めるようになってきたのが，「都道府県労働局長による助言・指導」や「紛争調整委員会による斡旋」である。労働局局長・弁護士・大学教授・社会保険労務士など，労使間の問題に中立的な立場でかかわる専門家が間に立って個別**労働紛争**の解決を目指すというもので，労使間での責任の所在を明確にしにくい問題の解決に向いているともいわれる（労働政策研究・研修機構［2010；2011］）。労働組合が，こうした機構と分業・連携していくことも，今後望まれるであろう。

KEYWORD

労働災害　メンタル・ヘルス疾患　労働基準法　法定労働時間　所定労働時間　割増賃金　裁量労働制　労働安全衛生法　サービス残業　法定福利　法定外福利　エンプロイアビリティ　職種別労働市場　労働組合　集団的労使関係　ステイクホルダー　個別的労使関係　労働紛争

EXERCISE

① 残業，とりわけサービス残業が増えてしまう背景について，整理しましょう。

② あなたは，社員のエンプロイアビリティ向上のために投資する企業に対して愛着を持ち，投資以上にリターンし続ける意欲や能力を持てるだろうか。持てるにせよ持てないにせよ，理由とともに述べてください。

③ 労働組合が存在しないにもかかわらず，労使間の関係が安定的で，職場に活気がある会社の事例に着目し，それらを可能にするために経営者と従業員に求められることを，それぞれ述べましょう。

参考文献　　　　　　　　　　　　　　　　　　　　　Reference ●

Becker, G. S. [1993] *Human Capital: A Theoretical and Empirical Analysis, with Special Reference to Education* (*3rd ed.*), University of Chicago Press.

Brewer, L. [2013] "Enhancing youth employability: What? Why? and How? Guide to core work skills," International Labour Organization.

Hansson, B. [2008] "Job-related training and benefits for individuals: A review of evidence and explanations," OECD Education Working Papers, No. 19.

大湾秀雄・須田敏子 [2009] 「なぜ退職金や賞与制度はあるのか」『日本労働研究雑誌』第 585 号，18-25 頁。

厚生労働省「脳・心臓疾患及び精神障害等に係る労災補償状況について」。

厚生労働省「労働者健康状況調査」。

厚生労働省 [2011] 「平成 23 年　就労条件総合調査」。

厚生労働省 [2014] 「平成 26 年　労働組合基礎調査の概況」。

厚生労働省 [2015] 「平成 26 年　労使コミュニケーション調査」。

厚生労働省 [2016] 「平成 28 年　労働組合基礎調査の概況」。

諏訪康雄 [2003] 「能力開発法政策の課題──なぜ職業訓練・能力開発への関

心が薄かったのか？」『日本労働研究雑誌』第 514 号，27-37 頁。

総務省「労働力調査」。

日経連特別教育委員会編［1999］『エンプロイヤビリティの確立をめざして ——「従業員自立・企業支援型」の人材育成を』日経連。

日本労働研究機構［2002］「労働組合の結成と経営危機等への対応——90 年代後半の労使関係」調査研究報告書，No. 150。

久本憲夫［2010］「正社員の意味と起源」『季刊 政策・経営研究』第 4 巻第 2 号，19-40 頁。

法政大学大原社会問題研究所編著［2001］『2001 年版 日本労働年鑑（第 71 集）』旬報社。

山本寛［2014］『働く人のためのエンプロイアビリティ』創成社。

労働政策研究・研修機構［2010］「個別労働関係紛争処理事案の内容分析—— 雇用終了，いじめ・嫌がらせ，労働条件引下げ及び三者間労務提供関係」労働政策研究報告書，No. 123。

労働政策研究・研修機構［2011］「個別労働関係紛争処理事案の内容分析 II ——非解雇型雇用終了，メンタルヘルス，配置転換・在籍出向，試用期間及び労働者に対する損害賠償請求事案」労働政策研究報告書，No. 133。

第**3**部

人事管理の現場

PART **3**

CHAPTER **10** 非正社員の基幹化
11 女性の活躍推進
12 ワーク・ライフ・バランスと働き方改革
13 高齢者雇用
14 グローバル経営と国際的人事管理

CHAPTER

第 10 章

非正社員の基幹化

SHORT STORY

関東圏を中心に食品スーパー100店を展開するS社。店舗の人員は，定年まで期間の定めなく雇用が保障されている正社員と，1年の雇用契約を反復更新するパートによって構成されている。S社は，パートの活用範囲を，正社員を補助する「担当」から，売上予算の達成や部下のマネジメントにも責任を負う「チーフ」にまで拡大してきた。現在では従業員全体に占めるパートの比率はおよそ80％である。

2013年4月，非正社員の雇用の安定と正社員との報酬格差の是正を目的として，改正労働契約法が施行された。今後は，同一の使用者との間で，雇用契約が通算で5年を超えて更新された場合，企業は労働者からの申込みにより雇用契約を期間の定めのない無期雇用に転換しなければならない。

S社もこの法改正に対応するため，有期雇用契約のパートを無期雇用に転換する施策を検討してきた。しかし，パートの中には，正社員のような，何でもする，どこでも行く，いつでも働くといった無限定な働き方は受け入れがたい人もいる。そこでS社は，転居を伴う転勤がなく勤務時間も短いが無期雇用であるという「エリア限定正社員」の雇用区分を新設した。目下，S社の課題は，正社員─エリア限定正社員─パートの3つの雇用区分の公正な処遇を確保することである。

1 非正社員とは

　正規雇用労働者（以下，正社員）と非正規雇用労働者（以下，非正社員）。いずれも法律上定義された雇用形態ではないが，一般的に，正社員とは，無期雇用・フルタイム勤務・直接雇用の労働者を指す。一方，非正社員とは，有期雇用・短時間勤務・間接雇用（使用者と労働者の間に直接の雇用関係がなく，第三者が指揮命令を行う雇用形態）が1つでもあてはまる労働者を指す。つまり，非正社員といってもその雇用形態は多様であるが，労働法の観点からは直接雇用・間接雇用の違いが重要である。直接雇用の非正社員は，パート，アルバイト，契約社員などに細分化される。間接雇用の非正社員は，派遣社員，請負などで，外部人材とも呼ばれる。

　これらの雇用形態を類型化すると，おおむね図10.1のようになるが，現実には，職場でパートと呼ばれている人の中にも，フルタイムで働いている者もいれば，無期雇用の者もいる。したがって，政府の統計資料では，雇用形態は勤め先における実際の呼称によって識別されている。具体的には，正規の職員・従業員，パート，アルバイト，派遣社員，契約社員，嘱託，その他の7つに雇用形態を区分し，正規の職員・従業員以外の6区分はまとめて「非正規の職員・従業員」とされているのである。本章においても，非正社員は，この6区分に該当する人々を指すこととしよう。

　さて，1989年以降2016年に至る四半世紀あまりの間の，正社員と非正社員の量的推移を見ると，非正社員がおよそ1200万人増加したのに対し，正社員はおよそ100万人しか減っていない。つまり，企業の人員が正社員から非正社員に置き換えられてきたという通説は，社会全体で見た場合には部分的にしかあてはまらない。一方，自営業主と家族従業者は合わせておよそ740万人減少していることから，自営業者の減った分が非正社員に振り替わったといえそうである。

　自営業者の減少の背景として，産業構造の変化に伴う雇用機会の拡大により，農家の男性の働き手が都市部へ流出したことや後継者不足で廃業したことがあげられる。一方，非正社員の増加には，こうしたマクロ的要因のみならず，企

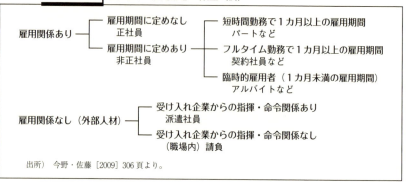

出所 今野・佐藤 [2009] 306頁より。

業レベルの雇用戦略も大きく影響している（鶴 [2016]）。第1に，解雇権濫用法理が適用される正社員は，たとえ業績が悪化しても簡単には解雇できないが，有期雇用契約の非正社員ならば雇用関係の終了が容易である。つまり企業は労働投入の柔軟性を確保できる。第2に，正社員に比べて低賃金の非正社員を活用することでコストを削減することができる。実際，日本における正社員と非正社員の賃金格差は，国際的に見ても大きい。フルタイム労働者の時間当たり賃金（所定内給与）に対する，パートタイム労働者の時間当たり賃金の割合は，日本では6割の水準であるが，フランスでは9割，スウェーデン・デンマーク・ドイツ・オランダで8割，イギリス・イタリアで7割となっている（労働政策研究・研修機構 [2015]）。こうした賃金格差の存在が，後で述べる同一労働同一賃金政策の必要性の論拠になっている。

非正社員の量的基幹化と質的基幹化

量的基幹化

　非正社員の活用は現代に限った現象ではなく，量的側面についていえば戦前の鉄鋼や造船など製造業の工場でも顕著であった。すなわち，昭和恐慌で経済危機の渦中にあった日本経済が1930年代に入ると回復し，企業も雇用を拡大し始めたが，雇用リスク回避とコスト削減のために有期雇用契約を結ぶ臨時工を増やし，無期雇用の本工の数を制限したのである。しかし，戦後になると労

働組合が広く結成され，臨時工の本工化闘争が起こった。労働組合は臨時工に本工登用の機会を与えるよう経営者に要求し，企業は登用試験制度による選別を条件にこれを受け入れていった。さらに高度経済成長期に入ると人手不足が激しくなり，臨時工が急速に減少し，本工登用が進んだ（仁田［2008]）。

こうした，戦後日本における企業レベルでの正社員化の大きな流れが反転し，非正社員が再び量的に拡大し始めたのは，1970 年代に女性パートが急速に増加したことによる。電機産業では，生産量の増大とコストダウンの両立を目的に，組み立て職場の若年女子正社員をパートへ切り替えていった（仁田［2008]）。また同じころ，スーパーマーケットなどのチェーン・ストアが，モータリゼーションの発展に合わせて郊外へさかんに出店し，近隣に住む主婦をパートとして大量に雇用した。

その後，1991 年に始まったバブルの崩壊とともに日本は不況期に突入する。1990 年代後半になると，新卒採用の抑制や定年退職など，解雇によらない正社員数の自然減に応じて，幅広い産業で非正社員の量的拡大が見られるようになった。以降，日本企業では，長期雇用を前提とする正社員の配置が中核的部門に限定される一方，周辺部門を非正社員で補う労働市場の二極化が進んだ。このような現象は，非正社員の数や比率の増加という意味で，非正社員の**量的基幹化**と呼ばれる。

近年の非正社員の量的基幹化の特徴は，男性の増加である。21 世紀に入ってからの非正社員の変化を見ると，男性労働者全体に占める非正社員の割合は2002 年に 15.0 ％であったものが，16 年には 22.1 ％に上がっている。年齢構成別に見ても，いずれの年齢層でも増加している。これはすなわち，家計を支える者が非正社員であるということが珍しくなくなってきたことを意味している（総務省［2017a]）。

非正社員の中には，雇用が安定し相対的に賃金も高い正社員雇用を希望している人もいる。本当は正社員で働きたいのに非正社員で働いている人は「不本意型」と呼ばれ，自発的に非正社員として働いている「本意型」と区別される。2016 年の「労働力調査」では，非正社員の形態で就職した理由として「正規の職員・従業員の仕事がないから」と回答した人を不本意型としているが，その割合は全体の 15.6 ％に上る。中でも 25〜34 歳の若年層は，24.4 ％が不本意型である（総務省［2017b]）。

2 非正社員の量的基幹化と質的基幹化　● 185

企業の採用行動は好不況の影響を受ける。上述の通り，1991年に日本経済はバブルが崩壊し景気後退期に入った。以降1993年から2005年までの12年間は，多くの企業が新卒採用の枠を狭めたため就職氷河期と呼ばれた。その後日本経済の景気は拡大局面に転じたが，2008年に起きたいわゆるリーマン・ショックを契機とする世界同時金融不況により，企業は再び新卒採用を減らした。こうした時期に就職活動を行った若者の中には非正社員でキャリアをスタートせざるをえなかった人もいるが，教育訓練やスキル形成の機会に乏しい非正社員雇用を長く続けた場合，その後の正社員への登用や転職が難しくなるという問題が出てきた。実際，就職氷河期にキャリアをスタートさせた1970年代生まれの世代の中には，初職が非正社員であったことから，40歳代になってもその働き方が固定化してしまっている人が少なくない。

　一方，1960年代生まれの世代は，80年代のバブル崩壊以前の雇用安定期に就職しており，初職が正社員であれば，その後も安定雇用のもと手厚い教育訓練を受けられている可能性が高い。就職氷河期を脱却してからリーマン・ショックまでの景気拡大期や，リーマン・ショックからの回復を見て2010年代後半に至るまでの慢性的な人手不足の時期に就職した世代も，同様である。すなわち，正社員としての就業機会をめぐるいくつかの世代間格差が，固定化したり新たに生み出されたりしているのである（▶第5章）。

┃ 質的基幹化

　非正社員の基幹化には，量的基幹化とは別に，仕事内容や責任の重さが正社員のそれに近づいてくる**質的基幹化**もある。しかし，正社員と非正社員が統一的枠組みで処遇されることはほとんどなく，それぞれの昇進や昇給は別個の人事体系のもとで決定される。また，すべての非正社員が質的基幹化の対象となっているわけではない。

　非正社員の質的基幹化は正社員との役割分担を曖昧にした。一方，非正社員の賃金は正社員に比べて低く抑えられている。したがって非正社員の質的基幹化が進めば進むほど，正社員と非正社員の間の処遇格差が明白となり，均等・均衡処遇の問題が生じる。図10.2はそのことを概念的に示したものである。非正社員が難度の低い仕事に，正社員は高い仕事に従事するといった具合に，仕事の難度で両者の職務を分離していた企業で，非正社員が質的に基幹化する

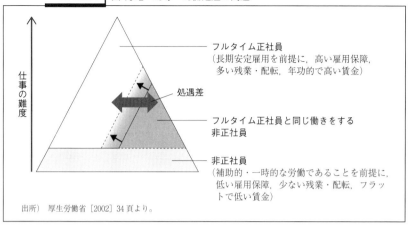

図10.2 均等・均衡処遇の問題

出所）厚生労働省［2002］34頁より。

と，担当する仕事の違いで両者の格差を説明することができなくなる。また，正社員と非正社員の職務が分離していない職場では，ベテランの非正社員と若手の正社員が同じ仕事に従事しているケースも散見される。こうした場合，将来の昇進可能性など，両者のキャリア開発方針の違いが格差を正当化する理由にされていた。しかし，非正社員の質的基幹化は，正社員と同じように昇進していくキャリア開発の機会が，非正社員にも与えられることを意味する。こうした場合，キャリア開発の違いという理屈で両者の格差を正当化することはできなくなる。

労働契約法の改正と限定正社員

　正社員と非正社員の処遇格差が見過ごせない社会問題として強く認識されるきっかけとなったのが，いわゆるリーマン・ショックによる経済不況であった。当時，急激な需要縮減に見舞われた日本の製造業は大幅な生産調整と雇用調整を行い，それが派遣やパートなど非正社員に対する雇用契約の打ち切りや雇い止めにつながった。「派遣切り」「非正社員切り」などといった流行語が生まれ，非正社員の不安定な雇用が社会問題になった。これ以降，非正社員の雇用問題が，政労使でさかんに議論されるようになったのである。

　非正社員にかかわる法改正や国の政策議論では，雇用の安定確保と公正な処遇が共通項になっている。たとえば，2013年4月に施行された「労働契約法の一部を改正する法律」（以下，改正労働契約法）のポイントは，①無期労働契

Column ㉒　二重労働市場仮説と雇用区分

　アメリカの2人の労働経済学者ドリンジャーとピオーレの研究が嚆矢となった二重労働市場論は，手厚い雇用保障，キャリア開発機会の提供，公正な評価と処遇等に特徴づけられる内部労働市場と，低賃金で雇用保障がなくキャリア開発機会の乏しい外部労働市場とに，労働市場が分断されているという仮説である（Doeringer and Piore［1985］）。

　この意味で，日本の労働市場に生じた非正社員の量的基幹化と処遇格差という変化は，二重労働市場仮説と整合的である。しかし玄田［2008］は，非正社員は外部労働市場に属し，仕事上の学習機会は乏しく，処遇も経験や個人の能力とは無関係に一律とされているとする二重労働市場仮説とは異なって，実際は非正社員でも，職場における継続就業年数と年収の間に正の連関があり，評価も過去の正社員経験等を踏まえてなされることがあるということを見出した。

　これはすなわち，非正社員の一部は外部労働市場ではなく内部労働市場の下位層に位置づけられているとする見方である。この背景には，非正社員の仕事内容や能力が正社員のそれに接近する，質的基幹化の進展がある。つまり，内部と外部という二極化が進行したというよりも，正社員で構成されていた内部労働市場に基幹化非正社員という新たな雇用区分が加わり，その下層に査定や昇給がない非正社員の外部労働市場が存在するようになったのである。

　なお，雇用区分とは，異なる雇用管理のもとに置かれ，呼称により区別される従業員の区分のことである。正社員の中には，以前より，総合職と一般職，事務職・技術職（ホワイトカラー）と技能職（ブルーカラー）といったキャリア開発や処遇の仕方が異なる区分があったが，近年は非正社員の中にも複数の雇用区分が設けられるようになりつつある。

約への転換（第18条），②「雇い止め法理」の法定化（第19条），③不合理な労働条件の禁止（第20条）である。今後は，同一の使用者との間での有期労働契約が通算で5年を超えて反復更新された場合，企業は労働者の申込みがあれば労働契約を無期に転換しなければならない。

　つまり，有期雇用の非正社員から無期雇用の正社員へ移行する**正社員への転換制度**が求められているのである。しかし，非正社員を正社員へ転換すれば，処遇を改善するとともに，定年までの強い雇用保障を提供することになる。したがって，正社員への転換は，人件費の増加や人員配置の硬直化あるいは雇用

調整のやりにくさなどを通じて,企業に新たなコストをもたらす可能性がある。そこで,無期雇用という条件は維持しても,事実上「何でもする」いわゆる正社員の働き方にある種の制限を加えることで,賃金水準を抑え,**解雇権濫用法理**(解雇規制▶第5章)の適用にも差をつける,**限定正社員**へのニーズが出てくる。

正社員と限定正社員の違いとは何か。いわゆる正社員の特徴としては,働き方の無限定性に着目すると,①活用業務(職種)無限定,②配属先の事業所・勤務地無限定,③残業がある,④フルタイム勤務,という4つをあげられる。つまり,無期雇用を前提として,この4つの基準を満たす雇用区分が,いわゆる正社員であり,一般的には**総合職**と呼ばれている。限定正社員とは,上記4つの基準のいずれか1つないし複数を満たさない雇用区分で,職種限定,労働時間限定(短時間勤務,フルタイム勤務だが残業なし),勤務地限定などがある。たとえば,食品スーパーの特定の店舗の農産売場で1日6時間・週5日勤務しているパートの契約期間が5年を超えて,無期雇用に転換すると,限定正社員が誕生することになる。つまり,有期雇用であっても実態として長期にわたって就労している質的に基幹化した非正社員を,いわゆる正社員と非正社員の中間的な存在として限定正社員に転換し,より安定的な無期雇用契約と結びつけるという発想である。

複数の雇用区分を組み合わせて,人的資本投資の効率化,雇用リスク回避,雇用コスト低減を図る仕組みを,**雇用ポートフォリオ**という。今後,非正社員といわゆる正社員の二極に分断した雇用ポートフォリオを改めて,両者の間に質的に基幹化した監督職の非正社員の雇用区分と,限定正社員という雇用区分を設け,「非正社員→監督職非正社員→限定正社員→いわゆる正社員(総合職)」という転換制度を整備する企業が増えていくことが予想される。

 ## 雇用ポートフォリオの再構築

│ S社の雇用ポートフォリオとパートチーフ制 │

SHORT STORYに登場したS社。2001年まではパートの仕事は商品の

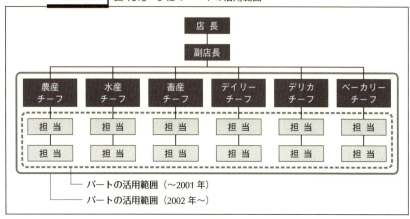

CHART 図10.3　S社のパートの活用範囲

補充陳列など正社員を補助する担当であった。しかし，正社員と遜色ない能力と高いモチベーションを持っているパートも少なくない。そこでS社では2002年にパートチーフ（監督職）制を導入した。チーフとは，担当部門の売上・利益の管理から，部下の勤務計画や労務管理まで行う，1つの売場の責任者である（図10.3）。担当パートとパートチーフは報酬処遇体系が異なる雇用区分であり，パートチーフは一定の人事考課の基準を満たした担当パートの中から筆記試験と面接試験を経て登用される。

　パートチーフ制を導入する以前のS社は，無期雇用・フルタイム勤務の正社員と，有期雇用・ショートタイム勤務のパートと呼ばれる雇用区分の2つで，雇用ポートフォリオを編成していた。正社員はチーフや店長・副店長など管理監督職に従事し，転居を伴う転勤・シフト勤務や残業・職種転換も無限定に受け入れる総合職であった。一方，パートは，商品陳列や補充発注など正社員の補助的業務を担い，店舗間の異動はなく，勤務時間は固定され残業もほとんどなかった。

ホールドアップ問題とモラル・ハザード問題

　一般に企業の正社員と非正社員の関係は，図10.4のように，企業特殊的な能力と組織都合の拘束に対する無限定性（縦軸）と，仕事の不確実性（横軸）の平面上に示すことができる（平野[2009]）。雇用の境界とは，無期雇用と有期雇用を分ける基準である。理由は以下で詳しく述べるが，企業にとっては，

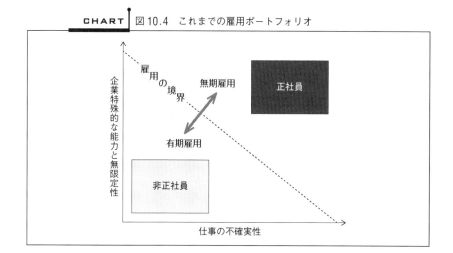

図 10.4　これまでの雇用ポートフォリオ

　企業特殊的な能力を発揮して不確実性の高い仕事に従事し，転勤・残業・職種転換など組織からの命令を無限定に受け入れる従業員は正社員として雇用すべきであり，逆に，標準化された仕事に従事し，組織都合の拘束性が低い従業員は有期雇用の非正社員でもよいということがいえる。

　図 10.4 の縦軸の「企業特殊的な能力」とは，その企業で最も価値が発揮される知識や技能のことである（▶第 1 章）。たとえば S 社の従業員は，S 社独自の在庫管理の手順や発注機器の操作方法に熟達していかなければならない。また，チーフや店長になれば，商品部など他部署との交渉において，誰に何を頼んだらうまくいくのかといった情報を持ち，組織内の人脈を築いていかなければならない。このような，雇用されている企業においてのみ価値を持つ企業特殊的な能力の獲得に費用や労力を費やす行動は，**関係特殊投資**（relation specific investment）と呼ばれる。転勤・残業・職種転換などの組織の命令を受け入れることも，当該企業に雇用されている限りにおいて価値を持つため，従業員の側の関係特殊投資の一種である。

　ところで，ひとたび関係特殊投資を行った従業員が，雇用主から事後的に不利な条件（賃下げなど）を突きつけられた場合，そうした従業員は転職しても他企業から同等に評価される汎用的能力の形成が十分でないため，解雇されるくらいならと不利な条件を受け入れざるをえなくなる可能性がある。それどころか，こうした雇用主による将来の裏切り行為を予測した従業員は，そもそも関係特殊投資を手控えるかもしれない。結果として，従業員の企業特殊的な能

力の形成が十分に実現されないという事態に陥る。こうした問題は，**ホールドアップ問題**（holed-up problem）と呼ばれる。すなわち，従業員が投資に際して回収できると期待した利益（昇給や昇進）の一部を雇用主が奪い取ることができる機会が生じると，さまざまな事後不適応が引き起こされるのである。

したがって，従業員に関係特殊投資を行わせたいのであれば，雇用主は「関係特殊投資は会社によって報いられる」という従業員の期待を形成し，それに応えることが必要である。日本型人事管理において従業員による期待を形成・維持する装置となったのは，終身雇用と年功賃金，より正確には査定（人事考課）付きの定期昇給や数多くの昇進・昇格機会が保障された正社員としての雇用であった（▶序章）。こうした人事管理の実績が積み重ねられていることに伴う安心感から，従業員は企業特殊的な能力の獲得に努力することになる。

関係特殊投資は企業の側にも生じる。たとえば，正社員雇用はコストがかかる。具体的には，企業特殊的な能力の発展を目的とした訓練投資，従業員が能力獲得に向けて努力しているかどうかを監督する費用（モニタリング・コスト），雇用保障リスクなどである。したがって，従業員に企業特殊的な能力を要求しないのであれば，必要に応じて人材を採用する，すなわち外部労働市場との連結を強めて短期のスポット雇用を取り入れることが効率的となる。これが，企業の側から見た有期雇用契約を前提とする非正社員雇用の意義である。

一方，図 10.4 の横軸の**仕事の不確実性**は，チームワークや，複数の任務，成果の測定の困難さに応じて高まっていくものである。仕事の不確実性が高まると，雇用主は，従業員が懸命に仕事に取り組んでいるかどうかを正確に評価することができなくなる。換言すれば，仕事に対して努力しているかどうかが，従業員の側の私的情報となる。それゆえ，仕事の不確実性が高まると，従業員による，怠けたり，同僚の努力にフリーライド（ただ乗り）したりする**機会主義的行動**が生じかねない。これは，**モラル・ハザード問題**（moral hazard problem）と呼ばれる。そこで，雇用主は従業員の機会主義的な行動をコントロールするため適切なインセンティブを用意しなければならない。その方策の1つが長期雇用を前提とした査定（人事考課）付きの定期昇給と昇進・昇格機会である。これらのもとでは，人事考課によって手抜きやただ乗りをしていることが判明した従業員には悪い評判が立ち，それ以降の昇進可能性が閉ざされるので，機会主義的行動は抑止される。したがって，仕事の不確実性が高い場

192 ● CHAPTER **10** 非正社員の基幹化

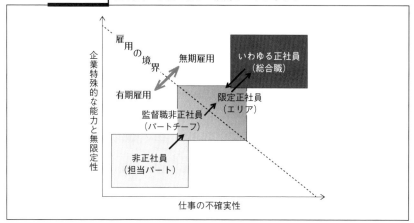

CHART 図10.5 S社の新しい雇用ポートフォリオ

合には正社員雇用が適切である。

　以上の議論から，雇用ポートフォリオは，次のような考え方に基づいたものになるべきことが導かれる。すなわち，「仕事の不確実性，そして企業特殊的な能力や組織都合の拘束性に対する関係特殊投資の程度が高くなるのに応じて，それぞれに適合した雇用区分——非正社員よりも限定正社員，限定正社員よりもいわゆる正社員（総合職）——によって管理される」。

新しい雇用ポートフォリオ

　こうしてS社は図10.5のような新しい雇用ポートフォリオを編成した。これまで1つしかなかった正社員の**雇用区分**を，総合職と短時間勤務地限定正社員（以下，エリア限定正社員）とに分け，質的に基幹化した監督職のパートチーフから無期雇用のエリア限定正社員に登用する転換制度を設けた。フルタイム勤務と転勤を受容できれば，エリア限定正社員から総合職へ変わることもできる。同時に，ワーク・ライフ・バランスの観点から育児や介護などのニーズに応じて，総合職からエリア限定正社員へ移行することもできる。

　これまでS社では，いわゆる正社員（総合職）とパートチーフの賃金格差は，主として転勤の有無によって説明され，双方が納得していた。しかし，エリア限定正社員を設けたことにより，転勤の可否によって正社員とパートの賃金格差を合理化することはできなくなった。同社では，同じチーフの仕事を担うパートチーフとエリア限定正社員の賃金をどのように均衡させるかが課題と

なっている。

4 雇用区分の多元化と均等・均衡

同一労働同一賃金

S社は今，**同一労働同一賃金**という考え方を参照しながら，処遇をいかに公正なものにするかという問題に取り組んでいる。同一労働同一賃金が狭義に意味するところは，「同じような仕事をしていれば同等の賃金を払う」という均等処遇の考え方である。S社の例でいえば，正社員のチーフとパートチーフは同じ仕事をしているのだから賃金も同じにするということである。

しかし，同一労働同一賃金は，職務給（▶第4章）をベースとする賃金体系を採用してきた欧米諸国で形成されてきた考え方であり，雇用慣行が大きく異なる日本に導入するにはいくつかのハードルがある。たとえば，日本の職能資格制度においては，職務内容と賃金水準が切り離されている。また，正社員の賃金構成における能力給のウェイトが高い。

政府も，2016年に，「働き方改革実現会議」での議論を経て，雇用形態にかかわらず同じ仕事に同じ賃金を支払う同一労働同一賃金のガイドライン案を示したが，狭義の意味での同一労働同一賃金，すなわち均等処遇を求めているわけではない。具体的には，基本給を決める要素を「職業経験や能力」「業績・成果」「勤続年数」に分解し，それぞれの要素が正社員と非正社員で同一であれば同じ水準を支給することを原則としつつ，そうでなければ処遇差を認めるという考え方になっている。このようにして賃金の決定に仕事以外の要素を組み込み，バランスをとろうとする考え方は，「**均等・均衡処遇**」という表現にも現れている（▶第2章 Column ❼）。

雇用区分間の転換ルールの整備

「非正社員―監督職非正社員―限定正社員―いわゆる正社員（総合職）」という4つの雇用区分による雇用ポートフォリオを編成することで，企業は，雇用保障リスクを回避し，労働コストを節約し，人的資本投資を効率化することが

できる。しかしその一方で，このような雇用区分による従業員のグルーピング
は，転換制度を整備しないと固定化してしまう。従業員のキャリア意識の変化
やライフステージに応じて，異なる雇用区分の間を柔軟に行き来できるように
しておくことが肝要である。たとえば，出産・育児・介護等のライフイベント
に対応できるよう，総合職から転勤や残業が免除される限定正社員への転換も
可能にしておくことが，ワーク・ライフ・バランスの観点からも望ましい。

　新しい雇用ポートフォリオのもとでは，雇用区分の選択は，画一的・集団的
になされるのではなく，個々の労働者の希望や能力・意欲に応じたものとなる。
したがって，個々の従業員の能力評価および職務価値評価の仕組みの精緻化と，
管理職の評価能力の向上を図る必要がある（▶第7章）。重要な点は，どのよう
な技能を習得し，どのような仕事に従事し，どのような拘束性を受容すれば，
非正社員から限定正社員に，あるいは限定正社員から総合職になれるのかに関
する基準とキャリア・パスを明示して，従業員の労働意欲を引き出すことであ
る。

　こうした取り組みは，第②節で触れたような，1990 年代のバブル崩壊を境
にした世代間格差の是正にも効果を発揮する。非正社員という働き方が固定化
する背景には，不本意型非正社員の正社員への移行がうまく進んでいないこと
がある。非正社員を非正社員の雇用区分に閉じ込めることなく，新しい雇用
ポートフォリオをベースにして，雇用区分を問わずすべての従業員に対し動態
的・個別的なマネジメントを行うことが求められているのである。

KEYWORD

量的基幹化　　質的基幹化　　正社員への転換制度　　解雇権濫用法理　　限定正
社員　　総合職　　雇用ポートフォリオ　　雇用の境界　　関係特殊投資　　ホー
ルドアップ問題　　仕事の不確実性　　機会主義的行動　　モラル・ハザード問題
雇用区分　　同一労働同一賃金　　均等・均衡処遇

EXERCISE

① 狭義の同一労働同一賃金（同じ仕事をしていれば同等の賃金を支払う）を日本企業に導入することがなぜ難しいか。日本企業に特徴的に見られる分業と調整のあり方（▶第1章）と，それと整合した「日本型人事管理」（▶序章）も念頭に置きながら考えてみましょう。

② 限定正社員制度を導入した企業の事例を調べて，本章で提示した「新しい雇用ポートフォリオ」における雇用区分と，非正社員から正社員への転換条件について相違点を整理し，なぜ相違があるのか分析してみましょう。

③ 雇用契約でなく企業と業務委託契約を結び活躍するフリーランス（個人事業主・個人企業法人）の仕事・能力・キャリアについて，実例を調べ，そうしたフリーランスが本章で提示した「新しい雇用ポートフォリオ」の平面上のどこに位置づけられるか，その理由とともに考えてみましょう。

参考文献　　　　　　　　　　　　　　　　　　　　　Reference ●

Doeringer, P. B., and Piore, M. J. [1985] *Internal Labor Market and Manpower Analysis: With a New Introduction* (*reprint ed.*), M. E. Sharpe（白木三秀監訳『内部労働市場とマンパワー分析』早稲田大学出版部，2007年）.

今野浩一郎・佐藤博樹 [2009]『人事管理入門（第2版）』日本経済新聞出版社。

玄田有史 [2008]「内部労働市場下位層としての非正規」『経済研究』（一橋大学）第59巻第4号，340-356頁。

厚生労働省雇用均等・児童家庭局編 [2002]「パート労働の課題と対応の方向性——パートタイム労働研究会の最終報告」。

総務省 [2017a]「平成28年 労働力調査 長期時系列データ（詳細集計）表10 年平均結果—全国」。

総務省 [2017b]「平成28年 労働力調査 詳細集計（全国・時系列表）」。

鶴光太郎 [2016]『人材覚醒経済』日本経済新聞出版社。

仁田道夫 [2008]「雇用の量的管理」仁田道夫・久本憲夫編『日本的雇用システム』ナカニシヤ出版，27-71頁。

平野光俊 [2009]「内部労働市場における雇用区分の多様化と転換の合理性——人材ポートフォリオ・システムからの考察」『日本労働研究雑誌』第586号，5-19頁。

労働政策研究・研修機構編 [2015]『データブック国際労働比較 2015』労働政策研究・研修機構。

CHAPTER

第 **11** 章

女性の活躍推進

SHORT STORY 製薬会社の営業職である医療情報担当は通称
MR（medical representative）と呼ばれ，医療
機関を訪問して自社の医薬品情報を医師や薬剤師に提供し，品質や効果などにかかわ
る情報を自社にフィードバックする仕事である。日本では MR は男性の仕事とされて
いた時代が長かったが，大手製薬企業の A 薬品は 2010 年から女性 MR の新卒採用を
積極的に行ってきた。ところが，それから 7 年経った今，せっかく育てた 30 歳前後
の女性 MR が相次いで退職し始めている。

　張切満江は同社の女性 MR 1 期生として入社。名古屋支店を経て，現在は東京城南
支店で開業医を担当している。満江の昇進意欲は高く，将来は営業所長になりたいと
思っている。しかし，昇進につながるポストと目される大学附属病院を担当するのは
もっぱら男性で，女性 MR の担当は規模の小さい診療所ばかり。同期の男性の中から
は係長に昇進する者もちらほら出始めたが，女性は皆無で満江の昇進も当面なさそう
である。こういった男女の格差に嫌気がさしてか，営業成績のよい女性 MR ほどむし
ろ辞めていく。満江も転職しようかと悩んでいる。

● 197

1 女性の活躍の現状と課題

少子高齢化による労働人口の減少に直面する日本では，労働人口の開拓に余地がある女性の活躍推進は喫緊の課題である。本章では，**女性活躍推進を「女性がキャリアを中断することなく働き続ける」**および「女性の職域を拡大し，管理職比率を高める」ことを目的とした企業の人事管理の取り組みと捉える。女性活躍推進に向けて，企業は人事管理の何をどのように変えていかなければならないか。まずは女性活躍の現状と課題から見ていこう。

女性活躍の国際比較

"The Global Gender Gap Report"は，世界経済フォーラムが毎年発表している世界各国の男女格差に関する調査である（World Economic Forum［2017］）。レポートでは，「経済活動の参加と機会」「教育」「健康と生存」「政治への関与」という4つの分野でジェンダー・ギャップを算出し，世界144カ国を順位づけ

CHART 表 11.1 ジェンダー・ギャップ指数ランキング

順位	国 名	総合スコア	経済活動の参加と機会のスコア	教育のスコア	健康と生存のスコア	政治への関与のスコア
1	アイスランド	0.878	0.798	0.995	0.969	0.750
2	ノルウェー	0.830	0.816	0.999	0.973	0.530
3	フィンランド	0.823	0.793	1.000	0.978	0.519
4	ルワンダ	0.822	0.820	0.951	0.980	0.539
5	スウェーデン	0.816	0.809	0.999	0.969	0.486
6	ニカラグア	0.814	0.702	1.000	0.980	0.576
7	スロベニア	0.805	0.801	1.000	0.980	0.440
8	アイルランド	0.794	0.710	1.000	0.971	0.493
9	ニュージーランド	0.791	0.768	0.998	0.969	0.430
10	フィリピン	0.790	0.764	1.000	0.979	0.416
⋮	⋮	⋮	⋮	⋮	⋮	⋮
114	日 本	0.657	0.580	0.991	0.980	0.078

出所）World Economic Forum［2017］。

している。ジェンダー・ギャップ指数とは，国ごとの社会進出における男女格差を測る指数のことである。2017年のランキングによれば，表11.1の通り，日本は総合スコアで第114位であり，男女格差が非常に大きい国に位置づけられる。中でも女性の社会進出，賃金の平等性，所得のギャップ，幹部・管理職比率，専門・技術職の割合，国会議員の男女比といった項目で測定されるスコアが低い。

女性の就業状況の特徴

日本の女性の就業状況の特徴を表しているのが女性の年齢階級別労働力率である。図11.1は主要国の状況を示している。日本と韓国は30歳代に労働力率の落ち込みが見られ，いわゆるM字カーブを描いているが，そうした傾向は欧米諸国では見られない。日本の女性の就業には出産・育児などのライフイベントが大きく影響している。出産・育児などにより家庭の役割責任が増す30歳代の女性はいったん労働市場から退出し，育児に一区切りついた40歳代から再び働き始める傾向が見られるのである。

この点を細かく見るため，未婚と有配偶の女性年齢階級別労働力率を比較すると，図11.2のようになる。未婚と有配偶者には大きな差があり，結婚・育児等の女性にかかる家庭役割責任が，継続して働くか否かの判断に大きな影響を与えていることがわかる。ただし1975年からの推移を見ると，結婚し出産・育児に携わりながら働く女性は着実に増加しており，とくに「25〜29歳」と「30〜34歳」で有配偶者の労働力率が上昇し，M字カーブの底が浅くなってきていることもわかる。子を持って働き続ける女性が増加しているのである。このことは国立社会保障・人口問題研究所［2016］のデータによっても確認できる。女性の結婚退職は減少する傾向にあり，結婚後も就業を継続した女性の割合は7割を超えた。また，第一子出産前後の就業状態の変化を見ると，育児休業制度の利用により出産退職する女性は減少しており，第一子出産後の就業継続者の割合は，2005〜09年の29.0％から，10〜14年の38.3％へと，10ポイント近く上昇している。

日本ではいったん離職した子を持つ女性は，パートやアルバイトなど非正規の雇用区分に再就職するケースが多い。厚生労働省は，21世紀初年の2001（平成13）年に出生した子とその母を経年で追跡する，「21世紀出生児縦断調

11 女性の活躍の現状と課題 ● 199

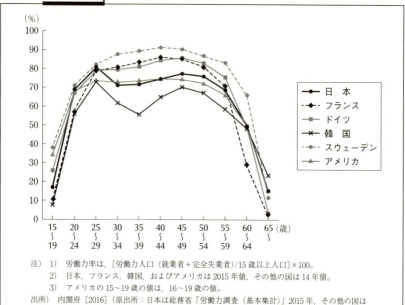

CHART 図11.1 主要国における女性の年齢階級別労働力率

注) 1) 労働力率は，[労働力人口（就業者＋完全失業者）/15歳以上人口］×100。
2) 日本，フランス，韓国，およびアメリカは2015年値，その他の国は14年値。
3) アメリカの15～19歳の値は，16～19歳の値。
出所) 内閣府［2016］（原出所：日本は総務省「労働力調査（基本集計）」2015年，その他の国はILO "ILOSTAT"より作成）。

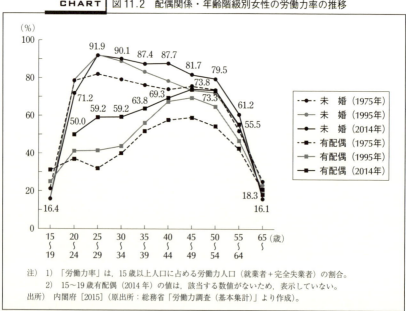

CHART 図11.2 配偶関係・年齢階級別女性の労働力率の推移

注) 1) 「労働力率」は，15歳以上人口に占める労働力人口（就業者＋完全失業者）の割合。
2) 15～19歳有配偶（2014年）の値は，該当する数値がないため，表示していない。
出所) 内閣府［2015］（原出所：総務省「労働力調査（基本集計）」より作成）。

200 ● CHAPTER 11 女性の活躍推進

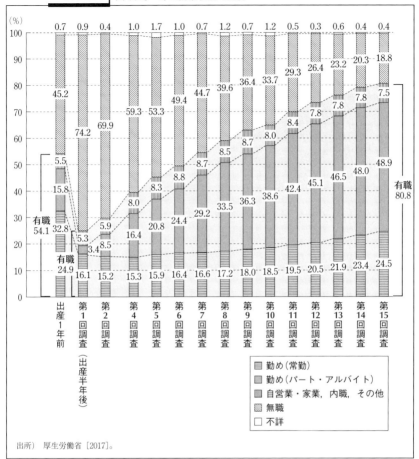

図11.3 母の就業状況の変化

出所）厚生労働省［2017］。

査」を行っている。これにより，21世紀初年に出産した子を持つ女性の就業状況の変化を，子の成長に応じて把握することができる。図11.3は，子が中学3年生に成長した「第15回調査」における，「母の就業状況の変化」を示したものである。

　子を持つ有職の女性の割合は，出産1年前の54.1％が，出産半年後に24.9％へといったん減少する。しかしその後は年々増加し，第15回調査では80.8％にまで高まっている。その内訳を雇用形態別に見ると，常勤は，出産半年後に16.1％だったものが，子が中学3年生になると24.5％になっている。なお，常勤とは，所定労働時間のすべてに勤務している，フルタイム労働者の

1 女性の活躍の現状と課題 ● 201

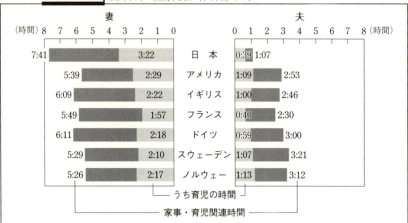

図11.4 6歳未満の子を持つ夫婦の家事・育児関連時間の国際比較（1日当たり）

注） 日本の値は，「夫婦と子供の世帯」に限定した，夫と妻の1日当たりの「家事」「介護・看護」「育児」「買い物」の合計時間（週全体平均）。
出所） 内閣府［2017］（原出所＝総務省「社会生活基本調査」2011年；Bureau of Labor Statistics of the U.S. "American Time Use Survey," 2015；Eurostat "How Europeans Spend Their Time Everyday Life of Women and Men," 2004 より作成）。

ことを指す。一方，子を持つパート・アルバイトで働く女性は，出産半年後に3.4％だったのが48.9％へと大幅に増加した。これはつまり，いったん仕事を辞めた子を持つ女性は，正社員でなく非正規の形態で再就職するケースが多いということなのである。

一方，子を持つ男性（夫）の家事・育児への参加は進んでいない。2011年において，6歳未満の子を持つ夫の家事・育児関連に費やす時間（1日当たり）は67分と，他の先進国と比較して低水準にとどまっている（図11.4）。1日当たり家事・育児の行動者率で見ると，家事については，妻・夫ともに有業（共働き）の世帯で約8割，夫が有業で妻が無業の世帯では約9割の夫が行っておらず，育児については，妻の就業状態にかかわらず，約7割の夫が行っていない（内閣府［2017］）。

進まない女性の管理職登用

女性の管理職登用の状況はどうか。労働政策研究・研修機構［2017］によれば，日本で雇用者総数に占める女性の割合は43.2％である。これ自体は欧米先進国と比べて変わらない。しかし，管理職に占める女性の割合を見ると，日

図11.5 就業者および管理職に占める女性の割合（2015年）

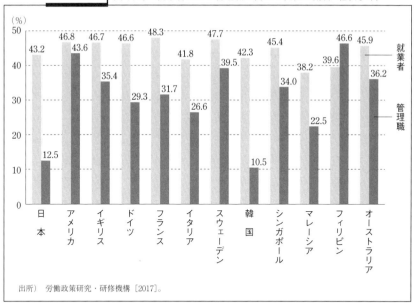

出所）労働政策研究・研修機構［2017］。

図11.6 女性管理職が少ない，あるいは，まったくいない理由（複数回答）別の企業の割合

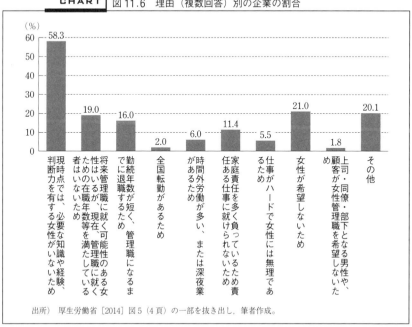

出所）厚生労働省［2014］図5（4頁）の一部を抜き出し，筆者作成。

本は 12.5 ％に過ぎない。欧米諸国のほか，フィリピン，シンガポールなどのアジア諸国と比べても，低い水準にとどまっている（図 11.5）。

「平成 25 年度 雇用均等基本調査」(厚生労働省［2014］）は，女性管理職が少ない理由を調査している。図 11.6 で，女性管理職が少ない（1 割未満），あるいは，まったくいない企業について，その理由（複数回答）を見ると，「現時点では，必要な知識や経験，判断力を有する女性がいないため」とする企業の割合が 58.3 ％と最も高い。次いで「女性が希望しないため」が 21.0 ％，「将来管理職に就く可能性のある女性はいるが，現在，管理職に就くための在職年数等を満たしている者はいないため」が 19.0 ％，という順になっている。企業が女性の管理職割合が低い理由を女性の側に帰属させていることがわかる。

雇用における差別の理論

本当に，社内に「必要な知識や経験，判断力を有する女性はいない」のであろうか。また女性は「管理職になることを希望しない」のであろうか。あるいは女性は「家庭責任を多く負っているため責任ある仕事に就けられない」のであろうか。女性管理職が少ないのは，むしろ伝統的な**性別役割分業**によって，女性が管理職になるのに必要な仕事経験を積むことができなかったからであると考えられる。

日本企業では，女性の配置やキャリア開発に過度に気を遣い，女性に骨の折れる（それゆえ成長につながる）仕事を与えない傾向がある。そうしたことが起こるのは，男性の経営者や管理職に，女性に対する偏った認識があるからである。具体的には，「結婚や出産後は退職して家事・育児に専念することが女性にとっての幸せだ」という固定観念や，「出産を経て退職した女性は大変そうだから責任のある仕事をさせない」といった**パターナリズム**（家父長的温情主義）に基づく配慮である（平野［2015］）。振り返れば，日本の企業社会ではこうしたパターナリズムに基づく女性配慮が，ごく自然なこととして職場に受け入れられてきた。しかし，キャリア開発に意欲的な女性の増加とともに，こうした男性管理職による優しさの勘違いが，女性にとってはむしろ大きなお世話となっているのが，現代の特徴である。

男性経営者や男性管理職の女性部下に対するパターナリズムは，雇用における差別につながる可能性がある。ここで，賃金や昇進・昇格，就業継続，雇用形態など，雇用における男女間の格差を説明しうる有力な理論を紹介しよう。代表的なものとして，「嗜好による差別」「統計的差別」「固定観念による差別」をあげることができる。

嗜好による差別

嗜好による差別は，労働経済学者ベッカーが唱えた，雇用における差別の理論である（Becker［1957］）。この理論では，白人と黒人の 2 人の採用候補がいたとして，両者の生産性が同じである場合，白人のほうを雇うといった，雇用主の差別的嗜好が仮定されている。黒人に対して差別的嗜好を持つ雇用主の効用は，黒人を雇用することで下がる。したがって，生産性は人種と関係なく等しいにもかかわらず，雇用主は両者の生産性に異なる評価を下すのである。その結果，黒人に対して差別的な嗜好を持っている雇用主が黒人を雇用してもよいと思う程度にまで，黒人の賃金は下がり，人種間に賃金格差が生じる。そうすると，企業は黒人を多く雇用することで人件費を節約し，利潤を高められる。

こうした仮説は，女性や男性といった性別における嗜好にもあてはまる。男女間の嗜好による差別のモデルでは，労働者の能力は男女とも等しいと仮定する。女性に対して差別的嗜好を持っている雇用主の場合，たとえ男女の能力が同じでも，雇用する際に女性に対しては効用が低下するため，実際の生産性に関して男女で異なる評価を下す。もし差別的な嗜好を持っていない雇用主の労働需要が女性の労働供給より少なければ，差別的な嗜好を持っている雇用主が女性を雇用してもよいと思う程度にまで，女性の賃金は下がる。このとき，女性を多く雇用している企業は人件費を少なく抑えられるため，女性を雇用しない企業よりも利潤を高めることができる。すなわち，嗜好による差別は非合理な差別であるということになる。

統計的差別

統計的差別とは，性別や人種等が異なる複数の従業員グループ間に，労働生産性や離職率等の平均的な格差が存在するとき，雇用主がそれを根拠として各グループに所属する個人の処遇についても一様に差を設けることを指す

2 雇用における差別の理論 ● 205

(Aigner and Cain [1977])。たとえば，平均すれば男性よりも女性の勤続年数が短いという統計情報があるとき，それを根拠として女性全体に対する人的投資水準を低下させたり，男性の昇進を優先したりする場合を，その具体例としてあげることができる（山口 [2009]）。しかし，女性グループ内部には個人差が存在するので，その会社で長く働き昇進しようと望む女性からすれば，雇用主の行動は理不尽で不公平なもの（すなわち差別）と認識される。ところが，雇用主からすれば，従業員個人の離職にかかわる不確実性を低減させるべく，個別社員の離職意図を丹念に見極めようとすることには，膨大なコストがかかる。それゆえ，グループ間の離職率の差を示す統計情報に基づき，各グループに所属する個人を一括りにして管理する統計的差別には，一定の経済合理性が生じることになる。統計的差別の問題は，集団間の（ここでは離職率の）平均値に基づいて集団の中の個人の行動を予測することで，平均値から外れた人たち，つまり，男性集団と同じくらい長期就業と昇進を望んでいる女性が，差別を受けてしまうことにある。

固定観念による差別

　川口 [2008] は，男性と女性は適性が異なるという「偏った認識による差別」も，差別の一類型としてあげている。「過酷な建設現場は女性には向かない」とか「女性の視点を製品開発に活かしたい」といった経営者の言葉を耳にすることはよくあるが，経営者が思っているほど男女の適性は違わないかもしれない。「女らしさ」や「男らしさ」という固定観念ないし偏った認識に引きずられ，女性の職域を差別的に狭めている可能性がある。先に述べた，パターナリズムによって女性に男性と異なるキャリア開発を施すことは，**固定観念による差別**である。

間接差別とポジティブ・アクション

　現代の日本企業における差別は，入社時点（採用段階）では顕在化せず，組織内で一定のキャリアを重ね，企業側の評価（人事考課）が蓄積される中で，男女間の昇進昇格スピードの差として顕在化する。「採用したときは女性のほうが優秀だった」とか「そもそも管理職になりたい女性がいない」といった経営者の声をよく聞くが，もとをただせば，経営者や管理職が持っているパター

Column ㉓　ポジティブ・アクションとクオータ制

　ポジティブ・アクション（以下，PA）という言葉は，「第3次男女共同参画基本計画」（2010年12月閣議決定。以下，「基本計画」）に登場した。「基本計画」には，「男女共同参画社会の実現に向け，社会のあらゆる分野において，2020年までに指導的地位に女性が占める割合が，少なくとも30％程度になる目標を達成するため，女性の参画を拡大する最も効果的な施策の一つであるPAを推進する」と明記されている。同計画では，指導的地位を，①議会議員，②法人・団体等における課長相当職以上の者，③専門的・技術的な職業のうち，とくに専門性が高い職業に従事する者としている。つまり，企業の管理職に限定されるものではなく，国会・公共団体・団体・企業・大学・研究機関等の多様な組織における指導的地位が対象となる。

　PAを進める手法は3つある。

（1）　クオータ制──性別を基準に一定の人数や比率を割り当てる手法。

（2）　ゴール・アンド・タイムテーブル方式──指導的地位に就く女性等の数値に関して，達成すべき目標と達成までの期間の目安を示して，その実現に努力する手法。

（3）　基盤整備を推進する方式──研修の機会の充実，仕事と生活の調和など女性の参画の拡大を図るための基盤整備を推進する手法。

　このうち最も即効性があるのはクオータ制であり，これによって女性を強制的に管理職に登用すれば，女性管理職比率は高まる。しかし，これでは能力や業績あるいは実力といった合理性のある基準とは無関係に，女性が優先的に昇進することになるので，男性社員から逆差別であるという批判が出てくるかもしれない。したがって，管理職に女性枠を設けて強制的に「結果の平等」を実現するのではなく，管理職候補に女性を積極的にリストアップするが，選抜は実力主義とするのが現実的な方策である。つまり「機会の平等の実質的保障」を実現していくことが，合理的かつ納得性の高い方策と考えられる（辻村［2011］）。

ナリズムが，女性のキャリア開発を停滞させているのである。男性は外回りの営業職，女性は内勤の事務職といった性別役割分業や，人事考課が高評価の女性をも一律に昇進可能性の低い仕事に配置するといった，**間接差別**がその原因である。

間接差別とは，たとえば募集採用にあたって身長や体重をその要件とするなど，一見，性に中立のようで実は一方の性に不利益を与えている，非合理な制度や慣行のことである。男女雇用機会均等法は，「広域にわたり展開する支店・支社などがないにもかかわらず，全国転勤できることを部長への昇進の要件とする」ことなどを，間接差別として禁止している。しかし，日本の法制度は，差別の意図がなくてもその効果において男女格差を生み出す機能を持つ企業の差別的慣行を，間接差別の対象としていない。

　したがって，間接差別的慣行を点検し自主的に廃止する，**ポジティブ・アクション**（positive action）に取り組むことが望まれる。ポジティブ・アクションとは，「人種や性別などに由来する事実上の格差がある場合に，それを解消して実質的な平等を確保するための積極的格差是正措置ないし積極的改善措置」のことである（辻村［2011］）。女性活躍推進に引きつけていえば，固定的な性別による男女の役割分担意識や，過去の経緯から，たとえば「営業職に女性はほとんどいない」あるいは「課長以上の管理は男性が大半を占めている」等の差が，男女労働者の間に生じている場合，このような差を解消しようと，個々の企業が行う自主的かつ積極的な取り組みである。

③　逆選択と予言の自己成就の悪循環

　A薬品（▶SHORT STORY）の人事部は，女性活躍推進を重要課題として取り上げ，ワーク・ライフ・バランス支援に取り組んでいる。その甲斐あって懸案の女性MRの退職率は若干改善した。しかし最近はむしろ，営業成績のよい女性が離職する傾向にある。

　人事部は，あらためて男女の離職率の差を生み出している要因を分析し，3つの問題点を抽出した。第1に，A薬品の人事考課制度において，絶対的客観的評価の「営業成績評価」では男女差がないにもかかわらず，上司の相対的主観的評価の「コンピテンシー（能力）評価」は男性に比べ女性が低い。つまり，営業成績評価が同じランクの男女を比べると，コンピテンシー評価は男性のほうが高いという現象が見られた。A社ではコンピテンシー評価が昇進や次の配置を考える指標として活用されているため，高い営業成績を上げているにもか

かわらず，女性が昇進の候補に指名されない結果につながっている。また，女性が昇進につながるポストである大学附属病院に配属されない傾向も見られた。その理由を男性上司にヒアリングすると，「どうせ女性MRは30歳前後で辞めるので，コンピテンシー評価は男性に相対的に高くつける」ということであった。「大学附属病院はドクターとの長期にわたる信頼関係が大事なので途中で辞められると困る。女性は退職するかもしれないので女性MRを配置することはリスクである」とも述べていた。つまりA薬品では，コンピテンシー評価において，ジェンダー・バイアス（男女の社会的役割に対する偏見）に基づく配置や昇進の統計的差別が行われている可能性がある。

第2に，客観的な営業成績評価と主観的なコンピテンシー評価との間の乖離が大きいほど（つまり，営業成績評価＞コンピテンシー評価），女性MRの翌期の営業成績が下がり，離職が誘発されることが確認された。上司が「男性よりも女性のほうが退職する確率が高い」という予測に基づいて女性部下を統計的に差別する（女性のコンピテンシーを低く評価する）ことが，女性MRのモチベーションと組織コミットメントを下げ，離職を誘発していた。

第3に，離職した女性MRの入社後の営業成績を継年で調べたところ，営業成績のよい優秀な女性ほど離職してしまう，逆選択（adverse selection）が生じていることがわかった。つまり，営業成績が良好で管理職志向の強い女性ほど，統計的差別を嫌って離職（他社へ転職）する傾向にあり，逆に，潜在能力が低く自らのキャリア開発に意欲的でない女性MRは，A薬品に定着する傾向にあった。その結果，「管理職の固定観念による差別的配置・評価→女性のモチベーション減退→優秀な女性ほど離職」という負の循環が起きていた。

結果的に，管理職の「女性は管理職候補として見込んでもいつか離職してしまう」という思い込みが事実となる。すなわち，管理職の予言（女性は辞める）が自己成就する。予言の自己成就とは，たとえ根拠のない予言（噂や思い込み）であっても，人々がその予言を信じて行動することによって，結果として予言通りの結果が実現してしまうことをいう。たとえば，銀行倒産の噂（予言）が取り付け騒ぎを引き起こして実際に倒産を招いたり，将来の離婚リスクを恐れて子をつくらないことで却って離婚率が高まる，といったことである。以上を図解すると，図11.7のようになる。

A薬品の人事部長は，あらためてポジティブ・アクションの立て直しに着手

3　逆選択と予言の自己成就の悪循環　● 209

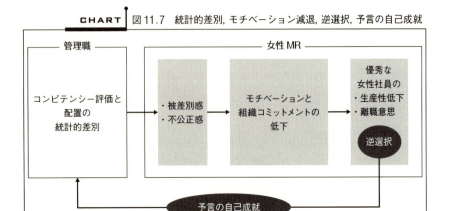

図 11.7 統計的差別,モチベーション減退,逆選択,予言の自己成就

した。女性活躍推進を阻害する問題の起点は,男性管理職の統計的差別にある。人事部長は,男性管理職を対象としてダイバーシティ・マネジメントの研修を開催し,管理職の評価能力を高めるトレーニングとコーチング・スキルの養成に取り組むこととした。

4 パターナリズムからの脱却を目指して

　先に述べたように,雇用における差別には,統計的差別とは別の固定観念による差別がある。経営者や管理職に,「結婚や出産後は退職して家事・育児に専念することが女性にとっての幸せだ」という固定観念や,「出産を経て職場復帰した女性は大変そうだから責任のある仕事はさせない」といったパターナリズムが存在すると,組織に性別役割分業の風土が生まれ,女性のキャリアは停滞する。

　また,男性管理職のパターナリズムは女性の定着に対してもマイナスに作用する。パターナリズムには女性を部下に持ちたくないという女性排除の意識が伏在している。女性の側はそれを察して就業継続や昇進にかかわる意欲を減退させる。そうした傾向は,転職しても活躍できるエンプロイアビリティの高い女性ほど高くなる。男性管理職が自身の内なる固定観念やパターナリズムを自覚し,それが「差別の理論」から見ても非合理なものであることを認識するこ

Column ㉔ ダイバーシティ・マネジメント

　ダイバーシティ・マネジメントとは，性・年齢・国籍などにかかわらず，人材の多様性を競争優位の源泉として活かす戦略的な組織変革を意味している。ダイバーシティの次元には表層的なものと深層的なものがある（Harrison, Price and Bell [1998]）。たとえば，性別・年齢・人種・国籍などは外部から認識可能なダイバーシティ（visible diversity）であるため，表層的ダイバーシティ（surface-level diversity），あるいはデモグラフィ型ダイバーシティ（demographic diversity）と呼ばれる。表層的ダイバーシティは，人口統計学的属性に由来するダイバーシティであって，（年齢を除いて）基本的に不変であるという特徴を持っている。一方，知識・経験・価値観・態度・嗜好・信条など，外部からは識別しにくいもの（invisible diversity）も，重要なダイバーシティの要素である。これらは深層レベルのダイバーシティ（deep-level diversity）と呼ばれる。もとより表層レベルと深層レベルのダイバーシティは相互に影響し合う。表層的ダイバーシティにおける経営者のステレオタイプな見方（たとえば，若い女性はすぐに辞めてしまう）が，深層的ダイバーシティに影響を与える（たとえば，経営者が女性よりも男性に重要な仕事を与えるので，結果として男女の知識や経験の質に差が生じる）こともある。

とが求められる。

　しかし，多くの日本企業において従来型の性別役割分業を払拭することは，すなわちワーク・ライフ・バランスを損なうような無制約な働き方を女性に迫ることになりかねない。ポジティブ・アクションと同時進行で，拘束性（長時間労働や突発残業，頻繁な出張や転居転勤等）の高い働き方を是正していかなければならない。重要なのは，女性に「男性化」を求めるのではなく，男女問わずワーク・ライフ・バランスを保ちながら働き続けられる職場をつくることである。そのためには，男性管理職の働き方や就労価値観を変えることにも取り組まなければならない。育児・子育てに積極的にかかわる「**イクメン**」や，ワーク・ライフ・バランスを保ち安心して育児に取り組める環境をつくる旨の「イクボス宣言」を行う企業や自治体も，増えてきた。このようにして，ポジティブ・アクションとワーク・ライフ・バランスを同時に達成していくことが女性活躍推進の実現につながる（▶第**12**章）。

4　パターナリズムからの脱却を目指して　● 211

Column ㉕　ダイバーシティと経営成果の関係

　性別をダイバーシティ（人材の多様性）の 1 つの次元と見たとき，女性活躍推進は経営成果につながるのであろうか。ダイバーシティが経営成果に与える影響については，3 つの有力な理論がある（谷口 [2005]）。まず，プラスの効果を支持する理論として，情報と意思決定（information and decision-making）理論がある。すなわち，人間は自分と近い相手とコミュニケーションをとりたがる傾向があるため，多様性のあるグループはより多くの情報ネットワークを組織外に持つ。それは新しい情報を得る際に価値あるものとなり，革新・問題解決・意思決定・製品設計に有効である。

　しかし，人材の多様性が常に経営成果にプラスの効果を発揮するとは限らない。むしろダイバーシティがコミュニケーションの阻害や葛藤につながる場合もある。人材の多様性が職場レベルのパフォーマンスにネガティブに作用することを説明する理論には次の 2 つがある。1 つ目は，ソーシャル・カテゴリー（social categorization）理論である。人には自尊心を高く保ちたいという欲求がある。自尊心を保つ行動は，他者と社会的な比較を行うプロセスで実行される。ここで，外集団の人間と自己との違いを際立たせ，内集団の人間と自己との類似性を明確にする集団において，ポジティブな自己認識が行われる限り，人は他のグループを自分のグループに比べて魅力がないと理解しようとする。つまり内集団びいきをする。このパラダイムにおいてはダイバーシティはマイナスであり，とりわけ実行力が低下する。

　2 つ目は，類似性・アトラクション（similarity-attraction）理論である。態度・価値観やデモグラフィの類似性は相手の魅力や好意を増大させる。バックグラウンドが類似した人々は，共通の人生経験や価値観を持っている可能性が高く，それは相互の交流を容易にし，互いをよい意味で強化するもの，好ましいものと捉える。このため，バックグラウンドが異なる人が職場に増える，つまりダイバーシティが進むと，コミュニケーションの減退・歪曲・エラーの原因となる。

　実際，ジェンダー・ダイバーシティ（性別多様性）は，さまざまな軋轢を生み出し，職場のコミュニケーションに問題をもたらすので，短期的には職場のパフォーマンスを低下させる可能性があることが分かっている。したがって女性の活躍をうまく経営成果につなげるためには，ダイバーシティのプラスの効果

を維持しつつ，その一方でネガティブな作用を封じ込めなければならない。

　女性の登用がマイナスの効果を生まないようにするための重要なコンセプトに，ローとマーニガンが提唱したフォルトライン（faultline，組織の断層）という考え方がある（Lau and Murnighan［1998］）。フォルトラインは，ダイバーシティの経営成果への効果が定まらない既存のアプローチの限界を克服する可能性を秘めたテーマとして，近年さかんに研究されている。たとえば，ある企業に2つのチームがある。チームAは，ベテラン男性のエンジニア3名と，若手の女性マーケッター3名で構成されている。チームBは，デモグラフィの構成はチームAと同様であるが，配置が異なる。つまり，チームBのエンジニアはベテラン女性1名・ベテラン男性1名・若手女性1名で構成され，マーケッターはベテラン男性1名・若手女性1名・若手男性1名で構成されている。

　両方のチームとも，エンジニアとマーケッターが3名ずつ，女性と男性が3名ずつ，ベテランと若手が3名ずつで構成されている。つまり両チームとも，組織のフォルトラインは，男と女（性別），ベテランと若手（経験・年齢），エンジニアとマーケッター（職種・知識）という，3つの属性に応じて存在する。しかし，3つの属性が混交しているチームBでは，メンバーがフォルトラインを意識することはない。一方，チームAはそうではない。両チームとも，はじめの数カ月間は良好なパフォーマンスを発揮していた。しかし，チームに期末の儲けをボーナスとしてメンバーに分配するという課題が出たとき，チームAでメンバー間に深刻な葛藤が生じ，以降，チームAではメンバーのモチベーションが減退して生産性が悪化した。ボーナスの配分の調整が，フォルトラインを顕在化させたのである（Thatcher and Patel［2012］）。

　女性を特定の職域に限定して配置すると，職場のメンバーを性別でカテゴリー化する意識が高まり，男女それぞれの内集団びいきの心理が集団間の葛藤を生み出すかもしれない。単純に女性管理職の人数や構成比の目標を立てることや，女性のみで構成されるチームを新設するといった行動は，多様性のマイナス面の解消につながらない。むしろそうした行動が，休眠していたフォルトラインを覚醒させることになりかねない。人材の多様性をうまく経営成果につなげるためには，職場のメンバー構成を徹底して男女混合にするとともに，女性管理職の登用も増やして，男女のフォルトラインの仕切りを低くしなければならないのである（奥林・平野［2014］）

KEYWORD

女性活躍推進　ジェンダー・ギャップ　Ｍ字カーブ　性別役割分業　パ
ターナリズム　嗜好による差別　統計的差別　固定観念による差別　間接
差別　ポジティブ・アクション　ジェンダー・バイアス　逆選択　予言の
自己成就　ダイバーシティ・マネジメント　イクメン

EXERCISE

① 女性活躍推進には「女性がキャリアを中断することなく働き続ける」（すなわ
ち定着）と，「女性の職域を拡大し，管理職比率を高める」（すなわちキャリア開
発）という，2つの目的がある。企業が取り組んでいる人事諸施策の実例を調べ，
それぞれの施策が定着とキャリア開発のどちらに効果を発揮しているか，考えて
みましょう。

② 限定正社員制度（▶第10章）を導入整備すると，女性活躍推進に対してどの
ような効果が期待できるか。あるいは，むしろマイナスに作用する可能性はない
か。限定正社員制度と女性活躍推進の関係について考えてみましょう。

③ もしあなたがSHORT STORYのA薬品の人事部長だったら，男性管理職
を対象とするダイバーシティ・マネジメント研修にどのようなプログラムを組み
入れるか。その理由とともに，自由にアイデアを出してみてください。

参考文献　　　　　　　　　　　　　　　　　　　　　　　　Reference ●

Aigner, D. J., and Cain, G. G. [1977] "Statistical theories of discrimination in
labor markets," *Industrial and Labor Relations Review*, vol. 30, no. 2, pp.
175–187.

Becker, G. S. [1957] *The Economics of Discrimination*, University of Chicago
Press.

Harrison, D. A., Price, K. H., and Bell, M. P. [1998] "Beyond relational
demography: Time and the effects of surface-and deep-level diversity on
work group cohesion," *Academy of Management Journal*, vol. 41, no. 1, pp.
96–107.

Lau, D. C., and Murnighan, J. K. [1998] "Demographic diversity and
faultlines: The compositional dynamics of organizational groups,"
Academy of Management Review, vol. 23, no. 2, pp. 325–340.

Thatcher, S. M., and Patel, P. C. [2012] "Group faultlines: A review, integration, and guide to future research," *Journal of Management*, vol. 38, no. 4, pp. 969-1009.

World Economic Forum [2017] "The Global Gender Gap Report 2017".

奥林康司・平野光俊編著 [2014]『多様な人材のマネジメント』中央経済社。

川口章 [2008]『ジェンダー経済格差——なぜ格差が生まれるのか，克服の手がかりはどこにあるのか』勁草書房。

厚生労働省 [2014]「平成 25 年度（確報）雇用均等基本調査（企業調査）」。

厚生労働省 [2017]「第 15 回 21 世紀出生児縦断調査（平成 13 年出生児）」。

国立社会保障・人口問題研究所 [2016]「第 15 回 出生動向基本調査（結婚と出産に関する全国調査）」。

谷口真美 [2005]『ダイバシティ・マネジメント——多様性をいかす組織』白桃書房。

辻村みよ子 [2011]『ポジティヴ・アクション——「法による平等」の技法』岩波書店。

内閣府男女共同参画局編 [2015]『男女共同参画白書 平成 27 年版』内閣府。

内閣府男女共同参画局編 [2016]『男女共同参画白書 平成 28 年版』内閣府。

内閣府男女共同参画局編 [2017]『男女共同参画白書 平成 29 年版』内閣府。

平野光俊 [2015]「企業経営と女性活躍推進の課題——キャリア自己効力感に着目して」『日本労務学会誌』第 16 巻第 2 号，90-99 頁。

山口一男 [2009]『ワークライフバランス——実証と政策提言』日本経済新聞出版社。

労働政策研究・研修機構編 [2017]『データブック国際労働比較 2017』労働政策研究・研修機構。

CHAPTER

第 **12** 章

ワーク・ライフ・バランスと働き方改革

SHORT STORY　大手食品メーカー H 社で主力商品のカップ麺の製品開発を担当する家路待子は，入社 11 年目のワーキング・マザーである。待子は IT 企業に勤める家路遥夫と結婚し，昨年第一子を出産。1 年間の育児休業をとり，今年の 4 月に職場復帰した。

　独身時代の待子は，働く女性をターゲットに低カロリーの新製品をヒットさせるなど大活躍の日々を送っていた。待子にとって待ちわびた職場復帰であったが，時間のやりくりが難しく，仕事と家庭の両立がうまくいっていない。朝 6 時に起床，子どもを保育所に預けて出勤。残業はできないので定時で仕事を中断し帰宅。子どものお迎え，炊事・洗濯，自宅に持ち帰った仕事を深夜に片づけることも日常茶飯事で，連日目の回るような忙しさだ。子どものお迎えに間に合うよう会議を途中で抜けることもしばしばあり，上司や同僚に申し訳ないと感じている。

　一方，夫の遥夫も新規顧客のシステム開発のプロジェクト・リーダーとして忙しく働いており，残業続きで家事も育児も待子に任せきりである。待子は最近，「私ばかりに子育てを押しつけて」と遥夫を責めることが多く，夫婦ともに家庭のストレスが仕事に波及する悪循環に陥っている。

1 ワーク・ライフ・バランスとは何か

ワーク・ライフ・バランスとワーク・ファミリー・コンフリクト

　ワーク・ライフ・バランス（work life balance，以下 WLB）とは，文字通り，仕事（ワーク）と生活（ライフ）の調和を図ることである。広義の意味での「ライフ」には，仕事生活，家庭生活，その他の私生活（旅行や友人と過ごす時間など），仕事以外の活動（社会活動や自己啓発など）という 4 つの領域がある。したがって，WLB における「ライフ」は，仕事生活以外の生活全般を指す概念であるといえる。

　厚生労働省が主宰した「男性が育児参加できる WLB 推進協議会」は，WLB を，「働く人が仕事上の責任を果たそうとすると，仕事以外の生活でやりたいことや，やらなければならないことに取り組めなくなるのではなく，両者を実現できる状態」と定義している（厚生労働省・同協議会 [2006]）。一方，内閣府の「仕事と生活の調和（WLB）憲章」は，WLB が実現した社会を，「国民一人ひとりがやりがいや充実感を感じながら働き，仕事上の責任を果たすとともに，家庭や地域生活などにおいても，子育て期，中高年期といった人生の各段階に応じて多様な生き方が選択・実現できる社会」と定義している（内閣府 [2007]）。こうした定義を見ると，WLB の実現を捉える視座には，生活リズム（時間面），充実感（心理面），責任を果たす（役割面）という 3 つの側面があることがわかる。つまり，①仕事と生活の間においてうまく時間配分できている，②仕事と生活における活動において満足感が得られている，③仕事での役割責任と生活における役割責任をうまく果たすことができている，という状態を指しているのである。

　WLB の「バランス」という言葉は，ワークとライフにおける個人の役割の対立を含意している。心理学や社会学では 1980 年代以降，この対立に着目して，ワーク・ファミリー・コンフリクト（仕事と家庭の葛藤）研究がさかんに行われてきた。**ワーク・ファミリー・コンフリクト**（work family conflict）とは，仕事上の役割と家庭内の役割において，一方の役割を果たそうとすると，もう

一方の役割を十分に果たせなくなる状態を意味する。心理学では，ワーク・ファミリー・コンフリクトは役割葛藤の一形態として捉えられ，その先行要因およびストレスへの影響が分析されてきた。

グリーンハウスとビューテルは，ワーク・ファミリー・コンフリクトを，時間，ストレイン，行動という3つの側面から整理している（Greenhaus and Beutell［1985］）。時間に基づく葛藤とは，仕事（家庭）役割に費やす時間量が，家庭（仕事）に関する役割要請の遂行を妨害する場合に生じる。ストレインに基づく葛藤とは，仕事ないし家庭の役割がストレス要因となって，緊張，不安，抑うつ，アパシー（無関心），イライラといったネガティブな症状を引き起こすことをいう。行動に基づく葛藤とは，ある役割に期待される特徴的な行動パターンが，別の役割に期待されるそれと両立しない場合である。たとえば，家庭では慈愛に満ちた母親の情緒的な役割が求められているが，職場では管理職として冷徹で合理的な役割が期待されているような場合である。

WLB が最初に政府やマスコミにさかんに取り上げられるようになったのは，日本でなくアメリカであった。そのきっかけとなったのは，ホックシールドによる *The Time Bind*（時間の板挟み状態；Hochschild［1997］）の出版であった（山口［2009］）。この本は，共働き家庭における親子関係を重要なテーマとして，誰もが「家庭が第一」といいながら，実生活の時間配分においては仕事に大部分を割かざるをえず，仕事と家庭の時間の板挟み状態（タイム・バインド）からストレスを感じるアメリカ人の姿を描いている。

日本におけるワーク・ライフ・バランス問題

それでは，日本において WLB はどのような問題意識のもとに議論されているのだろうか。なぜ WLB に関連して働き方改革が議論されるのだろうか。

第1に，少子高齢化に直面している日本では，これまでは十分に活用されていなかった人的資源，すなわち女性（▶第11章）や高齢者（▶第13章）の社会参画が不可欠となっている。WLB はその方途である。というのも，日本では**長時間労働**が一向に改善されないが，長時間労働の是正は，労働者の心身の健康を確保するとともに，仕事と子育て・介護・地域生活などといった生活との調和や，性別・年齢・障害の有無などにかかわらず，すべての人の雇用を促進するための，重要な課題だからである。

第2に，WLBは，働く人の幸せややりがいなどの心理面にもかかわるため，労働時間の量的側面だけでなく，働き方の質的な側面にも配慮した政策を必要とする。具体策としては，労働時間管理によらない柔軟で自律的な働き方の拡大などがある。つまり，WLBは労働時間の制限といった側面だけでなく，働き方の質を高めるべく，仕事と私生活の境界を自身の裁量で決める余地を広げていくという課題でもある。

　こうした政策は企業の人事管理の課題でもある。多くの日本企業では，これまで，勤務地・職務・労働時間が限定されていない正社員（いわゆる総合職）が基幹的業務を担ってきた。総合職の典型は既婚男性であり，その働き方は家庭役割を全面的に引き受ける主婦によって支えられていた。日本企業の無制約な働き方をする男性総合職を主体とした人員構成は，**男性総合職モデル**と表現できる。しかし近年は，育児や介護などの理由により，転勤や残業ができないなどの制約を持つ社員が増加している。企業は男性総合職モデルから脱却し，さまざまに制約を持つ社員が活躍できる体制を構築していかなければならない。その中心的課題が，WLB実現に向けた働き方改革なのである。

日本の労働時間の現状

日本の労働時間と労働生産性

　実際に日本人は働きすぎなのであろうか。図12.1は，週49時間以上働いている者の割合を国際比較したものである。長時間労働者の割合が高いのは，日本と韓国であることがわかる。日本では男性の約3割が週49時間以上働いている。これは，ドイツ・フランスの2倍，スウェーデンの3倍の水準である。

　また，日本人の有給休暇取得率は，国際的に見て突出して低い。世界30カ国を対象にした有給休暇に関する国際比較調査によると，日本は支給日数20日に対して半分の10日しか取得しておらず，最下位である（図12.2）。

　こうした日本人の長時間労働が高い付加価値を生み出しているかといえば，じつはそうでもない。2015年における日本の**労働生産性**（就業1時間当たり名目付加価値）は，42.1ドル（4439円：購買力平価〔PPP〕換算）で，アメリカ，フ

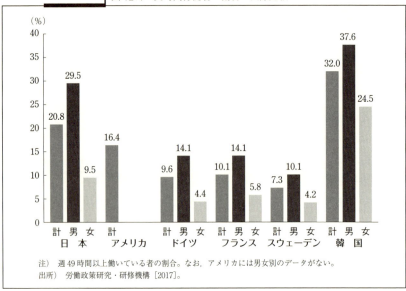

図 12.1　長時間労働者の割合の国際比較

注）週49時間以上働いている者の割合。なお，アメリカには男女別のデータがない。
出所）労働政策研究・研修機構［2017］。

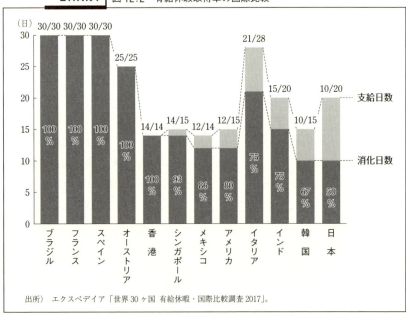

図 12.2　有給休暇取得率の国際比較

出所）エクスペディア「世界30ヶ国 有給休暇・国際比較調査2017」。

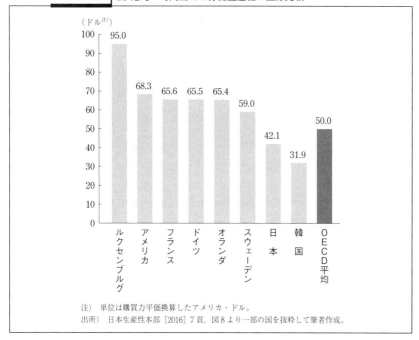

図12.3 時間当たり労働生産性の国際比較

注) 単位は購買力平価換算したアメリカ・ドル。
出所) 日本生産性本部［2016］7頁，図8より一部の国を抜粋して筆者作成。

ランス，ドイツ，オランダの6割強の水準でしかない（図12.3）。経営者がWLBに取り組むことは，結果的に生産性向上に資すると考えられる。実際，残業削減に取り組み，所定外労働時間を短縮した企業のほうが，同業他社に比べて自社の労働生産性が高いと考える割合が高い（厚生労働省［2015b］）。

　WLBを実現するには，長時間労働を前提とする組織風土を変え，業務プロセスの見直しや意識改革に取り組むなど企業個別の努力が必要である。しかし長時間労働は，雇用慣行や下請構造・取引環境など，日本の産業・雇用システムの全体構造に根差したものである。同業他社と厳しい競争がある中，個別企業の自主的な取り組みに任せるだけでは限界がある。そこで労働政策が重要となる。政府もこういった観点から，企業に対して現行法の遵守の徹底を求めるとともに，労働時間規制のあり方について，法改正を検討している。

日本の労働時間規制

(1) 36協定

日本の労働時間規制の軸は，1週40時間・1日8時間という法定労働時間を

2 日本の労働時間の現状 ● 221

罰則付きで強制し，使用者は各事業所の労働者の過半数代表者と労使協定（いわゆる 36〔サブロク〕協定）を締結して労働基準監督署に届け出ない限り，法定労働時間を超える**時間外労働**をさせてはならないというものである。また使用者は，時間外または深夜（午後 10 時から午前 5 時まで）に労働させた場合には，1 時間当たりの通常の賃金に対し 2 割 5 分以上の割増賃金を支払わなければならない。月に 60 時間を超える時間外労働や「時間外かつ深夜」の場合は 5 割以上となっている。日本人の長時間労働がなかなか減らないのは，割増賃金が収入増を望む労働者にとってインセンティブになっているという一面もあるからである。

　時々の政府も長時間労働の是正を試みてきた。2017 年時点の政府案は，36協定でも超えることができない罰則付きの時間外労働の限度を法律に規定するというものである。具体的には，「36 協定により，週 40 時間を超えて労働可能となる時間外労働時間の限度を，月 45 時間，かつ年 360 時間とする」と上限を法律に明記し，上限を上回る時間外労働をさせた場合には，特例の場合を除いて罰則を課す。特例とは以下の 3 つである。①臨時的な特別の事情があるとして，労使が合意して労使協定を結ぶ場合。ただし，その場合においても，上回ることができない年間の時間外労働時間を 1 年 720 時間（月平均 60 時間）とする。②上記の 1 年 720 時間以内において，一時的に事務量が増加する場合。ただし，この場合についても，最低限，上回ることのできない上限を設ける。③月 45 時間を超えて時間外労働させる場合。ただし，この場合についても，労働側のチェックを可能とするため，別途，臨時的に特別な事情があるとして合意した労使協定の締結を義務づける。②は単月の時間外労働時間の上限をどの水準で設けるかということにかかわるが，政府は，単月なら 100 時間未満，2 カ月平均では月 80 時間までなら，時間外労働を認める方針を提示し，2019年度の施行を目指している。

(2) 勤務間インターバル制度

　勤務間インターバル制度についても議論されている。勤務間インターバル制度とは，終業時間と始業時間との間に一定の時間の休息を義務づけるものである。現行法では，労働時間の途中の休憩付与義務として，使用者は労働時間が 6 時間を超え 8 時間以内の場合は少なくとも 45 分，8 時間を超える場合は少なくとも 1 時間の休憩時間を労働時間の途中に与えなければならない。しかし，

業務終了から始業までの休息時間に関する縛りはない。退勤と出勤のインターバルが短ければ睡眠不足を招き心身に悪影響を及ぼす。たとえば情報システムの保守メンテナンスなど，24時間対応を求められる仕事が多い業界では，以前から，長時間労働や深夜に及ぶ不規則勤務の解決のため，勤務間に休息時間を確保することが議論されてきた。11時間の間隔を空けることが義務づけられているヨーロッパの例などを参考に，日本でも大手企業を中心に導入が広がりつつある。

(3) ホワイトカラー・エグゼンプション

一定の働き方に労働時間規制の適用を除外する**ホワイトカラー・エグゼンプション**（white-collar exemption，以下WCE）の導入も，検討すべき課題である。WCEとは，一定の要件を満たすホワイトカラー（事務や管理の仕事に従事する労働者）に対して，労働時間規制の適用除外（エグゼンプション）を認めるものである。アメリカでは公正労働基準法（Fair Labor Standards Act）で認められている。

日本にもWCEと類似した弾力的な労働時間制度として**裁量労働制**がある（▶第**9**章）。裁量労働制とは，業務を自らの裁量で遂行する労働者に対して，実際の労働時間と関係なく，一定の労働時間働いたとみなす制度である。みなし労働時間が8時間以内であれば使用者に割増賃金の支払義務はないことになる。裁量労働制には専門業務型と企画業務型がある。専門業務型は，新商品や新技術の研究開発，情報処理システムの設計，コピーライター，新聞記者などが対象となり，労使協定で定めた時間を労働したものとみなす。企画業務型は，事業の運営に関する事項についての企画，立案，調査および分析の業務に従事する人が対象となり，労使委員会で決議した時間を労働したものとみなす。しかし，制度の導入要件の複雑さや適用範囲の狭さの問題があって導入企業は少ない。「平成27年 就労条件総合調査」によれば，全労働者に対する適用労働者の割合は，専門業務型が1.1％，企画業務型が0.2％と，わずかである（厚生労働省［2015a］）。したがって経済界を中心として，裁量労働制の適用範囲を広げた日本版WCEを導入したいという願望は強い。

> **Column ㉕　弾力的な労働時間を確保する制度**
>
> 　裁量労働制以外の弾力的な労働時間を確保する制度として、変形労働時間制、フレックスタイム制、事業場外みなし労働時間制がある。
> - 変形労働時間制：交代勤務の場合や季節等によって業務の繁閑の差がある場合に、一定期間を平均して法定労働時間の範囲内であれば、1日8時間・週40時間を超えて労働させることができる（適用労働者の割合：39.9％）。
> - フレックスタイム制：一定期間の総労働時間を労使協定で定めれば、始業・終業時刻を労働者の自由にできる（適用労働者の割合：6.7％）。
> - 事業場外みなし労働時間制：事業場の外で労働する外回りの営業職等が対象で、所定労働時間または労使協定で定めた時間を労働したものとみなす（適用労働者の割合：7.0％）。
>
> （適用労働者の割合は、いずれも「平成27年　就労条件総合調査」〔厚生労働省[2015a]〕による。）

3　ワーク・ライフ・バランスの新しい発想

ワーク・ファミリー・スピルオーバー

　これまで、WLB に関する研究の主要な関心は、仕事と家庭の間で生じる葛藤を緩和する要因の探索にあった。しかし近年は、仕事と家庭のポジティブな関係、すなわち仕事と家庭が相互に質を高め合う関係性を捉えたスピルオーバー（spillover）が、注目されるようになってきた。

　代表的な概念に「ワーク・ファミリー・スピルオーバー」（仕事と家庭の流出）がある。ワーク・ファミリー・スピルオーバーには、仕事（家庭）におけるよい気分、スキル、価値観などが家庭（仕事）に流出し生活全体の質を高めるというポジティブな側面と、仕事（家庭）が忙しいせいで家事や育児（仕事）に費やす時間がとれないといったネガティブな側面がある。また、ワーク・ファミリー・コンフリクトと同様に、「仕事→家庭」と「家庭→仕事」の2つの方向性がある。両者を組み合わせると、図12.4のように4つのパターンに整理

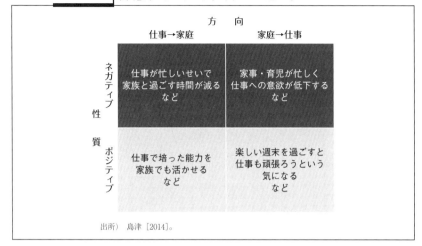

図 12.4 ワーク・ファミリー・スピルオーバー

出所) 島津 [2014]。

することができる。

ワーク・ファミリー・エンリッチメント

ポジティブ・スピルオーバーに類似した概念に,「ワーク・ファミリー・エンリッチメント」(enrichment, 充実) がある。エンリッチメントは, 図 12.5 に示すように,「仕事→家庭」(work → family enrichment) および「家庭→仕事」(family → work enrichment) の 2 方向それぞれに, 3 つの側面がある (Carlson et al. [2006])。

仕事から家庭へのエンリッチメントというのは,「情緒」すなわち気分・態度 (仕事を通して経験するよい気分),「発達」すなわちスキル・知識・振る舞い (仕事を通して獲得する知識やスキル),「資本」すなわち仕事の安定・自信・満足という心理的資源の増大 (仕事を通して得られる個人的な達成感や自信), 以上 3 つの側面が, 家族との関係を向上させることをいう。

一方, 家庭から仕事へのエンリッチメントについては,「情緒」と「発達」は仕事から家庭へのエンリッチメントと同様だが, 3 つ目の側面は「効率」になっている。これは, 家庭内の役割を担うことで, 職場における従業員としての効率性が向上することを示している。たとえば, 子育ての役割があるために職場で無駄な時間を過ごすことができず, 結果として仕事を効率的に行うことができるようになるといった場合が, この例にあたる。ポジティブ・スピル

3 ワーク・ライフ・バランスの新しい発想 ● 225

CHART 図12.5 ワーク・ファミリー・エンリッチメント

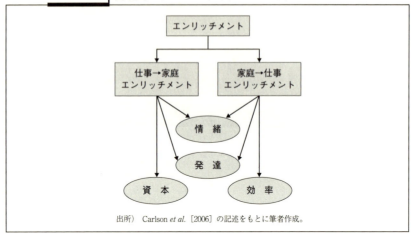

出所）Carlson et al. [2006] の記述をもとに筆者作成。

オーバーやエンリッチメントを促進するためには，後述する働き方改革や管理職による家庭と仕事の両立支援行動により，労働者の仕事の量的負担や情緒的負担を緩和し，時間的側面の自律性を高めることが重要となる。

クロスオーバー

　WLBの最近の議論では，エンリッチメントやスピルオーバーにとどまらず，「近しい人への影響の波及」（クロスオーバー）も検討されるようになってきた。「**クロスオーバー**」（crossover, 波及）とは，ある人の経験が同じ社会環境にある他者の経験に影響を与える場合に作用する，個人間の対となった波及効果のことである。図12.6のように，夫の仕事→家庭のスピルオーバーが家庭で妻に波及（クロスオーバー）し，妻の家庭→仕事のスピルオーバーが高まる。さらにクロスオーバーは妻から夫に戻ってくる。夫婦のクロスオーバーには，やる気やモチベーションの向上などといったポジティブな側面と，ワーク・ファミリー・コンフリクトなどのネガティブな側面がある。

　クロスオーバーは，夫婦間だけでなく，職場でも上司―部下間や同僚間に存在することが，これまでの研究で明らかになっている。上司のWLB満足（あるいはワーク・ライフ・コンフリクト）は，部下にポジティブ（ネガティブ）・スピルオーバーし，部下のWLB満足（ワーク・ファミリー・コンフリクト）を高める可能性があるのである。

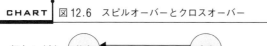

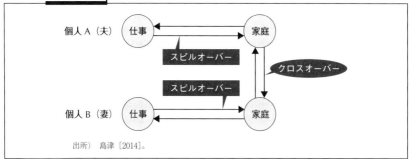

出所）島津［2014］。

　また，WLB支援のための制度の利用や，出社・帰宅の時間の管理に柔軟性を持つことができるかどうかは，上司の労働時間に関する態度にかかわっている。部下が定時に帰宅したいと思っても，上司が残業する人を高く評価するようなバイアスを持っていれば，部下は上司の顔色を窺って定時に帰宅することを躊躇するだろう。結果として，部下は家庭での役割に支障をきたし，ワーク・ファミリー・コンフリクトの状態となる。これは上司の態度や行動が部下の家庭生活に影響を与えているということにほかならない。それではWLBの実現に向けて，働き方改革にはどのような課題があるのだろうか。

4 働き方改革

労働時間の制限と働き方の柔軟化

　育児・介護と仕事との両立という課題に直面し，働き方に関して制約を持つ社員の活躍を推進するには，労働時間の削減や働き方の柔軟化を図る**働き方改革**に取り組む必要がある。厚生労働省の「働き方・休み方改善ポータルサイト」では，働き方改革の実践例が多数紹介されている。ここでの掲載事例（121件）を分析した松浦［2017］は，働き方改革の取り組み内容を図12.7のように整理している。

　働き方改革は，「労働時間の制限」（①残業の規制・一部禁止，②朝型勤務，③労働時間短縮目標の設定）と，「働き方の柔軟化」（④フレックスタイム，⑤在宅勤務，⑥裁量労働制，⑦サテライトオフィス等のモバイル勤務）に分けられる。掲載事例

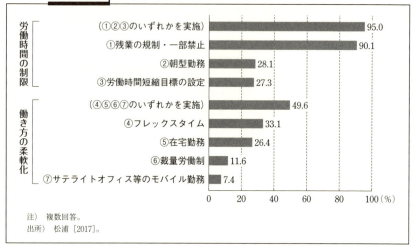

図12.7 働き方改革の取り組み内容

注) 複数回答。
出所) 松浦 [2017]。

　企業の95％は何らかの「労働時間の制限」に取り組んでおり，半数の企業が「働き方の柔軟化」も実施している。また，掲載事例を「労働時間の制限のみ」「働き方の柔軟化のみ」「両者の併用」でタイプ分けすると，「労働時間の制限のみ」（50.4％）と「両者の併用」（44.6％）がほぼ半々で拮抗する。一方，「働き方の柔軟化のみ」（5.0％）は非常に少ない。

　働き方改革では，労働時間の弾力化のみならず事業戦略や組織戦略の見直しといった「広義の働き方改革」の取り組みも重要である。前者は，事業ドメインの見直しや成長分野への人的資源の配置転換といった，戦略的取り組みである。後者は，組織再編，スパン・オブ・コントロール（マネジャーの部下の人数や業務領域）の見直し，予算や目標の見直しといった取り組みである。また，AI（人工知能）等を活用して業務プロセスや教育訓練を効率化できれば，労働時間の短縮が期待できる。

管理職による家庭と仕事の両立支援行動

　前述の通り，働き方にかかわる上司の意識・行動の変容も重要な課題である。たとえば，有給休暇の取得を目標に掲げても，実際に有給申請をしたら上司に嫌な顔をされるのならば，部下は申請を遠慮したり気兼ねしたりするであろう。あるいは，長時間労働の規範がある職場では，効率的に定時に仕事を終えようとするインセンティブが働かない。職場風土の改革の担い手は部下を持つ管理

職であるため，管理職の意識と行動の変容を促す取り組みが求められる。

これに関して近年アメリカで注目されている概念が，**管理職による家庭と仕事の両立支援行動**（family supportive supervisor behavior，以下 FSSB）である。これは，仕事と家庭の両立を図るよう部下を支援することで，WLB を実現しようとする部下の意欲を高める管理職の行動のことをいう。FSSB には，「精神的な支援」（emotional support），「役割モデル的行動」（role modeling behavior），「役に立つ日常の支援」（instrumental support），「創造的な両立支援」（creative work-family management）という，4 つの下位次元がある（Hammer *et al.* [2009]）。

「精神的な支援」とは，仕事と家庭の両立にかかわる部下の課題や要望を，敬意を払い共感しつつ注意深く聞くことである。「役割モデル的行動」とは，部下の手本となるように，仕事と家庭生活の両立に向けた行動を上司自身がとることである。「役に立つ日常の支援」とは，部下が日常の仕事と家庭のコンフリクトをうまく解決できるように手助けすることである。「創造的な両立支援」とは，より前向きに，戦略的に，革新的に仕事と家庭の責任が果たせるよう，部下の働く時間，働く場所，方法を変えることである。こういった管理職の FSSB を強化するよう研修を施すことも効果的である。

ハマーらは管理職の FSSB を高める研修の具体的方策として，e ラーニング，個別ロールプレイング，行動の自己点検という 3 つのプログラムから構成される，FSSB 研修を提案している（Hammer *et al.* [2011]）。e ラーニングでは，WLB の意義や必要性，FSSB の内容と効果，管理職としての自身のタイプといったことを学ぶ。ロールプレイングでは，e ラーニングでの学びをもとに，実際の場面を想定した対応の練習を行う。たとえば，子どもの病気による早退や欠勤への対応のシミュレーションである。自己点検は，自身の管理職としての行動についての点検である。たとえば，「どれぐらい部下とコミュニケーションをとれているか」といった質問を自問自答する。また，部下からフィードバックをもらうことなども効果的である。

働き方改革の本質的課題

働き方改革の取り組みは，日本型人事管理（▶序章）との兼ね合いで考えると，3 つの面で既存のシステムと齟齬が生じ，場合によってはそれが意図せざる逆機能を生じさせる可能性がある。第 1 に，日本企業では，所定の労働をこ

4 働き方改革 ● 229

なしながら，時間外に職場内訓練（OJT）を施し，仕事を覚えさせることが，当たり前に行われている。こうした人材育成の仕方が長時間労働の原因となっている面があるとするならば，働き方改革を通じた労働時間削減は，そのまま訓練時間を減らすことにつながりかねない（松浦［2017］）。限られた時間内での経験が着実に成長につながるように，訓練の効率化を図る必要がある。働き方改革で浮いた上司の時間を，いっそう部下の人材育成に振り向けることなどが求められる。

第2に，曖昧な職務分業のもとで同僚や関連部署と緻密に情報交換する擦り合わせ型コーディネーションと，分業を明確にした上で仕事を職場から異なる場所（自宅やサテライトオフィス）へ持ち出すテレワークは，相性がよくない。分業のあり方を見直すとともに同僚や企業との物理的な接触頻度が減ることへの対策が講じられなければならない。

第3の齟齬は評価・報酬制度（▶第7章）にかかわる。能力主義的評価では，インプット（能力・意欲）やプロセス（職務行動）評価のウェイトが高くなる。一方，成果主義的評価ではアウトプット（業績）評価のウェイトが高まる。つまり，能力主義的評価であれば，上司は部下の能力伸長や職務行動を職場で観察し評価する。テレワークや裁量労働制は，こうした職場での観察（評価）機会を減らすので，成果主義によるインセンティブ付与と相性がよい。つまり，働き方改革は，単に「労働時間の制限」や「働き方の柔軟化」に関する取り組みにとどまらない。評価・報酬制度といった人事管理の基本システムも見直していかなければならない。

こうした人事管理の基本システムや分業と調整のあり方の改革とともに，働き方改革の本質的な課題は，残業規制など労働時間の制限（時短）への取り組みが，新たなルールの一律的な適用になりかねないことである。人材の多様化を進めることは働き方の多様化を許容することである。生活に時間配分のウェイトをかけることを認めるのであれば，それとは逆の「仕事に没頭する自由」も認めることである。ワークとライフの境界決定の自律性を高める必要がある（森田［2013］）。多様な働き方を選択できる自由を認めた上で，多様な人材を組織に包摂（インクルージョン）する事業戦略や理念，組織のデザイン，人事管理を追求していくことが，働き方改革の本筋であろう。

KEYWORD

ワーク・ライフ・バランス　　ワーク・ファミリー・コンフリクト　　長時間労働
男性総合職モデル　　労働生産性　　36（サブロク）協定　　時間外労働　　勤
務間インターバル制度　　ホワイトカラー・エグゼンプション　　裁量労働制
ワーク・ファミリー・スピルオーバー　　ワーク・ファミリー・エンリッチメント
クロスオーバー　　働き方改革　　管理職による家庭と仕事の両立支援行動

EXERCISE

① 企画業務型裁量労働制の範囲を拡大して課題解決型提案営業の職種などに適用
した場合，それによって得られるプラスの面と，懸念されるネガティブな面につ
いて，労使それぞれの立場から，あなたの考えを整理してみましょう。

② 長時間労働を是正するために評価・報酬制度を改革した企業の実例を調べ，そ
れによって得られるプラスの面と，懸念されるネガティブな面について，検討し
てみましょう。

③ もしあなたが SHORT STORY の家路待子の上司だったら，待子のワーク・
ライフ・バランスを回復するために，どのような上司行動をとるか。具体的に考
えてみましょう。

参考文献　　　　　　　　　　　　　　　　　　　　　　Reference ●

Carlson, D. S., Kacmer, K. M., Wayne, J. H., and Grzywacz, J. G. [2006]
"Measuring the positive side of the work-family interface: Development
and validation of a work-family enrichment scale," *Journal of Vocational
Behavior*, vol. 68, no. 1, pp. 131-164.

Greenhaus, J. H., and Beutell, N. J. [1985] "Sources of conflict between work
and family roles," *Academy of Management Review*, vol. 10, no. 1, pp. 76-
88.

Hammer, L. B., Kossek, E. E., Anger, W. K., Bodner, T. E., and Zimmerman, K.
L. [2011] "Clarifying work-family intervention processes: The roles of
work-family conflict and family-supportive supervisor behaviors," *Journal
of Applied Psychology*, vol. 96, no. 1, pp. 134-150.

Hammer, L. B., Kossek, E. E., Yragui, N. L., Bodner, T. E., and Hanson, G.
C. [2009] "Development and validation of a multidimensional measure of

family supportive supervisor behaviors (FSSB)," *Journal of Management*, vol. 35, no. 4, pp. 837–856.

Hochschild, A. R.［1997］*The Time Bind: When Work Becomes Home and Home Becomes Work*, Metropolitan Books.

エクスペディア「世界 30 ヶ国 有給休暇・国際比較調査 2017」(https://welove.expedia.co.jp/infographics/holiday-deprivation2017/)。

大内伸哉［2015］『労働時間制度改革——ホワイトカラー・エグゼンプションはなぜ必要か』中央経済社。

厚生労働省「働き方・休み方改善ポータルサイト」(http://work-holiday.mhlw.go.jp/)。

厚生労働省［2015a］「平成 27 年 就労条件総合調査」。

厚生労働省編［2015b］「平成 27 年版 労働経済の分析(労働経済白書)」。

厚生労働省・男性が育児参加できるワーク・ライフ・バランス推進協議会［2006］「男性も育児参加できるワーク・ライフ・バランス企業へ——これからの時代の企業経営」。

佐藤博樹・武石恵美子編著［2011］『ワーク・ライフ・バランスと働き方改革』勁草書房。

島津明人［2014］「ワーク・ライフ・バランスとメンタルヘルス——共働き夫婦に焦点を当てて」『日本労働研究雑誌』第 653 号，75-84 頁。

内閣府［2007］「仕事と生活の調和(ワーク・ライフ・バランス)憲章」(http://wwwa.cao.go.jp/wlb/government/20barrier_html/20html/charter.html)。

日本生産性本部生産性研究センター［2016］「労働生産性の国際比較 2016 年版」日本生産性本部(http://www.jpc-net.jp/intl_comparison/intl_comparison_2016.pdf)。

平野光俊［2018］「長時間労働とワーク・ライフ・バランス」原田順子・平野光俊編著『(新訂) 人的資源管理』放送大学教育振興会，159-176 頁。

松浦民恵［2017］「働き方改革のフロンティア——改革の射程の広がりを視野に」『日本労働研究雑誌』第 679 号，42-51 頁。

森田雅也［2013］「境界決定の自律性とワーク・ライフ・バランス」『国民経済雑誌』第 208 巻第 1 号，1-19 頁。

山口一男［2009］『ワークライフバランス——実証と政策提言』日本経済新聞出版社。

労働政策研究・研修機構編［2017］『データブック国際労働比較 2017』労働政策研究・研修機構。

CHAPTER

第 **13** 章

高齢者雇用

SHORT STORY 　都市ガスの製造・供給業のG社に勤める朝長寿夫は今年59歳になる。地元の高校を卒業後この会社に勤めて40年。ガス機器のメンテナンスと保安サービスの担当として実直に働いてきた。来年は60歳の定年を迎える。

　きょう寿夫は，人事部が主催した「60歳からのセカンド・キャリア説明会」に参加した。人事部の説明によれば，1959（昭和34）年まれの寿夫の場合，64歳から65歳までは加入期間に応じた厚生年金を受け取れ，65歳で国民年金の受給開始年齢に達し，厚生年金と併せた金額を受け取ることができるようになるという。

　また，会社は定年後の再雇用制度を整備していて，週3日のパートタイム勤務か，週5日のフルタイム勤務のいずれかを選択の上，65歳まで嘱託社員として勤務できる。ただし賃金はかなり下がる。なお，賃金の減額に合わせて，嘱託社員は，①管理的な地位に就かない，②夜間勤務・交代勤務・当直勤務に従事しない，③残業はしない，④非常時の呼び出しは正社員を優先，といった勤務制限を行うとのことである。

　たとえ賃金が下がっても，年金がもらえるまでの「つなぎ収入」を確保できることは有り難い。何より寿夫は健康に不安もなく，定年後もなるべく働き続けたいと思っている。若手に機器メンテナンスのコツも教えたい。寿夫はフルタイム勤務を希望することにした。

● 233

1 日本の労働市場の高齢化

高齢化の水準とスピード

　高齢人口とは，65歳以上の人口のことをいう。**高齢化率**とは，全人口に占める高齢人口の割合である。世界に類を見ない高齢化率に突入した日本では，企業はどういった課題に直面しているのか。まずマクロ的視点から，日本の労働市場における現状を，高齢化の水準とスピードから整理してみよう。

　国連の定義によれば，高齢化率が7％を超えると，その社会は高齢化社会（aging society）であり，14％を超えると高齢社会（aged society）となる。さらに統一された定義ではないが，21％を超えた社会は「超高齢社会」（super-aged society）と呼ばれる。日本は1970年に高齢化社会に，94年に高齢社会に，2007年には超高齢社会になった。

　今後も少子化の影響で総人口が減少する一方，高齢化率は着実に上がっていく。2016年の高齢化率は27.3％であるが，内閣府の推定によれば，2065年には38.4％に達する。つまり2.6人に1人が65歳以上となる。高齢人口と現役世代（20〜64歳）人口の比率を見ると，1950年には1人の高齢者に対して12人の現役世代がいた。しかし2015年になると高齢者1人に対して現役世代は2.3人しかいない。さらに2065年には1.3人になる。

　日本の高齢化のもう1つの特徴は，それが世界に類を見ないスピードで進行していることである。海外先進諸国と比較してみると，高齢化率が7％を超えて（高齢化社会）からその倍の14％に達する（高齢社会）までの所要年数（倍化年数）は，フランス115年，スウェーデン85年，アメリカ72年，ドイツ40年，イギリス46年であるのに対し，日本は24年しかかかっていない（内閣府[2017]）。

高齢化のネガティブな影響

　高齢化は経済成長や財政に悪影響を与える。日本の財政は，歳出が税収等を上回る財政赤字が続いているが，その要因は社会保障給付費（年金・医療・福祉

その他を合わせた額）の増加である。社会保障給付費のうち，高齢者関係給付費
（年金保険給付費，高齢者医療給付費，老人福祉サービス給付費，および高年齢雇用継
続給付費を合わせた額）は，およそ7割を占める。高齢者関係給付費の増加は，
家計や企業が担う社会保障負担を押し上げる。これが端的には年金の財源不足
の問題につながっており，雇用労働者を対象とした厚生年金は支給開始年齢が
段階的に引き上げられ，2025年以後は65歳からしか支給されないことが決
まっている。

　高齢化のもう1つのネガティブな影響は，少子化と相まって生産年齢人口が
減少していくことである。生産年齢人口が減少するということは，生産性が一
定ならば，生産量が減っていくということである。また，高齢者が引退して勤
労時に比べ収入の少ない年金生活者となると，消費が減るので内需が減少する。
高齢化は，マクロ経済の供給・需要の両面で，成長の阻害要因となるのである。

　しかし，第11章（女性の活躍推進）でも述べたように，人口が減っても労働
力率を高められれば労働力人口を維持することはできる。すでに壮年男性の労
働力率は高止まりしているが，日本は高齢者と女性を十分活用しておらず，そ
の労働力率の引き上げ余地は大きい。一方，高齢の労働者が社会に増えれば，
職場の人員構成において高齢者の比率が高まることになる。企業は，従業員の
高齢化を敬遠するのではなく，むしろ生産性向上の契機と捉えるべきである。

高齢者の就業率と就業意欲

　日本は高齢者の就業率が高い。図13.1は，65歳以上男性の労働力率の国際
比較である。日本の比率が欧米諸国に比べて高いことがわかる。なお，1985
年と2015年の対比で見ると，日本は減少しているが，その背景には雇用者
（組織に雇われて働く人々）と自営業者の割合の変化がある。定年制のない自営
業者の縮小と定年のある雇用者の拡大によって，平均すれば職業から引退する
年齢は早まる傾向にある。

　日本は高齢者の就業意欲も高い。図13.2は，60歳以上の男女を対象とした
国際比較調査（日本，アメリカ，ドイツ，スウェーデン）で，「今後の就業希望
（現在就業している者は就業継続希望）」に対する回答結果を年齢層別に整理した
ものである。日本の男性は「60歳代前半」「60歳代後半」「70歳以上」のいず
れの年齢層においても高い回答割合を示している。また，日本では男女差が大

1　日本の労働市場の高齢化　● 235

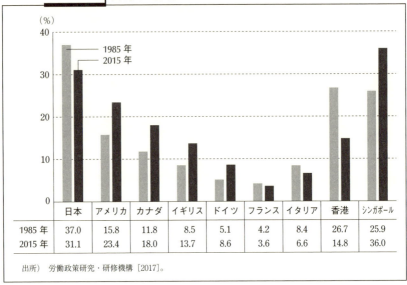

図13.1 65歳以上男性の労働力率

	日本	アメリカ	カナダ	イギリス	ドイツ	フランス	イタリア	香港	シンガポール
1985年	37.0	15.8	11.8	8.5	5.1	4.2	8.4	26.7	25.9
2015年	31.1	23.4	18.0	13.7	8.6	3.6	6.6	14.8	36.0

(出所) 労働政策研究・研修機構［2017］。

きいこともわかる。

職場の高齢化に伴う問題

　企業は職場の高齢化を敬遠している。その主たる理由は、「コスト増」「モチベーション低下」「実務の担い手としての能力不足」である。年功賃金が維持されていれば、高齢化は人件費の増加をもたらす。また、昇進が年功的に行われていれば、従業員構成の高齢化とともに管理職の高齢化が進んで次世代の昇進・昇格が停滞し、そのことが若い世代のモチベーションを下げる。一方、高齢者が管理職ポストから降りた場合、かつての部下が上司になるケースも出てくる。上下の逆転現象がネガティブな心理的反応を引き起こすかもしれない。こうした人間関係の機微にかかわる問題も、企業が高齢化を敬遠する原因である。役職定年や定年再雇用を契機に管理職から外れた元管理職は、あらためて実務の担い手となるが、年功で管理職に昇進した高齢者には、そもそも実務能力が十分に備わっていないかもしれない。あるいは、管理職を長く務めている間に、実務能力が衰えてしまったかもしれない。こうした高齢化がもたらすネガティブな問題は、「**年功パラダイム**」に基づいた人事管理から派生している。
　年功パラダイムは、**定年制**、**年功賃金**、定年後に**継続雇用**した場合の賃金ダ

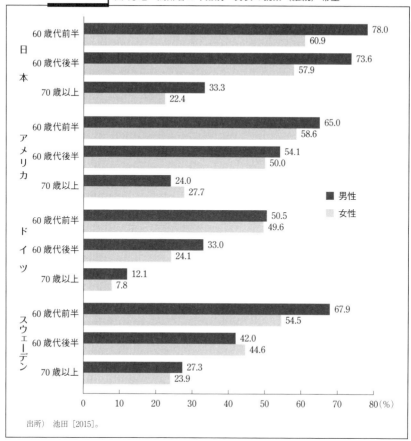

図13.2 高齢者の年齢別・男女の就業（継続）希望

出所）池田 [2015]。

ウンという，3つの特徴を有する。日本のとりわけ大企業では，新規学卒一括採用から定年までの長期雇用が標準的で，これが終身雇用と呼ばれる人事管理の特徴になっている。定年制とは，特定の年齢に到達すると強制的に雇用を終了するシステムであるが，これは逆にいえば，定年までは雇用が保障されていることを意味する。

　従業員の賃金は定年制のもとで上がっていくわけだが，賃金の上がり方を規定するのは職能資格制度で，その運用は年功的に行われる傾向がある。もとより日本企業の職能資格制度は，少なくとも建前では年功で序列づけされていたわけではない。日本企業が職能資格制度を導入した目的は，年功による人事管理を改め能力主義を進めることにあった。しかし，インセンティブ強化のため

1　日本の労働市場の高齢化 ● 237

に資格等級を細分化し，同時にその能力要件を曖昧にしてきたことが，昇格者の選別基準を年功に傾けていったのである（▶第4章）。

こうした年功賃金は，定年時にリセットされることになる。**高年齢者雇用安定法**の改正（2006年4月施行）により，それまで定年年齢を65歳未満に設定していた企業は，①65歳以上への「**定年延長**」，②65歳までの「**継続雇用**」，③「**定年廃止**」という，3つのオプションから，1つを選び実施することが義務づけられた。このうち継続雇用は，定年年齢を過ぎた後も定年前と同じ企業内で勤務し続けられるようにする制度であり，8割を超える企業がこれを選択している。具体的には「**勤務延長制度**」と「**再雇用制度**」がある。勤務延長制度とは，定年年齢に達しても雇用契約を中断せず，同一の条件で勤務を継続する制度である。再雇用制度では，定年年齢で雇用契約はいったん打ち切られ，その後あらためて有期雇用契約が結び直される。再雇用制度においては，定年時点で**退職金**（▶第9章Column⑳）が支給され，定年前の諸条件はリセットされる。企業にとっての再雇用制度のメリットは，定年延長や定年廃止の場合と異なり，賃金を含めた処遇条件を継続保証することはないということである。結果として，定年年齢に達した元管理職は，継続雇用を選択すると賃金が大幅にダウンするケースが多い。

次節では，50歳から60歳代前半のシニアに焦点を当てて，高齢者雇用における年功パラダイムの問題点を検討していこう。

2 年功パラダイムの問題点

│企業が継続雇用制度を選択する理由│

多くの企業が定年延長や定年廃止ではなく継続雇用を選択するのはなぜか。その理由は，定年前の身分を継続する定年延長では，定年（たとえば60歳）直前の賃金水準を一方的に引き下げることが困難だからである。

これまで，多くの日本企業は，一括採用した新卒を年功的に処遇し定年で雇用を終了させてきた。図13.3は，キャリア発達段階に応じて貢献度と賃金に乖離が生じるイメージを図にしたものである。縦軸は個々の労働者の企業に対

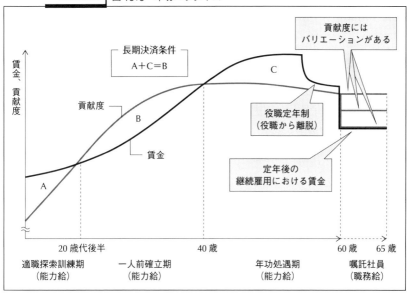

CHART 図13.3 年功パラダイム

する貢献度と賃金水準，横軸は年齢とキャリアの発達段階を示している。貢献度とは「職務の大きさ」と「成果」である。ここではキャリアの発達段階を，「適職探索訓練期」(入社〜20歳代後半)，「一人前確立期」(20歳代後半〜40歳ごろ)，「年功処遇期」(40歳ごろ〜60歳定年) の，3つに分けることにしよう。

適職探索訓練期とは，適職を探索しながら訓練を施される時期である。入社してしばらくの間，新人は先輩や上司のOJTを受けながら仕事を覚え，ジョブ・ローテーションがかかる。この時期は，仕事に不慣れな上に配置転換もあり，一時的に貢献度が低下することがあるが，企業はそれを訓練費用と割り切っている。賃金は，同期入社者の間では差がつかない能力給で，貢献度より賃金が高い状態となる。この大きさを「A」とする。

一人前確立期には，第6章で解説したように，営業を主とするが隣接分野のマーケティングも少し経験するといった「主＋副職能」のキャリアを積みながら，職務遂行能力が徐々に高まっていく。企業は適職探索訓練期に負担した訓練費用を回収する必要があるので，賃金は貢献度よりも低く抑えられる。この大きさを「B」とする。一人前確立期において，社員は貢献度より低い賃金しか受け取れないことになるが，それでも離職は起きない。なぜならば，社員が習得する知識や技能は，そのある程度が当該企業でしか用をなさない企業特殊

2 年功パラダイムの問題点 ● 239

的な能力（▶第1章）であるからである。企業特殊的な能力を有する労働者の生産性は，その労働者が転職すれば低下し，賃金水準は下がることになる。労働者はそのことを予測するので離職は起きない。

　年功処遇期においては，標準世帯モデルを想定して賃金水準が決められている。そのモデルに従えば，この時期は子の教育費など家計の負担が大きくなることを理由に貢献度を上回る賃金が支払われ，賃金カーブはピークに達する。一方，貢献度カーブは40歳ごろから高止まりし，変動は少なくなる。あるいは技能の陳腐化などにより微減傾向にある。こうした特徴を持つ年功処遇期の貢献度と賃金との乖離の大きさを，「C」とする。社員は，（本来もらうべきであったにもかかわらず）会社に預託しておいた一人前確立期の「B」を，年功処遇期の「C」で回収する。つまり，「年功パラダイム」とは，「A」+「C」=「B」を成立させるよう，入社から定年までの間に会社と社員とで貸し借りを清算するシステムなのである。

　こうしたモデルを前提に定年延長を行うことは，過払い賃金「C」の増加につながる。結果，「年功パラダイム」に則っている企業は，定年前の現役世代の年功カーブを維持するための原資が必要という観点から，高齢者のモチベーションが下がる懸念を抱きつつも，それまでの処遇をリセットし，嘱託社員などとして雇用し，賃金を大幅に切り下げる。このときの貢献度は，「職務の大きさ」と，場合によっては「成果」も含めて測られ，賃金は貢献度とオーバーラップする職務給を基本とする。ただし現実には，貢献度は変わらないが賃金が下がるケースもある。つまり，定年後の継続雇用における貢献度と賃金の関係は多様なバリエーションがありうる。実際，労働政策研究・研修機構［2014］の調査によると，定年退職時の給与水準を100とした場合の継続雇用者の平均的給与水準は68.3である。つまり，企業が継続雇用制度を選択するインセンティブは，定年後の高齢者を即戦力として活用する一方で，労働コストを下げることにあるといえる。

役職を離脱した継続雇用者の問題

　60歳以降も活躍する可能性が高い高齢者は，専門能力を持つ人や，現場第一線で活躍する実務能力に秀でた人である。一方，これといった専門性や実務能力を持たないゼネラリスト・タイプの管理職は，継続雇用後の活躍が困難に

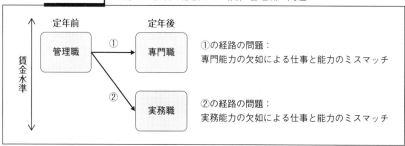

図13.4 役職を離脱した（元）管理職の問題

なる場合がある（高木 [2009]）。つまり、高齢者の継続雇用における問題は、非管理職のまま定年を迎える社員よりも、むしろ（元）管理職を継続雇用した際の仕事や処遇が確立していないことにある。

年功パラダイムに則った企業は，（元）管理職を，専門職か実務職に就ける。すなわち，図13.4に示したように，定年後のキャリア・パスには「管理職→専門職」と「管理職→実務職」がある。このとき，前者の場合は専門能力，後者の場合は実務能力の欠如により，与えられた仕事を十分にこなせないことがある。また，定年後の継続雇用では賃金も下がるケースが多いため，モチベーションにも悪影響が及ぶ。さらに，継続雇用後にかつての部下が上司になるといった上下関係の逆転が生じれば，互いに気を遣って仕事がしにくくなるかもしれない。そこで大企業は，50歳代後半の社員を関連会社へ出向・転籍させ，継続雇用の期間は役職に就かない管理職のストックを減らそうとする。また，定年前の50歳代後半から，役職定年制で管理職を専門職などに配置換えし，定年時の賃下げのショックを和らげ，かつ，定年後の仕事へのスムーズな適応を図っている。（Column㉗）

高齢者の人事管理改革の方向性

年功パラダイムの改革

それでは，今後の高齢者雇用の促進に向けて，人事管理はどのような改革を求められるのだろうか。第1に，年功パラダイムの改革が必要である。その改

Column ㉗　役職定年制，出向・転籍

　「役職定年制」とは，管理職がポストを外れ，専門職などで処遇される制度である。1980 年代から行われた 55 歳定年制から 60 歳定年制への移行に際して，主に組織の新陳代謝・活性化の維持，人件費増加の抑制などといった狙いで導入された。中央労働委員会 [2009] の調査（N=218 社）では，役職定年制を導入している企業はおよそ半数である。また，役職定年制を導入している企業の役職定年後の処遇の態様を見ると，「一般（労働者）の定年年齢まで在籍」が91 ％，「出向」と，関連企業への「移籍出向」（退職の場合も含む）が，それぞれおよそ 15 ％となっている。

　「出向」とは，労働者が雇用先（出向元）に在籍したまま，他の企業（出向先）の指揮命令下で業務に従事することをいう。労働時間・休日・休暇などの労働条件は，出向先の就業規則によって定められ，労務遂行の指揮命令権も出向先が持つ。「移籍出向」は，労働者が自己の雇用先（転籍元）をいったん退職した上で他の企業（転籍先）へ移籍することで，「転籍」ともいう。出向と移籍出向（転籍）の違いは，出向元あるいは転籍元と労働者との間で，労働関係が存続しているか否かによる。

　出向・転籍は，異動の範囲を一企業の枠を越えたグループ企業にまで拡大して雇用を維持しようとする，日本の従来型の雇用慣行であり，1960 年代から行われてきた。しかし，1990 年代以降，出向・転籍は，グループ全体での戦略的な人材再配置を実現する方策であるとして，その積極的な意義が強調されるようになった。たとえば，人材育成を目的に若手を出向させたり，子会社から親会社へ逆出向させるなど，それまで見られなかったタイプの出向・転籍が行われるようになった。とくにこのことが顕著になったのは，2000 年に連結決算制度が本格導入されたのに伴って，企業グループ全体で成果の極大化を目指す「グループ経営」という考え方が登場してからである。

革案を「**発揮実力パラダイム**」と呼ぶことにしよう。

　「発揮実力パラダイム」でも，入社から 20 歳代後半までの「適職探索訓練期」には，「年功パラダイム」と同様に貢献度より賃金が高い（「A」）。その後35 歳くらいまでの間が，特定の職能で育成される「一人前確立期」である。この間，「発揮実力パラダイム」では，「年功パラダイム」に比べて専門性を重視した人材育成が施され，一人前になる時期も 5 年ほど前倒しされている。一

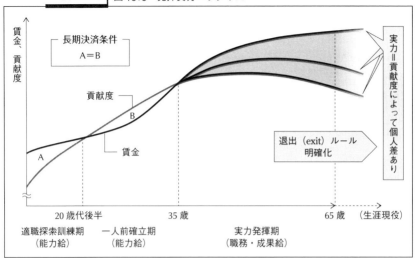

図 13.5 発揮実力パラダイム

人前確立期には，企業が適職探索訓練期における訓練費用を回収すべく，貢献度より賃金は低く抑えられる（「B」）。そうして企業と社員との貸し借りは「A」＝「B」の成立をもって清算され，これ以降は実力と賃金がオーバーラップする。なお，適職探索訓練期と一人前確立期の賃金形態は，能力給である。ただし，能力の定義や評価の仕方は精緻化されていなければならない（潜在から顕在へ）。いわゆるコンピテンシーと呼ばれる考え方に基づくものである（▶第7章）。

おおむね 35 歳以降は「実力発揮期」に移行する。賃金は，能力給から職務・成果給に変わる。ここでの「実力」は，「職務の大きさ」と，職務遂行の結果生み出された「成果」で測られる。つまり，実力と貢献度は同義である。実力発揮期は，実力（貢献度）の個人差が拡大する時期である。長期にわたり実力を発揮し続ける社員がいる一方で，実力が停滞・減退する人も出てくる。このことは「年功パラダイム」でも同様であるが，「年功パラダイム」は実力（貢献度）に応じた処遇ができていなかった。しかし，「発揮実力パラダイム」では，実力・貢献度・賃金は個人ごとにオーバーラップするので，賃金の個人差は年功パラダイムより拡大する。65 歳あるいは 70 歳まで定年延長したとしても，賃金の過払いが生じることはない。図 13.5 は，その貢献度と賃金のプロファイルをイメージしたものである。

キャリア開発のあり方

実力発揮期は，30 年ないしはそれ以上の長期にわたる。特定の分野に精通した管理職や専門職あるいは実務職として，中高年になっても新しい技術や知識を習得すべく，「今の自分」を磨く努力をし続けなければならない。そのためには，企業がそれぞれの仕事に合った人材育成をコース別に管理していくことが有効である。また，学び直しの機会（リフレッシュ教育）をプログラム化し，従業員が真剣にそれに取り組むことも重要である。

発揮実力パラダイムでは，いったん管理職になったとしても，現場第一線の実務職に「下がる」ケースが出てくる。そういったケースが増える 50 歳代後半からは，「現役社員の力になる」（今野 [2014]）という役割を担うことも，1つのキャリア観であるという認識を労使で共有すべく，そうした役割の金銭的・社会的インセンティブを高めることも重要となる。

4. 生涯現役社会の実現に向けて

日本が目指すべき高齢者雇用は，働きたい希望を持つ高齢者が，年齢にかかわりなくその能力や経験を活かして現役で活躍し続ける，**生涯現役社会**である（清家・山田 [2004]）。個々人が生涯現役を実現するには，どのような取り組みが求められるのであろうか。

定年制改革

生涯現役社会を実現するためには，定年年齢のさらなる引き上げ，あるいは定年廃止も検討していかなければならない。発揮実力パラダイムが実現できれば，貢献度・実力・賃金はおおむね 35 歳以降は常にオーバーラップするので，賃金の過払いは生じない。しかし，そのことを徹底すると，定年までの強い雇用保障を約束することはできなくなる。

定年制は，日本企業にとって貴重な雇用調整の手段である（清家 [2013]）。日本企業はこれまで，定年までの雇用保障を維持すべく，定年退職による自然減と新卒採用数の縮小などで雇用調整を行ってきた。これは，60 歳定年を前

提としたときに成立するシステムである。ところが，定年年齢を70歳まで引き上げたり廃止したりした場合，雇用を一律に保障していくことは困難になる。つまり，60歳を超えたら，組織が期待するパフォーマンスを発揮できている社員には継続して働いてもらうが，そうでない人には退職してもらうという仕組みが必要となるのである。

　一方，社員の側から見ると，定年制には，予想外の退職を迫られるリスクを避けることができるというメリットがある（清家［2013］）。労働者にとっての安心は，いつどのようなときに退職しなければならないのかが，はっきりしていることから生じる。具体的には，解雇や選抜的な退職の勧告について，それがどのようなときに生じうるのかをあらかじめ明確にしておき，万一それに抵触した場合はオープンに本人の納得を得て退職勧告を行う。そうした解雇や勧告の条件を成文化した退出（exit）のルールを定めることが求められるのである。

第4次産業革命と高齢者雇用

　日本企業は，職場の高齢化を敬遠するのではなく，むしろ生産性向上の契機にしなければならない。そのためには，人工知能（AI），ロボット，モノのインターネット（internet of things, IoT），生命工学などの急速な技術革新といった，**第4次産業革命**に的確に対応していくことが必要である。

　第4次産業革命により，オフィスや工場の省人化・無人化・自動化・効率化が進展し，これまで雇用のボリューム・ゾーンを形成していた定型業務や高度なスキルを必要としない非定型業務は大きく減少することが予測される。一方，技術革新は，高齢者にとってハンディであった体力的にきつい仕事から人間を解放する。また，健康寿命を延ばすような生命科学の進歩は，高齢者が活躍し続けられる年齢を延ばす。

　そして，第4次産業革命によるビジネスの変化は，新たな雇用ニーズを生み出す。たとえば，きめ細かいハイタッチ・サービスで付加価値を生む接客やコンサルティング，安心感と信頼が購入の決め手ととなる高付加価値商品の営業，文化・芸術・観光・飲食・宿泊におけるホスピタリティ，マス・カスタマイゼーションの商品企画やマーケッターなどのクリエイティブな仕事である。高齢者の豊富な経験と知恵，あるいは長年の顧客との信頼関係は，むしろ第4次

産業革命と相性がよい一面もあるのである。技術革新の果実をうまく摂取して，高齢者の活躍推進につなげていく人事と働き方の改革が求められている。

▎自営型高齢期就業 ▎

高齢者が生涯現役で活躍し続ける方策は，企業に雇用される働き方に限定されるわけではない。自営あるいは起業など，**自営型高齢期就業**の選択肢もある。自営業者は定年制に束縛されることなく引退の時期を自分で決めることができる。自身の体力などに応じて働き方を調整できる裁量も大きい。現在でも，有業者に占める自営業者の割合は高齢期ほど高く，70〜74歳の層では就業している人の3分の1は自営業者である。また，起業希望者および起業家の推移を年齢別に見ると，60歳以上の割合が年々高まっている。シニア層は，若年層に比べて自己資金を豊富に持ち，社会経験も蓄積している。生涯現役社会の実現のためには，経験豊富な高齢者を起業や創業の新たな担い手と捉え，それを支援していく政策を動員していくことも重要になるだろう。

KEYWORD

高齢化率　年功パラダイム　定年制　年功賃金　継続雇用　高年齢者雇用安定法　定年延長　定年廃止　勤務延長制度　再雇用制度　退職金　発揮実力パラダイム　生涯現役社会　退出のルール　第4次産業革命　自営型高齢期就業

EXERCISE

① 継続雇用ではなく定年延長や定年廃止を選択している企業を取り上げて，その企業の人事管理を本章の「発揮実力パラダイム」と比較してみてください。

② 「発揮実力パラダイム」では，貢献度より賃金が高い適職探索訓練期（20歳代後半まで）と，貢献度より賃金が低い一人前確立期（20歳代後半から35歳まで）が仮定されている。なぜ入社時点から賃金と貢献度をオーバーラップさせる考え方をとらなかったのだろうか。あなたの考えを整理してみましょう。

③ 人工知能（AI）やロボット工学の発展が，雇用の未来にどのようなインパクト

を与えるかについて調べ，あなたが高齢者になるまでにどのような備え（キャリア形成や能力開発など）をしておくべきかを考えてみましょう。

参 考 文 献　　　　　　　　　　　　　　　　　　　　　Reference ●

Becker, G. S. [1962] "Investment in human capital: A theoretical analysis," *Journal of Political Economy*, vol. 70, no. 5, pp. 9-49.

池田心豪 [2015]「高齢期就業の男女比較——4か国比較からみた日本の特徴」内閣府「平成 27 年度 第 8 回 高齢者の生活と意識に関する国際比較調査結果」161-171 頁。

今野浩一郎 [2014]『高齢社員の人事管理——戦力化のための仕事・評価・賃金』中央経済社。

清家篤 [2013]『雇用再生——持続可能な働き方を考える』NHK 出版。

清家篤・山田篤裕 [2004]『高齢者就業の経済学』日本経済新聞社。

高木朋代 [2009]「高年齢者の就業と引退——自己選別はなぜ始動されるのか」『日本労働研究雑誌』第 589 号，30-42 頁。

中央労働委員会 [2009]「平成 21 年 賃金事情等総合調査（確報）」厚生労働省。

内閣府 [2017]「平成 29 年版 高齢社会白書」。

八代充史 [2009]「定年延長と継続雇用制度——60 歳以降の雇用延長と人的資源管理」『日本労働研究雑誌』第 589 号，20-29 頁。

労働制政策研究・研修機構 [2014]「改正高年齢者雇用安定法の施行に企業はどう対応したか——『高年齢社員や有期契約社員の法改正後の活用状況に関する調査』結果」調査シリーズ，No. 121。

労働政策研究・研修機構編 [2017]『データブック国際労働比較 2017』労働政策研究・研修機構。

CHAPTER

第 **14** 章

グローバル経営と国際的人事管理

SHORT STORY MN 社は，オフィス情報機器の製造・販売およびソリューション事業を営む多国籍企業である。国内 8 カ所・海外 6 カ所に生産拠点があり，グローバルな供給体制を構築している。販売子会社も世界 20 カ国に展開している。3 年後には海外売上高は全体の 6 割，従業員の外国人比率は 7 割に達する見込みである。MN 社の業績は 2008 年の世界同時金融不況を底に，その後 10 年をかけて緩やかに回復してきた。しかし，競合する外国企業はすでに新興国マーケットを開拓して成長モードへ転換し，今や収益力で大きく水をあけられている。こうした中で MN 社は，企業内集中印刷ニーズや商用印刷ニーズに対応するソリューション・ビジネスをグローバル展開する方針を打ち出した。その一環として，昨年には，アメリカの大手情報システム・ベンダー X 社を，M&A により傘下に収めている。こうした急速なグローバル化は，同社の人事部にも大きなインパクトを与えている。すなわち，「MN 社がグローバルに通用するプレイヤーになるために，人事部はどのような貢献ができるか」が問われているのである。人事部長の大内翔は，MN 社の人事制度と人事部の抜本的な変革を決意した。

248

1 グローバル経営と国際的人事管理とは何か

　戦後復興期から高度経済成長期にかけて，日本にも革新的な製品を開発し世界中で販売するベンチャー企業が続々と現れた。こうした企業は国境を越えて（multinational），製造・販売などの経営活動を行う企業（corporation），すなわち**多国籍企業**（multinational corporation）に成長していった。しかし，かつて日本の多国籍企業の代表格として破竹の勢いを誇った電機メーカーでさえ，近年は外国企業にシェアを奪われ国際競争力が低下している。こうした状況に対して繰り返しいわれるのは，グローバル経営とそれを推進するグローバル人材を，速やかにかつ体系的に育成・確保しなければならないということである。本章では，主として多国籍企業のホワイトカラーの人材育成・確保の観点から，グローバル経営における国際的人事管理の課題を考える。

▌グローバル経営の類型 ▌

　グローバル経営とは，広義には，世界規模で展開する経営を意味する。具体的には，製品の輸出入，現地生産，研究開発の国際分業，海外派遣社員やローカル人材の育成・確保，知的所有権の国際管理などを含む，経営管理の総称である。本章では，多国籍企業の経営管理をグローバル経営と捉えて議論を進めよう。

　多国籍企業のグローバル経営の基本的課題は，本社と海外子会社の集権と分権，言い換えれば**グローバル統合**と**ローカル適応**のバランスをいかにとるかという問題にある。グローバル統合とローカル適応という概念は，プラハラードとドーズが提唱した，多国籍企業の経営組織の類型である（Prahalad and Doz ［1987]）。グローバル統合は，オペレーションを標準化し規模の経済を追求する「効率」の論理に対応する。一方，ローカル適応は，進出国の政府の規制や法律，マーケットや文化・規範などといった制度的環境への「適応」の論理に対応する。グローバル統合を縦軸に，ローカル適応を横軸にして，多国籍企業の戦略と組織を類型化するフレームワークは，I-R グリッド（integration-responsiveness grid）と呼ばれる。バートレットとゴシャールは，**図14.1**のよう

1 グローバル経営と国際的人事管理とは何か ● 249

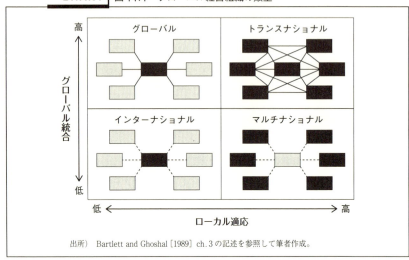

図14.1　グローバル経営組織の類型

出所）Bartlett and Ghoshal［1989］ch.3 の記述を参照して筆者作成。

に，I-R グリッドを用いて，多国籍企業をマルチナショナル型，グローバル型，インターナショナル型，トランスナショナル型の4つに分類した（Bartlett and Ghoshal［1989］）。

　マルチナショナル型は，国ごとに対応した製品開発，生産，マーケティングを行う企業である。つまり，グローバル統合の程度が低くローカル適応が高い，戦略と組織の類型である。海外子会社の自律性は高く，子会社単位で経営資源（人，モノ，カネ，情報）を開発・保有している。ローカル・ニーズにきめ細かく対応した製品開発や現地の機会を活かす営業力に強みがあるが，子会社間で資源の重複が多く非効率という弱みもある。

　グローバル型は，グローバル統合の程度が高くローカル適応が低い類型である。本社に権限を集中し，海外子会社は親会社の戦略を忠実に実行する。グローバル型は，海外子会社のオペレーションを標準化することでコスト優位を築くことができるが，各国のローカル事情への対応が弱い。

　インターナショナル型は，グローバル統合とローカル適応が両方とも低い類型である。中核的な資源は本社に集中し，一部の機能は現地に分散する。公式の経営計画と管理体制によって本社と子会社は密接に結びついているので，本社の資源への現地からのアクセスは容易である。しかし，海外子会社は独自に資源を開発・保有することができないので，親会社に対して心理的反発が高じ

やすい。

　トランスナショナル型は，グローバル統合とローカル適応がともに高い類型である。海外子会社はそれぞれに専門化されているが，本社と海外子会社，あるいは海外子会社間の調整と協力は緻密に行われる。経営資源は本社と海外子会社が共同で開発し，グループ全体でシェアされる。

　4つの類型のうちどれを選択するかは，経営を取り巻く環境やビジネス・モデルに応じて条件適合的に決まる。たとえば，地域の暮らしや文化に強く影響を受ける食品は，現地ニーズへきめ細かく対応した地産地消（現地で生産し現地で消費する）が強みを発揮するので，マルチナショナル型がよい。半導体など標準化が進んだ製品では，規模の経済が競争力の源泉となるので，グローバル型が適している。知識の移転が戦略的課題となる通信業界は，そこに強みがあるインターナショナル型がよい。国際分業が進展し，本社と現地の緻密な擦り合わせと世界規模の学習が競争を制するようなビジネスは，トランスナショナル型を目指すこととなる。

　たとえば，インフラ技術とITを組み合わせた「社会イノベーション事業」を展開する日立製作所は，海外で展開する火力発電システムなど大規模システム開発事業をトランスナショナル型と位置づけている。火力発電は，ボイラーやタービン，発電機などの要素技術が集まったものであり，しかもそれらをシステムとして組み合わせて一定の性能を出さなければならない。個々の技術は簡単には開発できないので，日本本社での開発・蓄積が必要である。その上で，システムとして成り立たせるためには技術や装置の擦り合わせが必要であり，チューニングの工程は現地で行われる。つまり，顧客とともに現地で各国のエンジニアが対話を重ね，課題を共有し，解決策を見出すことが求められる。したがって，バリューチェーン全体にわたって本国と海外拠点および海外拠点間の緻密なコミュニュケーションが必要であり，職種や階層にかかわらず多様な国籍の人々と協働できるグローバル人材のニーズは高い。

┃ 国際的人事管理 ┃

　さまざまな国籍の人々が働く多国籍企業は，本国・現地にかかわらず，最適な人材を世界中で活用しようとする。たとえば，SHORT STORY の MN 社のドイツ子会社は，ドイツ人を雇用している。彼らは現地国籍人材（host-country nationals, HCNs）である（以下，**ローカル人材**）。また，ドイツの子会社には日本本社から日本国籍の人材，すなわち本国国籍人材（parent-country nationals, PCNs）が派遣されている（以下，本国人材）。さらに，マレーシアの子会社にドイツの子会社の社員が派遣されるケースもある。子会社から子会社へ，あるいは子会社から本社へ異動してきた人材は，第三国籍人材（third-country nationals, TCNs）と呼ばれる。多国籍企業では，本国人材，ローカル人材，第三国籍人材を一元的に管理する本社の人事管理と，国別の人事管理をうまく組み合わせていかなければならない。こうした多国籍企業の人事管理を，**国際的人事管理**（international human resource management）と呼ぶ。

 ローカル人材の経営職登用と本社の「内なる国際化」

グローバル経営の課題

　グローバル経営を進展させるための主要な課題は何か。図14.2は，日本在外企業協会が隔年で行っている「海外現地法人のグローバル経営化に関するアンケート調査」の2008年と2016年の結果（複数選択式回答）を対比させたものである。「ローカル社員の育成」が，変わらず重要な経営課題としてあげられている。これは，日本人派遣者への過重な依存から脱却し，外国籍社員（高度外国人材）の活用や経営職ポストの現地化の取り組みが遅れていることの現れである。

　近年，世界規模での経営活動の相互依存関係が進んだことから，海外子会社の機能が高度化し経営の自律性が増してきている。こうした高度な機能を担える専門職は，海外派遣者やローカル人材で賄えるとは限らない。第三国籍人材も含めて，世界中の従業員の活躍の範囲をグローバル・グループに拡張していかなければならないのである。また，これまでは販売や生産といったバリューチェーンの一部しか担っていなかった現地法人が，フル・バリューチェーンを持つようになったり，日本と海外で国境を越えたフル・バリューチェーンをつくるケースもある。したがって，最近はバリューチェーン全般に精通した多数の経営者が求められるようになってきている。本国人材だけでは，そうした経

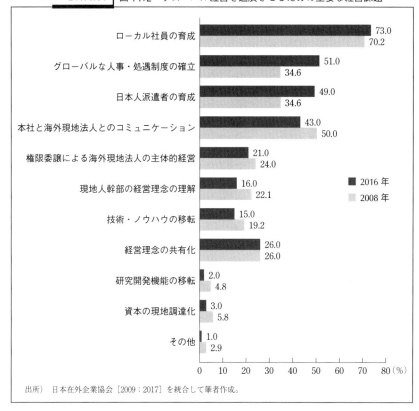

図14.2 グローバル経営を進展させるための主要な経営課題

出所）日本在外企業協会［2009；2017］を統合して筆者作成。

営職ポストを充足させることができない。であるならば，優秀なローカル人材や第三国籍人材から経営職候補を見出し，計画的に育成していかなければならない。結果として，「グローバルな人事・処遇制度の確立」が，経営課題としていっそう認識されるようになっているのである。

経営職ポストの現地化

多国籍企業では，本国人材が海外子会社へ，ローカル人材が本国親会社へ，さらにローカル人材が別の子会社へ，というように国境を越えた異動が行われる。したがって**海外派遣者**は，本来的には国籍を問われない。ところが日本企業においては，海外派遣者のほとんどを親会社から派遣される日本人が占める。労働政策研究・研修機構［2008］は，日本人海外派遣者について，海外赴任前

図 14.3　海外赴任者と現地採用者の職位比較

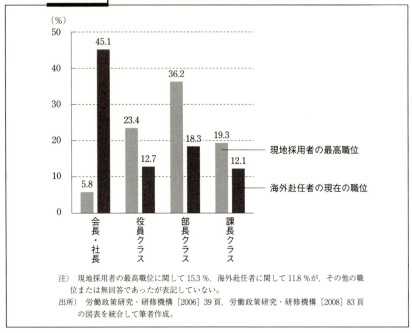

注）　現地採用者の最高職位に関して 15.3％，海外赴任者に関して 11.8％が，その他の職位または無回答であったが表記していない。
出所）　労働政策研究・研修機構［2006］39 頁，労働政策研究・研修機構［2008］83 頁の図表を統合して筆者作成。

後の職務や役職の変化を調べている。それによると，派遣前は営業がおよそ 4 割で最も多く，企画と国際事業はそれぞれ 2 割である。全社的管理（経営職）は 1 割に満たない。しかし，海外派遣者の現地での職務は，経営職が 6 割に急上昇する。また，日本人海外派遣者の職位の変化を見てみると，彼らが国内で勤務していたときの職位は課長クラスが最も多い。つまり日本人海外派遣者の多くは中堅の管理者であることがわかる。しかし，図 14.3 に示されている通り，海外赴任中の職位は，会長，社長（支店長・事務所長を含む），および役員クラスも併せると，経営職がおよそ 6 割に上る。

一方，労働政策研究・研修機構［2006］の調査によれば，日本企業では，進出先でローカル人材を内部昇進させて管理職ポストにあてるケースも多い。図 14.3 は，日本人海外派遣者の職位と対比させる形で，大学・大学院卒のローカル人材の内部昇進による最高職位を示している。回答企業の中で最も多い内部昇進は，部長層までの昇進で 36.2％を占める。次いで役員クラス（副社長・取締役）までの内部昇進が 23.4％，課長層までが 19.3％である。一方，会長・社長までの内部昇進は 5.8％と少ない。日本人海外派遣者の 45.1％は会

Column ㉘　現地化のメリット

　経営職ポストの現地化のメリットには以下のようなものがある。第1に，ローカル人材のモチベーション向上が期待できる。第2に，現地の文化に精通したローカル人材を活用したほうがビジネス展開に有利である。第3に，現地の経営チームの多様性が増すことで組織内に多様な知が持ち込まれ相互学習が進む。第4に，日本人派遣者を削減することで，社宅費や税金・社会保険料・帯同子女の教育補助費，日本への一時帰国の旅費など海外派遣に付随する費用を節約できる。

　一方で，経営職ポストの現地化は，言語的障壁や文化の違いによって，本社と現地との間のコミュニケーションに障害をもたらすかもしれない。内閣府 [2011] によれば，日本企業において外国人幹部のニーズは高いにもかかわらず，現地経営職へのローカル人材の登用が追いつかない最大の要因は，日本人社員の語学力不足にある。

長・社長の職位で赴任するので，経営トップへのローカル人材の登用は進んでいないことがわかる。つまり，現地法人の経営トップのポストは，日本人によって占められているのである。また，日本本社における外国人の登用も遅れている（内閣府 [2011]）。その要因は，本社の「内なる国際化」が進んでいないことにある（Column ㉘）。

日本本社の「内なる国際化」

　本社の「内なる国際化」とは，外国人が本社で積極的に活動できるようになることを指す。具体的には，高度外国人材の活用を進めることである。高度外国人材とは，大卒以上の学歴を持つ研究者・エンジニア等の専門職，海外進出担当の営業職，法務・会計などの専門職，経営にかかわる役員・管理職である。日本本社の企業文化をグローバル化したものに変革する梃子として高度外国人材を活用し，多様性を尊重する組織にしていくことが求められている。

　しかし，日本は高度外国人材の獲得競争で遅れをとっている。経済産業省 [2016] の調査によれば，外国人留学生の約6〜7割が日本での就職を希望しているにもかかわらず，実際に就職できるのは約3割であり，日本を理解している外国人材を国内にとどめることができていない。また，日本に住む留学生お

よび元留学生の8割以上が日本に住むことについては魅力的であると回答している反面，日本で働くことについては5割が魅力的でないと回答している。外国人材へのアンケート結果からは，日本企業に対する不満として，昇進する見込みが感じられない，給与が低いあるいはなかなか増えない，能力や成果に応じた評価がなされないといったことがあげられている。こうした各点は日本型人事管理（序章）に起因する問題であり，「グローバルな人事・処遇制度の確立」とは，日本型人事管理に見直しを迫るものであるといえる。

では日本企業は実際，高度外国人材を獲得するために，どのような取り組みを行っているのだろうか。労働政策研究・研修機構［2013］は，高度外国人材の定着・活躍のために「企業が実施している施策」の回答比率と「必要な施策」の回答比率とのギャップを分析している。それによると，「日本人社員の異文化への理解度を高める」「コミュニケーションを円滑にするための取り組み」「外国人向けの研修の実施」「仕事や生活が相談できる体制」などの項目で，ギャップが大きい，すなわち，高度外国人材の定着・活躍のために必要と思う施策であっても実施比率は低い。したがって，こうしたギャップの大きい項目の実施比率を高めていくことは，本社の「内なる国際化」を進展させることにつながるだろう。

3 国際的人事管理の課題

グローバル・マインドセット

経営職ポストの現地化と，本社の「内なる国際化」という，2つのグローバル経営の課題を解決するには，日本人・外国人を問わず**グローバル人材**を育成・確保することが重要である。白木［2014］は，グローバル人材を，「多国籍企業のグローバリゼーションを潜在的・顕在的に支える**グローバル・マインドセット**を有する現有人材ならびに将来の候補生」と定義している。国内で常に高い業績を上げてきた人が，海外子会社ではなかなか成果を出せないことがある。グローバルな環境で活躍できるか否かは，**グローバル・マインドセット**の有無にかかっているのである。

CHART 表14.1 グローバル・マインドセットの基本的構成要素

グローバル知的資本	・グローバル・リーダーの知的認知的能力	グローバルな産業についての知識	・グローバルなビジネス・競争・業界および経済・政治・制度の異なる他国との取引に関する知識を持っている
		グローバルな価値連鎖についての知識	・グローバル・サプライチェーンの知識,グローバル企業との戦略提携・ネットワーク構築の重要性を理解している
		グローバルな組織についての知識	・グローバルの効率性と現地の有効性との間の葛藤の理解およびビジョンの包摂と共通の視座を持つことの重要性を理解している
		認知的複雑性	・多面的かつ多様な視点から挑戦と好機を見極める能力が高い
		文化的洞察力	・文化的同質性と差異を理解している
グローバル心理的資本	・ポジティブな心理的特徴 ・コスモポリタニズム（世界の人々を自分の同胞と捉える思想） ・異文化・異国との遭遇に対する情熱	ポジティブな心理的特徴	・自己効力感 ・楽観主義 ・希望 ・レジリエンス（精神的回復力）
		コスモポリタニズム	・国籍の違いをことさら重視しない ・異なる文化・システムに対する開放性と感受性 ・国際的紛争に対する前向きな態度 ・よいアイデアならどこからきたかに頓着せず受け入れる ・時空を交差して仕事をする意志 ・異なる文化に対する敬意 ・柔軟性
		異文化・異国との遭遇に対する情熱	・文化の違いに対する豊かな情感 ・異なる文化に対する好奇心と関心 ・グローバルな冒険を探求 ・異なる文化から学ぶ情熱 ・異なる文化の人々との感情的交流
グローバル社会関係資本	・企業の内外における人間関係やネットワークを構築していること	構造的ソーシャル・キャピタル	・ネットワークやコンタクトにおける個人の地位を基盤とした資産
		関係的ソーシャル・キャピタル	・ネットワークにおける相互作用からもたらされる資産（たとえば，信用や信頼のような信念や態度）
		認知的ソーシャル・キャピタル	・他部門と共有する表現・解釈・意味が生み出すリソース

出所) Beechler and Javidan [2007] table 3, 4, 5 および記述を参照して作成。

Beechler and Javidan［2007］は，グローバル・マインドセットを，「多様な文化社会的システムを背景に持つ個人・グループ・組織に影響を与えることを可能にする個人の知識・認知・心理的属性」と定義している。グローバル・マインドセットの構成要素は，①グローバル知的資本，②グローバル心理的資本，③グローバル社会関係資本である。知的資本とは，自分のやり方が現地ないしグローバルな環境でどれだけ通用するかを理解する能力である。心理的資本とは，異文化に対する寛容さと変化への適応力である。社会関係資本とは，自分とは異なる人々との間に信頼関係を築く能力である。つまり，グローバル・マインドセットには，業界や地域に関する知識に加えて，心理やパーソナリティといった属性が含まれている。たとえば，本国人材が海外に赴任すれば，それまでの役割や人間関係は様変わりし異文化適応に苦労することになる。ここにおいて，物事を楽観的かつ前向きに捉える態度や好奇心，失敗にへこたれない精神的回復力（レジリエンス）や楽観主義的な気質が求められるのである。グローバル・マインドセットの主要な構成要素を整理すると，表14.1のようになる。

多国籍内部労働市場

グローバル・マインドセットは，入社後に経験を通して形成していくことが可能である。そのためには，グローバル・グループ・レベルでキャリア開発を施し，そのプラットフォームとなる**グローバル・グレーディング制度**を整備していくことが求められる。しかし，日本の多国籍企業の多くは，昇格・評価・報酬の仕組みが国・地域ごとに異なっており，内部労働市場が海外現地子会社ごとに分断されている。つまり，現地子会社でそのキャリアを終えるローカル人材の内部労働市場が子会社の数だけある一方，親会社をベースとして海外子会社の幹部のキャリアを挟みながら昇進していく本国人材の内部労働市場が別に存在している。

多国籍からなる人材配置をカバーする**多国籍内部労働市場**の形成が，グローバル人材の確保・育成の本質である（白木［2006］）。多国籍内部労働市場は，図14.4のようにイメージすることができる。多国籍内部労働市場では，親会社（P国）に所属する本国人材（PCNs）が，A国の海外子会社に派遣された後，帰国を挟まずにA国からB国へ異動する。また，海外子会社（B国）のローカ

CHART 図14.4　多国籍内部労働市場と現地子会社内部労働市場

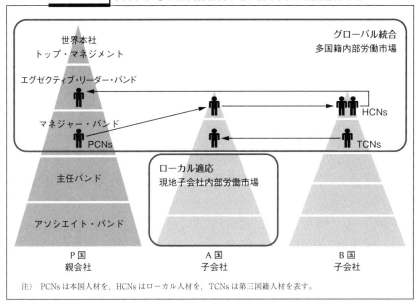

注）PCNsは本国人材を，HCNsはローカル人材を，TCNsは第三国籍人材を表す。

ル人材（HCNs）が，親会社（P国）へ逆出向する。あるいは，B国からA国に，第三国籍人材（TCNs）として異動する。

グローバル・グレーディング制度

　現下の日本企業では，多国籍内部労働市場に包摂されうる人材が，海外子会社で雇用される全従業員となっていないケースが多い。つまり，A国とB国では，海外子会社固有の内部労働市場に包摂される従業員と，多国籍内部労働市場に包摂される従業員とが分かれているのである。図14.4では，多国籍内部労働市場に包摂されるのはマネジャー・バンド以上の上位ランクを構成する従業員となっている。この層はグローバル社員と位置づけられ，グローバル統合した共通のグレーディング制度が適用される。一方，現地子会社の内部労働市場にとどまり，組織の下層部を構成する従業員はローカル社員と位置づけられ，現地固有の制度的環境にローカル適応したグレーディング制度が適用される。結果として，グローバル社員とローカル社員とで異なる制度が適用されるので，海外子会社の人事制度は複数化されることになる。

　多国籍内部労働市場のプラットフォームは，本社と各国子会社が共通の基準

3　国際的人事管理の課題　● 259

で，ポジションすべてをスロッティングし処遇する，グローバル・グレーディング制度である。これにより，本国人材，ローカル人材，第三国籍人材にかかわらず，国境を越えた異動が可能になる。前述の通り，これまでの日本企業では，海外子会社の経営職ポストに日本人派遣者が出向するのが主であった。一方，多国籍内部労働市場では，海外子会社からも親会社や別の海外子会社へ異動する，双方向の体制となる。

なお，図14.4 に示した，組織上層部のグローバル人材とそうでないローカル人材を分けて，前者のみで多国籍内部労働市場をつくる形態は，過渡期的なものであるといえる。欧米の多国籍企業では，勤務条件や福利厚生などは現地固有の事情に適応させるが，グレーディング制度は非管理職も含めて統一されているケースが多い。つまり，組織下層部にもグローバル社員が存在するのである。欧米の多国籍企業は，管理職・非管理職問わず，社員格付けには職務等級制度を適用している。

管理職を職能資格制度で処遇する日本企業では，管理職層をグローバル人材として多国籍労働市場に組み入れようとすると，親会社の社員格付け制度を変更する必要が出てくる。今後は，多国籍内部労働市場を組織下層に拡張していく日本企業も増加すると予想されるが，グローバル・グレーディング制度の設計に際しては，以下の3つのオプションがある。

(1) 職務基準で共通化

欧米グローバル企業のグローバル・グレーディングの仕方で共通化する。たとえば日立製作所では，グループ・グローバル共通の役割や職責の大きさで格付けされた職務等級制度で，マネジャー以上のポジションがスロッティングされている。報酬水準は市場相場とのリンクを強めている。

(2) 能力基準で共通化

日本的な能力主義の職能資格制度をベースに世界共通基準を設計し，グローバル人材を評価処遇する。たとえば大手自動車部品メーカーのデンソーでは，海外グループ会社を含めた幹部層を「グローバルマネジメント職」とし，発揮能力にフォーカスした各個人の等級（Global Individual Grade，グローバル職能資格）を，昇格・評価・報酬制度などの人事制度の基軸としている。事業ニーズに即した柔軟な配置・役割変更（ポストや職責は変わっても求められる発揮能力は同一）と，機能・事業間および拠点間の異動の円滑化が狙いである。

260 ● CHAPTER **14** グローバル経営と国際的人事管理

(3) 職務基準と能力基準の複数化

能力基準と成果基準が並列する複数のグレーディング制度を構築し，それぞれ別個のキャリア開発を行う。たとえば野村證券では，基幹的業務に幅広く取り組む総合職A/Bに対しては能力基準のグレーディング制度を適用し，特定の専門知識・分野に限らず，幅広い経験に基づくキャリアの形成を目指し，多職種に転換が可能なキャリア開発を施している。一方，総合職Cはそれぞれのビジネスに求められる高度な専門性を追求し，徹底した実力主義のもと成果に応じた処遇と流動的な雇用が前提となっている。

グローバル・タレント・マネジメント

多国籍内部労働市場を機能させるには，どこにどのような人材がいるのかを一元的に管理するグローバル人材情報データベースが必要となる。つまり，グループ・グローバルで社員個別の人事情報のデータベースを構築することが不可欠である。欧米のグローバル企業では，人材の一元的管理のため，業績（performance）と潜在能力（potential）という2つの基軸から評価を行うケースが多い。アメリカの総合電機メーカーGEで導入され，世界各国に普及した「9ブロック」では，個々の社員をこの2軸で評価（3段階）し，9つ（3×3）のブロックのいずれかにプロットし，社員個別の人材育成（人的資本投資）の方針が定められる。

こうしてでき上がった9ブロックは，タレント・マネジメント（talent management, TM）を稼働させる情報源となる。TMとは，「組織の持続的競争優位に貢献するキー・ポジションをシステマチックに特定し，高い潜在能力を持ち高業績を上げる人材のタレント・プールを開発し，キー・ポジションに相応しい人材をタレント・プールから充足する仕組みを構築し，有能な人材の組織への継続的コミットメントを確保すること」と定義される（Collings and Mellahi［2009］）。

TMは，図14.5の通り，プロセスを5段階に分けることができる。第1段階は，経営戦略を推進する上で重要なキー・ポジションを，本社と海外子会社を含めて選定することである。

第2段階は，キー・ポジションを担うために必要と考える人材の要件を，コンピテンシーとして明確にすることである。

3 国際的人事管理の課題 ● 261

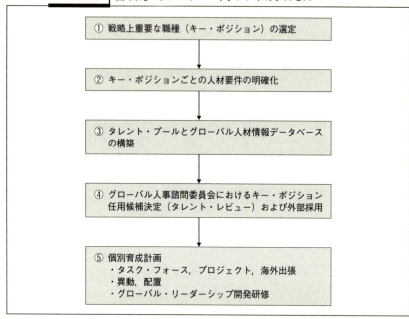

CHART 図14.5 タレント・マネジメントのプロセス

　第3段階は，人材要件を満たすと考えられる候補者を選定するために，マネジャー・バンド以上の人事情報を一元的に管理する，グローバル人材情報データベースを構築することである。ここにおける情報は，入社年次・経歴・人事考課など通常の人事データのみならず，「9ブロック」から得られた情報，さらにはキャリア・プランの内容，本人の潜在的な強みや弱み，社内外の評価等といった定性的な情報をも蓄積し，常にアップデイトされていなければならない。このシステムに海外子会社のローカル人材も加えることで，グローバル人材の「見える化」が進む。なお，タレント・プールには，主任バンドからもポテンシャルの高い人材が発掘・追加されている。
　第4段階では，キー・ポジションごとに複数の候補者を，タレント・レビューを通して決めるために，タレント・レビューを行うグローバル人事諮問委員会が設置される。次のようなケースが典型である。委員会の委員長はCEOで，メンバーは事業部長，機能（グローバル・ファンクション）本部長，有力海外子会社の社長（リージョン本部長を兼務）である。委員会は毎月1回開催される。キー・ポジションの任用候補の決定や，その前提となる後継者計画の

作成などを議論する。グローバル人事諮問委員会は，こうしたコーポレート（本社）・レベルのほかに，各国のリージョン・レベルで開催されるケースもある。グローバル・キー・ポジションの後継者計画や異動・配置を決定するのはコーポレート（本社）に設置されるグローバル人事諮問委員会であるが，そこへ提案を上げるのはリージョンの委員会の役割である。もしタレント・プールに適任者がいなければ外部からの採用が検討される。

　第5段階では，キー・ポジション任用候補個別にどのように育成・登用するかの計画を立て，実行をフォローする。育成をフォローするメンター（事業部長など）が指名され，任用候補者にコーチングを施す体制が整えられる。同時に，経営トップがビジョンを提示し，また主導する，グローバル・リーダーシップ開発研修が整備される。

4. 日本型国際的人事管理の構築に向けて

▌日本企業の強みを見極めたグローバル統合とローカル適応▌

　国際的人事管理を構築するには，日本で長年培われてきた人事管理の仕方の中から，今後も強みとなるものを見極めてグローバルに展開しつつ，ローカル（現地）・コンテキスト（状況）に柔軟に適応すべく，それに適宜修正を施していくことが重要である。これはすなわち，人事管理におけるグローバル統合とローカル適応を同時に高度化していくということである。

　たとえば，生産現場においては，技能系人材の知的熟練とその促進施策（ローテーション，QC活動，査定，職能資格制度等）といった日本型人事管理を，多くの企業が国際移転している。しかし，異なる制度的環境を持つ外国において，それらはさまざまな困難に直面している。たとえばインドネシアでは，学歴階層性を基盤とする組織権限の厳然たる差異により，技能系社員には非定型業務に関与する機会が与えられていない（山本［2012］）。そういったローカル・コンテキストを超えるべく，グローバル供給拠点への転換とともに海外の工場に教育訓練センターを設けてOff-JTによる技能開発が施され，日本の現場で培われた暗黙的な手法・ノウハウが明示知化されて外国人技能者に伝えら

4. 日本型国際的人事管理の構築に向けて　● 263

れてきた。その意味で、ホワイトカラーに対する人事制度も、仕組みや規則そのものよりもどのように運用するのかが問われると考えられる。

　日本企業はこれまで、正社員を長期雇用し、普通の人材の能力を底上げして環境変化への適応力を高めてきた。一方、アメリカで生まれたTMは、優秀な人材へより多くのリソースを配分し成長を加速させることを重視している。たとえ欧米企業で採用されているグローバル・グレーディング制度やTMを導入したとしても、運用は日本的あるいは自社独自であってよい。

　たとえば、グローバル人材情報データベースにしても、これまでの日本企業は、本人の志やポテンシャルといった定性的な人事情報を収集するため、人事スタッフによる本人やその上司との面談などにコストをかけてきた。グローバル人材のTMにおいても、形式的な人事情報だけに頼るのではなく、人事部が社員個別の人事情報をきめ細かく収集蓄積してライン管理職と密接な擦り合わせのもとに人事を行い、そのことを通じて現場の変革に貢献することを放棄すべきでないという考え方もある（平野［2011］）。欧米グローバル企業の人事制度に学びつつも、自社のコア・バリューやリーダーシップと矛盾しない一貫性のある運用が、グローバル人材の確保・育成の要諦である。

▌理念と規範によるグローバル統合とローカル適応

　こうしたシステムとしての人事管理におけるグローバル統合とローカル適応とともに、経営理念や行動規範の浸透・共有を通じたグローバル統合も重要である。第11章Column㉔「ダイバーシティ・マネジメント」やColumn㉕「ダイバーシティと経営成果の関係」でも述べた通り、多国籍企業は、国籍の異なる多様な人材の個性を尊重しつつ、一方で海外派遣者とローカル社員といった社会的カテゴリーの仕切りによって生じる内集団びいきを払拭し、多様な人材を包摂していかなければならない。

　実際、経営理念や行動規範（以下、理念・規範）を進出国の言語に翻訳した上で、カードなどの形で携帯できるようにしている多国籍企業は多い。しかし、理念・規範は抽象度が高いので具体的な行動に落とし込んでいくことは難しい。また、人によって理念・規範の解釈が異なることも少なくない。親会社と海外子会社では、同じ項目であっても解釈は異なるかもしれない。そこで、理念・規範の共通理解を促すために、たとえば「お客さま第一」「従業員一人ひとり

の信義と尊敬」といった抽象度の高い項目に対して，具体的な事例を収集し，それをケースとして用いる研修を行っている企業もある。また，理念・規範をマネジメントのツールとして活用することも有効である。つまり，日常の管理者行動においても指示命令の意図を理念・規範に即して説明したり，理念・規範の解釈や実践に迷いが生じたときには海外派遣社員とローカル社員との対話を通じてローカル・コンテキストに応じた修正を施すといった，地道な取り組みが求められる。人事管理の制度（システム）と理念・規範という2つの側面から，グローバル統合とローカル適応の両方を高度化していくことが，国際的人事管理の構築につながるのである。

KEYWORD

多国籍企業　グローバル経営　グローバル統合　ローカル適応　I-R グリッド　ローカル人材　国際的人事管理　海外派遣者　内なる国際化　グローバル人材　グローバル・マインドセット　グローバル・グレーディング制度　多国籍内部労働市場　グローバル人材情報データベース　9 ブロック　タレント・マネジメント　タレント・レビュー

EXERCISE

① グローバル経営組織の4類型（マルチナショナル，グローバル，インターナショナル，トランスナショナル）にあてはまると思う企業を調べて，それぞれの国際的人事管理の相違を分析してみましょう。

② 本社の「内なる国際化」の取り組みとして，社内共通語を英語にした企業を取り上げて，そうした取り組みがどのような効果を上げているのか，プラス面とマイナス面を調べてみましょう。

③ 将来あなたが多国籍企業のグローバル人材として活躍するとすれば，海外派遣者として現地に赴任するまでにどのような備え（キャリア形成や能力開発など）をしておくべきかを考えてみましょう。

EXERCISE ● 265

参考文献 | Reference

Bartlett, C. A., and Ghoshal, S. [1989] *Managing Across Borders: The Transnational Solution,* Harvard Business School Press（吉原英樹監訳『地球市場時代の企業戦略——トランスナショナル・マネジメントの構築』日本経済新聞社，1990 年）．

Beechler, S., and Javidan, M. [2007] "Leading with a global mindset," in M. Javidan, R. Steers and M. Hitt eds., *Advances in International Management,* vol. 19, Emerald Group Publishing, pp. 131-169.

Collings, D. G., and Mellahi, K. [2009] "Strategic talent management: A review and research agenda," *Human Resource Management Review,* vol. 19, no. 4, pp. 304-313.

Prahalad, C. K., and Doz, Y. L. [1987] *The Multinational Mission: Balancing Local Demands and Global Vision,* Free Press.

石原直子［2013］「タレントマネジメントの本質——日本企業が学ぶべきポイントに着目して」『Works Review』Vol. 8，100-113 頁。

経済産業省［2016］「平成 27 年度 アジア産業基盤強化事業（「内なる国際化」を進めるための調査研究）報告書」。

白木三秀［2006］『国際人的資源管理の比較分析——「多国籍内部労働市場」の視点から』有斐閣。

白木三秀編著［2014］『グローバル・マネジャーの育成と評価——日本人派遣者 880 人，現地スタッフ 2192 人の調査より』早稲田大学出版部。

内閣府［2011］「平成 23 年度 年次経済財政報告（経済財政白書）」。

日本在外企業協会［2009］「2008 年度 海外現地法人のグローバル経営化に関するアンケート調査分析」（https://joea.or.jp/wp-content/uploads/pdf/content/uploads/pdf/Survey_Globalization_2009.pdf）。

日本在外企業協会［2017］「2016 年度 日系企業における経営のグローバル化に関するアンケート調査結果報告」（https://www.joea.or.jp/wp-content/uploads/pressrelease_Survey_Globalization_2016.pdf）。

平野光俊［2011］「2009 年の日本の人事部——その役割は変わったのか」『日本労働研究雑誌』第 606 号，62-78 頁。

平野光俊［2016］「多国籍内部労働市場におけるグローバル人材の確保・育成の課題」『Business Insight』第 24 巻第 3 号，2-7 頁。

山本郁郎［2012］「アセアン日系企業の技能系人材育成と『ローカル・コンテキスト』」『日本労働研究雑誌』第 623 号，37-48 頁。

労働政策研究・研修機構編［2006］「第 4 回 日系グローバル企業の人材マネジメント調査結果」調査シリーズ，No. 24。

労働政策研究・研修機構編［2008］「第 7 回 海外派遣勤務者の職業と生活に関

する調査結果」調査シリーズ，No. 40。
労働政策研究・研修機構編［2013］「企業における高度外国人材の受入れと活
　　用に関する調査」調査シリーズ，No. 110。

CHAPTER

終 章

人事管理の未来

1 雇用関係の将来像

　本書では，人事管理の「これまで」と「これから」について，さまざまな側面から紹介してきた。20世紀初頭から徐々につくり上げられてきた日本企業（とりわけ大企業）の人事管理，ひいては雇用関係そのものが，いま，大きな岐路に立っている。本章では，新たな人事管理を実現するために，人事管理の担当者に何が求められるかを展望したい。

　新しい人事管理は，以下のような概念に象徴される。すなわち，「エンプロイアビリティ」「専門性（プロフェッショナル）」「従業員主導のキャリア開発」「業務の内容・時間・場所に関する従業員の自律性」「従業員の属性や働き方における多様性（ダイバーシティ）」「生得的な個人属性（年齢や性別など）によらない個別的管理」「職務内容や評価基準の可視化」「現在価値評価」「減給・降格・解雇手順の整備」「従業員の職場外活動への配慮」などである。

　多くの日本企業におけるこれまでの雇用関係は，企業が従業員に対して雇用保障や（査定付きの）定期昇給などの義務を負い，従業員は働く内容・場所・時間についての決定を企業に委ねる義務を負う，という交換によって保たれてきた。ただしこれは，女性・高齢者・外国人，そして場合によっては中途採用者や非正社員などを周辺的な地位に追いやったり，そもそも雇用関係の対象外

とする，閉塞的で画一的，しかも属性差別的なモデルでもあった。

　経営・雇用環境が複雑化し，企業の収益性が低下し，労働力人口も頭打ちあるいは減少していく20世紀終盤以降，上述のような雇用関係は，企業の競争力や従業員の職務満足の維持・向上を阻害するものと見られるようになってきた。今日の経営環境は，「VUCA」というイニシャルで表現されることが多い。Vは質量双方での動態性（volatility）の強まり，Uは予測不可能性としての不確実性（uncertainty），Cは経営上考慮に入れるべき要因が膨大であることとそれらの複雑な絡み合い（complexity），Aは状況を明確に解釈しきれないこと（ambiguity）を指す。こうした中，企業が他企業と連携して技術・商品の開発に乗り出したり（オープン・イノベーション），人々が転職を重ねてキャリアを形成したり（バウンダリレス・キャリア），あるいは同時に複数の職業を持ったり（兼業）などといった事例が増えてきている。企業の事業や従業員個人のキャリア形成の前提となってきた「組織の境界」は，融解しつつある。

　雇用関係の刷新により，従業員と企業との関係は属性に応じて画一的に決まるものではなくなり，従来の拘束性も弱まるだろう。**雇用関係の個別化**には，「悪平等」の撤廃や雇用関係を解消する手順を整備することも含まれる。従業員とその同僚や上司との都度都度の協議を通じて**働き方の柔軟性**が実現する傾向が強くなる。総じて，企業と従業員の関係は，自立した主体同士の対等な**パートナーシップ**という形をとるようになる。それは，予期せざるタイミングで雇用関係が解消する可能性を念頭に置きつつも，関係が持続する範囲において公正な交換関係が営まれるよう企業側と従業員側がともに努力するという，従来にはない信頼関係に基づくものである。

　こうした変化を「雇用保障の崩壊」と解釈する，「従業員寄り」の議論も多く存在する。しかし本書では，そうした解釈を採用してこなかった。今日，企業間の競争力の差はより顕著になり，また，競争力を喪失した企業が市場から退出するのを公的資金等で食い止めることが社会全体の利益につながるという主張は以前に比べてされにくくなっている。こうした中では，自らの職務遂行能力を，エンプロイアビリティという観点から適宜向上・更新させ，実行するかどうかは別として転職という選択肢を持っておくことが，かえって人々の就労機会の確保につながる可能性がある。そして，そのようなエンプロイアビリティ向上・更新の機会を従業員に提供できる企業こそ，従業員の多少の流出に

270 ● CHAPTER **15** 終章　人事管理の未来

もかかわらず，労働市場における評判を確立し，ひいては優秀な従業員を確保できる可能性がある。

なお，人事管理の前提が変わることは，企業から従業員への投資を減らすことを意味しないし，むしろそうであってはならない。投資の質の転換，さらにいえば，量的拡充や経営状況に左右されすぎない安定性が求められる。

 多様な受け手への配慮

　人事管理には**多様な受け手**が存在するが，中でも企業と従業員は，その巧拙に大きく影響を受ける。また，人事管理は企業の戦略の立案・実行の成否を左右するため，社外の顧客や社会全体も，人事管理の間接的な受け手となる。実際の人事管理をそこまでの視野に立って展開するのは困難であろう。しかし人事担当者としては，企業と従業員に加え，企業の所有者（株主）や従業員の家族くらいは，常に念頭に置いていてよい。

　さまざまな受け手は人事管理に対して固有のニーズを持っており，それらは調和する場合もあれば，対立する場合もある。対立するケースは決して少なくなく，人事担当者は，対立を調和に変えたり，対立による弊害を最小化するような提案を，常に模索しなければならない。

　しかし，こうした多角的な視点は，直近の，しかも可視的な経営上の成果を重視するというトレンドの中，以前ほどは重視されなくなってきている。その根底にあるのが，ここ数十年にわたって学術界・実務界を支配してきた，人事管理に関する主流の考え方である。1970年代のアメリカで興り，現在世界的に主流となっている考え方に，**人的資源管理**（HRM）**論**がある（▶**序**章）。そこでは，従業員は，能力や意欲への投資を通じて企業による活用の効果をより大きくできる，企業の持続的競争優位の源泉としての「人的資源」（human resource）と見なされる（Wright and McMahan [1992]，Barney and Wright [1998]）。また，従業員による企業への貢献は，企業の統制によってではなく，従業員自身からの企業への一体感やコミットメントを通じて引き出されるべきとされる（Beer *et al*. [1984]，Pfeffer [1998]）。その上でHRM論は，個人レベルから組織レベルまで，さまざまな業績を向上させる人事管理のあり方について，経営戦

略や組織の文化・構造をも考慮に入れながら，多くの研究を積み重ねてきた（Lengnick-Hall *et al.* [2009]，Chadwick [2010]）。

　HRM という考え方は，一見，企業と従業員の共存共栄を目指すものであるし，提唱者や実践家の多くもそう考えている。「人材」という人的資源と同義の言葉が定着したことからも窺えるように，多くの従業員も支持する。しかしここには，従業員を「経営目標の達成のための企業にとっての有益な手段」とする観点が含まれている。HRM においては，ある人事管理が従業員の満足感や成長を引き起こすとして，それ自体に価値があるとは考えない。それは，経営目標の達成につながるから価値があるのである。

　本書は，従業員を人的資源すなわち経営の手段と見なす考え方を否定するものではない。人事管理が企業経営の一手法である以上，それはむしろ当然の考え方である。しかし，そうした姿勢に過度に傾くことで，個々の従業員の独立性・自主性という，彼らの人間性における重要な側面が見落とされることは，避けなければならない。

　従業員の自立の重要性は，企業にとっての経済合理性という観点からも根拠づけられる。たとえば，従業員を独立した主体と見なすことを忌避する姿勢をとる限り，従業員から企業への貢献の大半は，企業の予想の範囲内にとどまってしまうだろう。同様に，従業員を経営の手段と見なしすぎることの問題は，道徳的な観点からも根拠づけることができる。不可侵で無条件に尊重すべき従業員の人格（個人人格▶序章）を企業が積極的に見出すことが，公正な雇用関係に向けた第一歩となる。

　「人的資源」では説明しきれない人間の側面を軽視する人事管理の問題性は，企業経営が順調に推移している間は，企業収益の一部を享受する従業員の満足感や有能感に隠れ，気づかれにくい。しかし，そうした企業が経営上の危機に直面すると，目先のしかも明示的な利潤を重視し，既存従業員の減給・出向・整理解雇や，新規従業員の雇い入れの抑制等（いわゆるリストラクチャリング）を行うようになる。また，出来高重視という狭義の成果主義への移行や，従業員に対する能力開発投資の抑制などといった現象も見られる（Marchington [2015]）。こうした取り組みは，一時的には企業を利するかもしれないが，手続きが不十分なリストラクチャリングが，従業員との間の信頼関係（Conway and Briner [2005]）や企業の収益力を脅かす可能性もある。

人事担当者には，従業員に痛みを強いる措置を場当たり的にとってしまうことのないよう，過度に短期的な視野に陥らないことが求められる。「長期的な利益」を明確に定義することは難しいため，その実現のために積極的な手を打つことは容易ではない。しかし，少なくともそうした利益を蝕みうる措置は避けられるべきである。どうしても従業員に痛みを強いざるをえない場合には，彼らに「裏切られた」「梯子を外された」という感情を抱かせず，逆に「キャリア形成の機会が開かれた」と思ってもらえるよう，従業員のエンプロイアビリティ向上に向けた投資を，日常的に，さらには痛みを強いる最中にも，行わなければならない。

　従業員との共存共栄のため，企業は従業員を，自らに統合して活用する「モノ」のようにではなく，法人格である自らと同様に独立・自立した人格を持つ主体として捉え，扱うことが求められる。彼らとの利害調整は決して楽なことではないが，それを軽視・無視することで失われるものは少なくない。

人事担当者の役割

　事業の複雑化や，雇用契約における拘束性の弱まりと個別化が進展する今日，従業員1人1人の業務遂行やコミュニケーションの様式は，内容面と形式面の双方で，大きく変化しつつある。

　内容面の変化としては，既存の発想や仕事の仕方に囚われない自由闊達な振る舞いや，それを通じた創造性の発揮が，従業員1人1人に改めて求められている。また，自らと所属部門や専門性，さらには世代や文化的背景などの個人属性が大きく異なる他者と協働するための能力も，必要とされる。

　形式面の変化として最も顕著なのは，情報技術の利用である。多くの職場において，コミュニケーション・メディアとしての電子メールやSNS，さらにはグループウェアが普及し，対面状況での「阿吽の呼吸」に頼らない，あるいは頼れなくなってきている。また，デジタル化されたコミュニケーションの履歴は，「ビッグ・データ」として社内に蓄積され，人事管理上の意思決定のための材料としても，利用され始めている。

　こうした変化は，従業員や企業にとって，機会にも脅威にもなる。企業が従

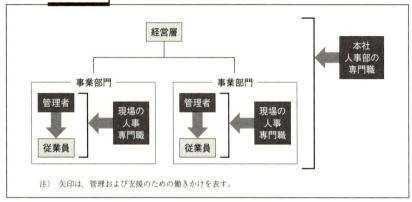

図終.1 さまざまな人事担当者

(注) 矢印は，管理および支援のための働きかけを表す。

業員に自由闊達な職務行動を許すことで，従業員の潜在能力が一気に開花する可能性がある。反面，コミュニケーションのデジタル化が進む中で，孤立感や「監視されている」という疑念を抱く従業員が増えるかもしれない。

　こうした状況に対応する人事管理の担い手（人事担当者）には，人事管理の専門職と現場の管理者が存在する。企業の規模が大きくなっていくと，人事管理の専門職は，本社の人事部門の専門職と，事業部門と本社とをつなぐ現場の専門職に分化することが多い（図終.1）。全社的な方針やそれに基づく施策の設計は本社の人事専門職が，施策の運用等の実務については現場の管理者や人事専門職が，それぞれ担当するのが標準的である。

　近年，より多くの業務に現場の人事担当者（現場の管理者と人事専門職）がかかわり，裁量を有するようになってきている。そして，本社の人事専門職の役割は，統制から支援へと移りつつある。以下では，人事担当者が実際の活動を通じて果たすべき，さまざまな役割に着目して，さまざまな立場で人事管理にかかわる人々の連携の形を示したい。

　人事担当者の主たる役割の第1は，実際にビジネスが創出・運営される現場にいるさまざまな立場の人々を，人的側面から支援し活性化させる，**ビジネス・パートナー**である。この役割を果たすためには，本社と現場の人事専門職および現場の管理者が綿密に意思疎通を図りつつ，従業員1人1人についての定量的および定性的な情報を収集し，彼らのキャリア形成の機会を個別に設計・提供しなければならない。役割遂行の鍵となるのは，現場の人事専門職である。ただし，そうした人員が現場に配属されない企業においては，本社の人

事専門職が鍵となる。事業の複雑性が増す今日，人事管理全体におけるビジネス・パートナー業務の戦略的な重要性は，着実に大きくなっている。

　第2に，ビジネス・パートナー業務をより効果的なものにするため，人事管理に関するあらゆる活動内容を体系化することが重要となる。実務界では「センター・オブ・エクセレンス」（CoE）と呼ばれることがあるが，平たくいえば，**仕組みづくりの専門家**ということである。具体的には人事施策の構築や運用支援である。こうした活動の主体は，本社の人事専門職である。彼らには，現場の人事管理が各現場固有の状況に即してなされつつも，他の現場のそれと大きな齟齬が生じないようにするための人事施策づくりや，現場の人々の運用能力の向上が求められる。

　第3に，ビジネス・パートナーが行う個別業務のうち，勤怠管理・給与計算・福利厚生といった定型的，あるいはコンピュータ等によって自動化が可能なものについては，シェアード・サービス部門を創設した上で，各事業部内や本社人事部から機能を集約させたり，外部の人事サービス会社に業務委託することも可能である。事業が多角化した企業や多国籍企業においては，採用やローテーションも含めた人事業務の多くが，事業部門や地域子会社に移管されていることが多い。これらの現場で個別に行われる一連の人事業務をビジネス・パートナーが担っており，彼らの業務の負担軽減は喫緊の課題である。実際，このような集約・外注は，大企業を中心に広く行われている。

　第4に，従来は必ずしも人事部門の職掌と捉えられてこなかったが，組織力を最大化するような文化や風土の醸成，さらには人員配置（組み合わせ）やコミュニケーション・スタイルの確立に注力すること，つまり，**組織の開発者**となることも，今日の人事担当者には求められる。この役割を中心的に担うのは，現場の管理者と人事専門職である。従業員同士が企業の理念や戦略を意識しながらオープンなやりとりをし，そこから新たな事業や技術が構想されるといったことに対し，人事担当者が貢献できるポテンシャルは大きい。

　これまで，人事専門職の職務遂行能力は明確に定義されることがあまりなく，経験や直感などが重視されてきた。しかしそれだけでは，今日の企業が直面する複雑な経営課題の解決に，人的側面から貢献することはできない。日本以外の国々では，「人的資源管理協会」（The Society for Human Resource Management, SHRM）などの団体が中心になって，人事専門職に求められる能力についての

公的資格の定義が進みつつある（Cohen [2015]）。経営のグローバル化が進む中，日本の企業や社会もこうした流れを無視すべきではない。

4 人事管理を支える想い

　人事管理を取り巻く状況の複雑化に伴い，雇用関係の大前提に対する変化の圧力が強まっている。人事担当者には，こうした圧力を前向きなものと捉え，人事管理の新たな姿を具体化することが求められる。しかしそれは，人事担当者の独りよがりであってはならない。人事管理の変化は，人事管理の受け手，すなわち経営者，中間管理職，その他のさまざまな階層や雇用形態の従業員の理解や共感を伴う形で，進められなければならない。

　経営者や従業員は，企業は何を目指すのか，その中で従業員1人1人はどのようにキャリアを形成したり，周りの人々とかかわったりしていくべきかという問いに，日々向き合っている。人事管理が何を目指すのかは，こうした現実と遊離して問われるべきではない。人事管理の理想像について，「いつでも，どの企業にも当てはまる」という意味で普遍的なものがあると想定することは，あまり現実的ではない。経営者・従業員・人事担当者が，それぞれの見解や，それを裏づける客観的な情報および規範を示し，互いに学びながら，「これまでよりは理想に近づいた現実」を見出していかなければならない。

　人事管理の理想像をめぐる問いにかかわることは，人事担当者にとっても，経営者や従業員にとっても，きわめて面倒なものである。「答えが出た」と感じた直後に「やっぱり違う」と思わされる，ということの連続である。しかし，企業は経営を持続させるため，個々の従業員は職業生活や人生を実りあるものにするため，こうした面倒な問いにかかわらざるをえない。人事担当者には，「企業や社員1人1人の状態をよりよくしたい」という支援のモチベーションに支えられて，こうした面倒を積極的に引き受けることが求められる。人事担当者の日常業務の多くは，複雑な利害調整や人事管理の体系の整備にあてられる。だからこそ，他者への関心や共感を養い表出することで，よりよい人事管理に向けた洞察を得る必要がある。

　本書に触れることで，無数の喜怒哀楽とともにある人事管理という事象につ

いて，受け手あるいは担い手としての関心を持つ読者が増えたなら，著者とし
て望外の喜びである。

KEYWORD

エンプロイアビリティ　　雇用関係の個別化　　働き方の柔軟性　　パートナー
シップ　　多様な受け手　　人的資源管理論　　ビジネス・パートナー　　仕組み
づくりの専門家　　シェアード・サービス　　組織の開発者

参 考 文 献　　　　　　　　　　　　　　　　　　　　　　　　　Reference ●

Barney, J. B., and Wright, P. M. [1998] "On becoming a strategic partner: The role of human resources in gaining competitive advantage," *Human Resource Management*, vol. 37, no. 1, pp. 31-46.

Beer, M., Spector, B., Lawrence, P. R., Mills, D. Q., and Walton, R. E. [1984] *Managing Human Assets*, Free Press.

Chadwick, C. [2010] "Theoretic insights on the nature of performance synergies in human resource systems: Toward greater precision," *Human Resource Management Review*, vol. 20, no. 2, pp. 85-101.

Cohen, D. J. [2015] "HR past, present and future: A call for consistent practices and a focus on competencies," *Human Resource Management Review*, vol. 25, no. 2, pp. 205-215.

Conway, N., and Briner, R. B. [2005] *Understanding Psychological Contracts at Work: A Critical Evaluation of Theory and Research*, Oxford University Press.

Lengnick-Hall, M. L., Lengnick-Hall, C. A., Andrade, L. S., and Drake, B. [2009] "Strategic human resource management: The evolution of the field," *Human Resource Management Review*, vol. 19, no. 2, pp. 64-85.

Marchington, M. [2015] "Human resource management (HRM): Too busy looking up to see where it is going longer term?" *Human Resource Management Review*, vol. 25, no. 2, pp. 176-187.

Pfeffer, J. [1998] *The Human Equation: Building Profits by Putting People First*, Harvard Business School Press（守島基博監修，佐藤洋一訳『人材を活かす企業──「人材」と「利益」の方程式』翔泳社，2010 年）.

Wright, P. M., and McMahan, G. C. [1992] "Theoretical perspectives for strategic human resource management," *Journal of Management*, vol. 18, no. 2, pp. 295–320.

索　引

事 項 索 引

● A–Z

BEI　→行動結果面接
CoE　→センター・オブ・エクセレンス
FSSB　→管理職による家庭と仕事の両立支
　　援行動
HCNs　→ローカル人材
HRM 論　→人的資源管理論
IE　→インダストリアル・エンジニアリング
I–R グリッド　249
IR 論　→労使関係論
MBO　→目標管理
M 字カーブ　199
Off-JT〔研修〕　1, 11, 153, 154, 158
OJT　1, 11, 151, 152, 154, 158, 230
　——担当　→メンター
PA　→ポジティブ・アクション
PCNs　→本国人材
QC サークル　154
RBV　→資源ベースの戦略論
RJP　→リアリスティック・ジョブ・プレ
　　ビュー
SHRM　→戦略的人的資源管理論
TCNs　→第三国籍人材
TM　→タレント・マネジメント
WCE　→ホワイトカラー・エグゼンプショ
　　ン
WLB　→ワーク・ライフ・バランス
　——憲章　→仕事と生活の調和憲章

● あ 行

アクション・ラーニング　157
安全・衛生管理　166
アンダーマイニング現象　43
育成〔人材育成〕　4, 11, 84, 136, 146, 151,

153, 155, 158, 230, 244, 261
　——可能性　93
　経営者——　122
　内部——　9, 26, 27, 32, 75
イクボス宣言　211
イクメン　211
移籍出向　→転籍
一人前　146, 148
　——確立期　239, 242
一貫性　→整合性
一般職　188
異動〔ジョブ・ローテーション，配置転換〕
　3, 11, 80, 109, 112, 114, 152, 242
　従業員主導型の——　116
　定期——　110
インセンティブ　→誘因
インダストリアル・エンジニアリング〔IE〕
　40
インターンシップ　61, 94, 100, 101
内なる国際化　255, 256
エンゲージメント　105
エンハンシング現象　44
エンプロイアビリティ　29, 49, 103–105,
　157, 158, 172, 173, 269, 270, 273
オープン・イノベーション　270

● か 行

海外派遣者　252, 253
解雇　90, 245
　——規制　3, 104, 189
　——権濫用法理　184, 189
　整理——　102, 103, 109
外国人　269
階層組織〔ヒエラルキー〕　23
外的経験　146

外的整合性　56, 62, 64
外発的報酬　44
外部人材　183
外部調達　26
外部労働市場　188, 192
科学的管理法　5, 40
格差社会　99
学　習　146, 149, 156
　　──支援　150
学歴主義　82
過重労働　84
過少報酬　50
過多報酬　50
活　用　12, 84, 162, 167
家庭役割責任　199
カフェテリア・プラン　169
仮配属　110
関係特殊投資　191
間接雇用　183
間接差別　207, 208
管理業務　113
管理職〔管理者〕　2, 21, 86, 115, 119, 122,
　　137, 178, 241, 242
　　──による家庭と仕事の両立支援行動
　　〔FSSB〕　226, 229
　　女性──　202, 207
　　男性──による優しさの勘違い　204
　　名ばかり──　178
　　役職なき──〔プレイング・マネジャー〕
　　118, 156, 178
管理の幅〔スパン・オブ・コントロール〕
　　24
機会主義　25
　　──的行動　173, 192
企画業務型　223
企業特殊的（な）能力　25, 26, 29, 75, 158,
　　159, 173, 190, 192, 239
企業と従業員の間の交換関係　19, 162
技能職　→ブルーカラー
機能的柔軟性　133
希望退職　102, 103

キー・ポジション　261
基本給　133
逆算評価　141
逆選択　209
キャリア　10, 45, 110, 119
　　──・アンカー　46
　　──開発　1, 10, 80, 86, 119, 158, 187,
　　188, 258
　　──・デザイン　46
　　──・ドリフト　46
　　──の再構築　46
　　──発達　46, 238
　　境界なき──〔バウンダリレス・──〕
　　49, 270
　　複数の──　46
業　績　261
　　──給　137
　　──評価　134, 136, 139, 140, 142, 153
競争移動　120, 121
競争優位　7, 32
業務経験　151
業務支援　150
業務特性　168
均衡処遇　50
金銭的報酬　40
均等・均衡処遇　186, 194
均等処遇　50, 194
勤務延長制度　238
勤務間インターバル制度　222
クオータ制　207
組　合　→労働組合
グループ経営　242
クロスオーバー　226
クロスファンクショナル・チーム　152
グローバル・グレーディング制度　258,
　　260, 264
グローバル経営　249, 252
グローバル人材　102, 251, 256, 258, 262,
　　264
グローバル人材情報データベース　261,
　　262, 264

グローバル統合　249, 263, 264
グローバル・マインドセット　256, 258
経営家族主義　27
経営資源　7, 9
経営者　2, 115, 122
　――育成　122
　――候補　113, 121, 153
経営職ポストの現地化　255, 256
経営戦略　29, 59, 85, 261
経営理念　23, 264
計画された偶然　46
経験を通じた学習〔経験学習〕　149, 152,
　155
経済人モデル　6
継続雇用　103, 236, 238, 240
契　約　48
月例給与　127, 130, 168
減　給　136
兼業〔副業〕　49, 270
健康経営　167
健康保険料　168
研　修　→ Off-JT
限定合理性　25
限定正社員　189, 193, 194
コア・コンピタンス　30
降　格　77, 83, 136
貢　献　11, 20, 51, 129, 130
公式組織　20
公　正　19, 49-51, 123, 158, 162
厚生年金保険料　168
拘束性　13, 190, 211, 270
行動規範　264
行動結果面接〔BEI〕　100
行動特性　139
高度外国人材　255, 256
高年齢者雇用安定法　238
公　平　50, 80, 83, 162
高齢化　234, 236, 245
　――率　234
高齢者　13, 218, 235, 269
　――雇用　244

功労報奨　170
国際的人事管理　252, 263, 265
個人人格　9, 272
コーチ　157
コーディネーション〔分業と調整（の仕組
　み）〕　3, 4, 21, 28, 230
個別的管理　269
コミットメント　67
コミュニケーション　86, 136, 142, 152,
　167, 212, 273
　――体系　20
雇用関係　20, 25-29, 48, 49, 90, 105, 172,
　174, 269
　――の個別化　270
　柔軟で曖昧な――　90
雇用管理　1
雇用機会
　――の平等化　104
　――をめぐる世代間格差　98
雇用区分　91, 188, 189, 193, 194
　――制度　19, 73, 75
雇用形態　183
雇用調整　244
雇用における差別　205, 210
雇用の境界　190
雇用のミスマッチ　96, 99
雇用保障　27, 29, 172, 188, 244, 270
　長期――〔終身雇用〕　3, 237
雇用ポートフォリオ　189, 193, 194
ゴール・アンド・タイムテーブル方式
　207
コンセプチュアル・スキル　147
コンピテンシー　84, 100, 138, 139, 243, 261
　――評価　208

● さ 行

差異化　60, 62
再雇用制度　238
再就職　199
再入社　152
採　用　10, 90, 91, 93, 94, 97, 98, 102

事項索引　● 281

――コスト　95

曖昧な――基準　96

裁量労働制　31, 166, 223

作業能率促進機能　2

サービス残業　165, 166

36〔サブロク〕協定　166, 222

差　別　204, 206

固定観念による――　206, 210

雇用における――　205, 210

嗜好による――　205

残業〔時間外労働，所定外労働時間〕
165, 166, 222

――代　→割増賃金

サービス――　165, 166

シェアード・サービス　275

自営型高齢期就業　246

自営業者　183, 246

ジェンダー

――・ギャップ　198

――・ダイバーシティ〔性別多様性〕
212

――・バイアス　209

資格（・等級）　→等級

時間外労働　→残業

事業場外みなし労働時間制　224

仕組みづくりの専門家　275

資源ベースの戦略論〔RBV〕　6

自己啓発支援　155, 169

自己実現人モデル　6

自己申告制度　116, 153

事後調整　21, 22

仕事と家庭の時間の板挟み状態〔タイム・バ
インド〕　218

仕事と私生活の境界　→ワークとライフの境
界

仕事と生活の調和憲章〔WLB 憲章〕　217

仕事の不確実性　190, 192

自己分析　47

システム　10, 55

事前調整　21

7・5・3問題　96

質的基幹化　→非正社員の質的基幹化

実務職　241

実　力　243

――発揮期　243

指導者　146

指導的地位　207

事務職・技術職　→ホワイトカラー

社員格付け制度　10, 19, 73, 75, 76, 81, 82,
86, 114, 128, 260

社会化　147

社会関係資本　258

社会規範　57

社会人モデル　6

社会的学習　149

社会的報酬　41

社会保険料　168

社会保障給付費　234

若年者失業率　95, 172

弱連結〔ルース・カップリング〕　65

社内公募制度　116

社内政治　140

社内大学　153

従業員　2, 6, 64, 271

――団体　12, 176

――と企業の間の交換関係　19, 162

コア――　115

就　職　93, 98, 102

――協定　94

――氷河期　99, 186

終身雇用　→長期雇用保障

柔軟性　57, 64, 65, 133

労働投入の――　184

10 年ルール　148

熟達者〔エキスパート〕　146, 148

出　向　102, 103, 119, 152, 241, 242

首尾一貫性　→整合性

春　闘　175

ジョイント・ベンチャー　152

生涯現役社会　13, 244, 246

昇　格　77, 78, 80, 118, 131, 137

――先行，昇進追従　77, 79, 118

昇　給　118, 131, 177
上級者　148
上級ビギナー　148
状況的学習　150
条件闘争　175, 177
少子化　234
少子高齢化　12, 198
昇　進　78, 109, 118, 131, 137, 177
　――管理　120
　――パターン　120
　遅い選抜・――　122, 134
　昇格先行，――追従　77, 79, 118
　早い選抜・――　123
賞与〔ボーナス〕　127, 129, 168
職域拡大　24
処遇格差　186-188
職　種　92
　――別組合　178
　――別労働市場　174
職能資格制度　3, 10, 77, 81-86, 114, 132,
　136, 194, 237, 260
職能要件表　77
職　場　31
職　務　91
職務価値　76, 77, 80
　――評価　195
職務記述書　80
職務給　194, 240, 243
職務経験　113, 114, 155
職務充実　42
職務主義　27, 28, 77, 82, 85
職務遂行能力　2, 9, 76, 77, 83, 84, 93, 114,
　118, 132-134, 136, 147, 239, 270
職務等級制度　10, 77, 80-83, 85, 118, 172,
　260
職務分析　81, 83
初心者　148
女　性　12, 185, 199, 204, 218, 235, 269
　――活躍推進　198, 208, 211, 212
　――管理職　202, 207
所定外労働時間　→残業

所定労働時間　30, 166, 201
初任配属　100, 110
ジョブ・ローテーション　→異動
シングル・レート　131
人　材〔人的資源〕　7, 9, 271, 272
　――育成　→育成
　――像　73, 86
　――の多様化　12, 230
　――の多様性〔ダイバーシティ〕　211,
　212, 264
　Ｔ字型――　113
人事管理　1, 7, 10, 19, 20, 51, 55, 65, 67, 73,
　230, 269, 271, 276
　――の多様な受け手　271
　アメリカ型――　4
　国際的――　252, 263, 265
　日本型――　3, 4, 8, 41, 192, 229, 256, 263
人事権　3, 109, 115
人事考課　132
人事交流　152
人事施策　62, 87
人事システム　55, 65
人事情報　115, 261, 262, 264
人事制度　1
人事専門職　274, 275
人事戦略　73, 86
人事担当者　271, 273, 274, 276
人事の規則　62
人事（管理）の（基本）哲学　62, 65, 73,
　87
人事のプロセス　62
人事（管理）の方針　62, 65, 87
人事評価　→評価
人事部（門）　2, 3, 115, 152
新　人　146
新卒一括採用〔新卒採用，定期採用〕　57,
　91, 95, 96, 98, 101, 110, 186
人的資源　→人材
人的資源管理論〔HRM論〕　5-7, 271, 272
信　頼　67, 270, 272
心理的契約　48

事項索引　● 283

心理的資本　258
垂直分業　21
水平分業　21
数量的柔軟性　133
スキル標準　174
スタッフ部門　24
ステイクホルダー　176
ストライキ　175
ストレス　84, 146, 149, 164, 218
　　──・チェック　166
スペシャリスト　112, 113
成果給　243
成果主義　11, 62, 134, 136, 137, 139, 172,
　　230
生活保障　132, 170
正規雇用労働者　→正社員
整合性〔(首尾)一貫性，補完性〕　3, 4,
　　10, 28, 62–64, 67, 124
生産性　245
生産年齢人口　235
正社員〔正規雇用労働者〕　12, 21, 75, 94,
　　98, 104, 165, 183, 185, 188, 189, 192–194,
　　219, 264
　　──への転換制度　188
精神支援　150
成　長　42, 77, 127, 146, 148
制度的環境　4
性別役割分業　204, 210
整理解雇　102, 103, 109
　　──の4要素　103
世代間格差　186, 195
　　雇用機会をめぐる──　98
世代〔コホート〕効果　99
絶対評価　130
接点の希薄化　97
ゼネラリスト　80, 112, 113
潜在能力　261
センター・オブ・エクセレンス
　　〔CoE〕　275
選　抜
　　──型研修〔──型育成〕　122, 153

遅い──・昇進　122, 134
早い──・昇進　123
専門業務型　223
専門職　86, 119, 156, 241, 242
専門性　3, 92, 112, 119, 123, 158, 240, 242,
　　269
戦略構築能力　148
戦略実行能力　148
戦略的人的資源管理論〔SHRM〕　7, 59
早期選抜〔ファスト・トラック〕　122,
　　153, 156
早期退職優遇制度　119
総合職　94, 188, 189, 193, 194, 219
総合評価　141
相対評価　130
総労働時間　165
即戦力採用　→中途採用
組　織　9, 19, 20, 25, 270
　　──開発　157
　　──人　2, 92
　　──人格　9
　　──統合機能　2
　　──の開発者　275
　　──風土　168
　　──文化　23, 41
ソーシャル・カテゴリー理論　212
尊　重　12, 162, 169, 171, 174

● た　行

第三国籍人材〔TCNs〕　252, 259
退　出　10
　　──管理　104
　　──のルール　245
退職勧告　245
退職金　103, 170, 238
ダイバーシティ〔人材の多様性〕　211,
　　212, 264
　　──・マネジメント　210
第4次産業革命　245
滞留年数　118
多国籍企業　249

多国籍内部労働市場　258, 259
多段階評価　137, 141
多様な受け手　→人事管理の多様な受け手
タレント・マネジメント〔TM〕　156, 261,
　264
タレント・レビュー　262
単一職能型　113
男女共同参画基本計画　207
男女雇用機会均等法　208
男性総合職モデル　219
知的資本　258
知的熟練　42
中堅・中小企業の採用難　98
中途採用〔即戦力採用〕　78, 91, 110, 269
長期（安定）雇用　4, 27, 75, 237, 264
長期雇用保障〔終身雇用〕　3, 237
長時間労働　13, 165, 167, 218, 219, 221, 230
直接雇用　183
賃　金
　——格差　184, 193, 205
　——水準　194
　——制度　2
　——の過払い　240, 243, 244
　後払い——　170
通年採用　101
定期異動　110
定期採用　→新卒一括採用
定期昇給　131
　査定付き——　130
定　年　91
　——延長　238, 240, 243
　——制　102, 103, 236, 237, 244
　——年齢の引き上げ　244
　——廃止　238, 244
適職探索訓練期　239, 242
テクニカル・スキル　147
テレワーク　31, 230
転換制度　195
　正社員への——　188
転　勤　117, 193
電産型賃金　82

転　職　270
　——可能性　105, 158
　社内——　116
転籍〔移籍出向〕　102, 103, 119, 241, 242
同一価値労働同一賃金　40
同一労働同一賃金　50, 184, 194
同期集団　95
動機づけ　→モチベーション
等級〔資格（・等級）〕　75, 76, 80, 118
統計的差別　205, 209, 210
同質化　60, 62
トーナメント移動　120, 121

● な　行

内集団びいき　212, 213, 264
内省支援　150
内的経験　146
内的整合性　56, 62, 64, 73
内発的動機づけ　44
内発的報酬　42
内部育成　9, 26, 27, 32, 75
内部競争　84
内部労働市場　26, 188, 258
　——論　75
9ブロック　261
納得性　28, 81, 124
二重労働市場仮説　188
日本型人事管理　3, 4, 8, 41, 192, 229, 256,
　263
日本的経営　7
人間関係　41, 143, 156, 164
年　金　170
年　功　133, 134
　——主義　83, 132, 133
　——処遇期　239, 240
　——賃金　236, 238
　——パラダイム　236, 238, 240, 241
年齢給　130
能　力
　——開発　84, 109, 132, 137
　——基準　173

事項索引　● 285

──給　194, 239, 243
──主義　27, 28, 77, 82–85, 132, 134, 136–139, 230, 237, 260
──評価　134, 137, 139, 142, 195
企業特殊的（な）──　25, 26, 29, 75, 158, 159, 173, 190, 192, 239
汎用的（な）──　173, 191

●は 行

配置〔配属〕　97, 109, 110, 151
配置転換　→異動
配慮志向　41
バウンダリレス・キャリア　→境界なきキャリア
パターナリズム〔家父長的温情主義〕　204, 210
働きがい　171
働き方　219, 227
──改革　32, 218, 219, 226, 227–229
──の柔軟性〔柔軟化〕　227, 270
──の多様化　230
自由な──　31
発揮実力パラダイム　242, 244
抜擢人事　129
パートナーシップ　270
汎用的（な）能力　173, 191
ピグマリオン効果　43
庇護移動　120
非公式組織　20
ビジネス・パートナー　274
非正社員〔非正規雇用労働者，非正規の雇用区分〕　12, 21, 176, 178, 183, 185–187, 192, 194, 199, 269
──の質的基幹化　186, 188
──の量的基幹化　185, 188
監督職──　189, 194
質的に基幹化した──　189
一皮むける経験　149
ヒューマン・スキル　147
評価〔査定，人事評価〕　11, 81, 83, 84, 127, 130, 132, 134

──項目　142
──（・報酬）制度　1, 230
──能力　195
──の不透明性　141
──のブラックボックス化　140
──バイアス　137, 138
──要素　127, 129
業績──　134, 136, 139, 140, 142, 153
職務価値──　195
能力──　134, 137, 139, 142, 195
標準化　22
標準世帯モデル　240
平　等　50, 207
フォルトライン　213
副　業　→兼業
福祉資本主義　27
複数職能型　112
複線型人事　119
福利厚生（費）　2, 168
ブラザー／シスター　→メンター
フラット化　24
ブルーカラー〔技能職〕　86, 188
プレイング・マネジャー〔役職なき管理職〕　118, 156, 178
フレックスタイム制　31, 224
フロー　37
プロフェッショナル〔プロフェッショナリズム〕　147, 158
分業と調整（の仕組み）　→コーディネーション
紛争調整委員会　178
ベースアップ　131
ベスト・プラクティス　55
変化適応機能　2
変形労働時間制　224
報　酬　11, 20, 36, 37, 39, 50, 76, 80, 118, 127, 129, 130, 170, 171
評価・──制度　230
法制度　57
法定外福利　168
法定福利　168

法定労働時間　166, 221
補完性　→整合性
ポジティブ・アクション〔PA〕　207, 208, 211
ボーナス　→賞与
ホールドアップ問題　192
ホワイトカラー〔事務職・技術職〕　86, 175, 188
　　──・エグゼンプション〔WCE〕　223
本　工　184
本国人材〔PCNs, 本国国籍人材〕　252, 258

● ま　行

マネジメント　122
マルチタスク問題　139
三井三池争議　175
無期雇用　184, 188, 190
無限定性　189, 190
明示的契約　48
メンター〔OJT担当, ブラザー／シスター〕　111, 152, 263
メンタル・ヘルス疾患　164
メンバーシップ（型の雇用関係）　75, 92, 103
目標管理〔MBO〕　11, 135
モチベーション〔動機づけ〕　36, 38, 43, 44, 118
モラル・ハザード問題　192

● や　行

役　職　76, 118, 127
　　──定年（制）　119, 241, 242
　　──なき管理職　→プレイング・マネジャー
役割・責任　76
役割葛藤　218
役割等級制度　10, 85
誘因〔インセンティブ〕　20, 36, 171, 192
有期雇用　184, 188, 190, 192
有給休暇　219

ユニオン・ショップ制　175
予言の自己成就　209

● ら　行

リアリスティック・ジョブ・プレビュー〔RJP〕　99
離　職　91, 99
リストラクチャリング　272
リーダーシップ　122, 123
リフレッシュ教育　244
両利き経営　32
量的基幹化　→非正社員の量的基幹化
臨時工　184
類似性・アトラクション理論　212
レンジ・レート　131
労災〔労働災害〕　164
　　──保険料　168
労使関係　2, 27, 175
　　──論〔IR論〕　6
　　個別的──　177
　　集団的──　175, 176
労　働　20, 30, 171
　　──の場所　31
労働安全衛生法　166
労働環境　163, 164
労働基準法　166
労働組合〔組合〕　2, 5, 27, 166, 172, 174-176, 185
　　企業別──　178
　　職種別──　178
　　地域別──　178
労働契約法の一部を改正する法律〔改正労働契約法〕　187
労働三権〔労働基本権〕　174
労働時間　31, 165
　　──管理　219
　　──規制　221
　　──の制限　219, 227
労働市場　3, 12, 57, 173, 185, 188
　　職種別──　174
　　二重──仮説　188

事項索引　● 287

労働者保護　104, 105
労働政策　221
労働生産性　219
労働費用　168
労働紛争　178
労働力人口　235
労働力率　235
ローカル・コンテキスト　13, 263
ローカル人材〔HCNs, 現地国籍人材〕
　　251, 252, 255, 258, 262
ローカル適応　249, 263, 264

● わ　行

ワークとライフの境界〔仕事と私生活の境

界〕　219, 230
ワグナー法　27
ワーク・ファミリー・エンリッチメント
　　225
ワーク・ファミリー・コンフリクト　217
ワーク・ファミリー・スピルオーバー
　　224
ワーク・ライフ・バランス〔WLB〕　195,
　　211, 217, 218
割増賃金〔残業代〕　166, 222

人名・組織名索引

● A・B

Adams, J. S.〔アダムズ〕　50, 51
Aigner, D. J.　206
Ashforth, B. E.　147, 148
Bandura, A.　149
Barnard, C. I.〔バーナード〕　9, 20
Barney, J. B.　271
Bartlett, C. A.〔バートレット〕　249, 250
Becker, B. E.　8
Becker, G. S.〔ベッカー〕　173, 205
Beechler, S.　258
Beer, M.　271
Bell, M. P.　211
Beutell, N. J.〔ビューテル〕　218
Bies, R. J.　50
Biteman, J.　60
Brewer, L.　172
Briner, R. B.　272

● C・D・E

Cain, G. G.　206
Calvin, J.〔カルヴァン〕　39

Cameron, K. S.　23
Cappelli, P.　29
Chadwick, C.　272
Cohen, D. J.　276
Collings, D. G.　261
Conway, N.　272
Crumley, E. T.　62
Csikszentmihalyi, M.　37
D'Aveni, R. A.　32
Deci, E. L.〔デシ〕　43, 44
DeNisi, A. S.　60
Dickson, W. J.　40
DiMaggio, P. J.　61
Doeringer, P. B.〔ドリンジャー〕　75, 188
Doz, Y. L.〔ドーズ〕　249
Dreyfus, S. E.　148
Ericsson, K. A.　149

● G・H・I

Ghoshal, S.〔ゴシャール〕　249, 250
Gordon, A.〔ゴードン〕　27
Greenhaus, J. H.〔グリーンハウス〕　218
Gunther, R. E.　32

Hackman, J. R. 42
Hammer, L. B.〔ハマー〕 229
Hansson, B. 173
Harrison, D. A. 211
Harrison, S. H. 147, 148
Hochschild, A. R.〔ホックシールド〕 218
Holmstrom, B. 140
Huselid, M. A. 8
ILO →国際労働機関
Inagaki, S. 99

● J・K・L

Jacoby, S. M. 27, 115
Janoff, S. 157
Javidan, M. 258
JILPT →労働政策研究・研修機構
Katz, R. L. 147
Kaufman, B. E. 6
Kolb, D. A. 149
Krampe, R. T. 149
Lau, D. C.〔ロー〕 213
Lave, J. 150
Lengnick-Hall, M. L. 272
Lounsbury, M. 62

● M

MacDuffie, J. P. 55
March, J. G. 32
Marchington, M. 272
Marsden, D. 82
Maslow, A. H.〔マズロー〕 36, 37
Mayo, E.〔メイヨー〕 40
McCall, M. W., Jr. 149
McGregor, D.〔マクレガー〕 43
McMahan, G. C. 271
Mellahi, K. 261
Miles, R. E. 59
Milgrom, P. 140
Murnighan, J. K.〔マーニガン〕 213

● O・P・Q

Oldham, G. R. 42
Orton, J. D. 65
Oshio, T. 99
Ouchi, W. G.〔オオウチ〕 7, 8
Patel, P. C. 213
Pfeffer, J.〔フェファー〕 8, 29, 271
Piore, M. J.〔ピオーレ〕 75, 188
Powell, W. W. 61
Prahalad, C. K.〔プラハラード〕 249
Price, K. H. 211
Quinn, R. E. 23

● R・S・T

Roethlisberger, F. J. 40
Rosenbaum, J. E. 120
Rousseau, D. M. 48
Schein, E. H.〔シャイン〕 46, 47
SHRM →人的資源管理協会
Shuck, B. 105
Sluss, D. M. 147, 148
Snell, S. A. 57
Snow, C. C. 59
Spencer, L. M. 84, 100
Spencer, S. M. 84, 100
Storey, J. 113
Taylor, F. W.〔テイラー〕 5, 6, 40
Tesch-Römer, C. 149
Thatcher, S. M. 213

● W

Wanous, J. P. 100, 149
Weick, K. E. 65
Weisbord, M. R. 157
Wenger, E. 150
Whitener, E. M. 8
Williamson, O. E. 25
Wilson, M. S. 60
Wollard, K. K. 105
Wright, P. M. 57, 271

人名・組織名索引 ● 289

●あ 行

アダムズ →Adams, J. S.
石田梅岩　39
石田光男　6, 80, 83, 85
いすゞ　8
伊藤秀史　25
稲葉祐之　42
今田幸子　114, 120
今野浩一郎　73, 244
入山章栄　32
江夏幾多郎　67, 142
遠藤公嗣　138
王英燕　23
オオウチ →Ouchi, W. G.
大久保幸夫　149
大湾秀雄　170
岡田行正　40
奥林康司　1, 2, 5, 213

●か 行

金井壽宏　42, 46, 100, 149
カルヴァン →Calvin, J.
川口章　206
上林憲雄　1
楠田丘　81
熊沢誠　84
グリーンハウス →Greenhaus, J. H.
経営人材研究所　84
経済産業省　167, 173, 255
経済同友会　92, 97
玄田有史　188
小池和男　42, 133
孔子　45
厚生労働省　4, 96, 155, 164, 177, 199, 204,
　217, 221, 223, 227
神戸大学大学院経営学研究科　84
国際労働機関〔ILO〕　172, 173
国立社会保障・人口問題研究所　199
ゴシャール →Ghoshal, S.
ゴードン →Gordon, A.

国連　234

●さ 行

酒井正　99
笹島芳雄　81
佐藤博樹　73, 111-113, 122
産業能率大学　122
産業報国会　27
産労総合研究所　153
司馬正次　154
シャイン →Schein, E. H.
白井泰四郎　127
白木三秀　256, 258
人的資源管理協会〔SHRM〕　275
須田敏子　170
スバル　8
諏訪康雄　173
清家篤　244
世界経済フォーラム　198
総務省　165, 185

●た 行

高尾義明　23
高木朋代　241
高橋潔　136
高橋勅徳　62
武石恵美子　117
竹内洋　120
谷口真美　212
男性が育児参加できるWLB推進協議会
　217
中央労働委員会　242
辻村みよ子　207, 208
鶴光太郎　184
ディスコ　98
テイラー →Taylor, F. W.
デ シ →Deci, E. L.
デンソー　260
東京証券取引所　167
ドーズ →Doz, Y. L.
トヨタ　8

ドリンジャー　→ Doeringer, P. B.

● な 行

内閣府　　202, 217, 234, 255
長岡健　156
中野浩一　23
中原淳　150, 156
中村圭介　139
二宮尊徳　39
日本経営者団体連盟〔日経連〕　83
　——特別教育委員会　172
　——能力主義管理研究会　77, 132
日本経済団体連合会〔日本経団連〕　93,
　94, 100
日本在外企業協会　252
日本政策投資銀行　167
日本能率協会　84
日本労働研究機構　138, 177
沼上幹　22
野村證券　261

● は 行

間 宏　27
働き方改革実現会議　194
バートレット　→ Bartlett, C. A.
バーナード　→ Barnard, C. I.
ハーバード大学　40
ハマー　→ Hammer, L. B.
濱口桂一郎　75
林田修　25
ピオーレ　→ Piore, M. J.
樋口美雄　99
久本憲夫　75, 130, 171
日立製作所　251, 260
ビューテル　→ Beutell, N. J.
平田周一　114, 120
平野光俊　1, 3, 190, 204, 213, 264
フェファー　→ Pfeffer, J.

プラハラード　→ Prahalad, C. K.
古野庸一　149
ヘイグループ　81
ベッカー　→ Becker, G. S.
法政大学大原社会問題研究所　175
ホックシールド　→ Hochschild, A. R.
堀田聰子　99, 100

● ま 行

マクレガー　→ McGregor, D.
マズロー　→ Maslow, A. H.
松浦民恵　227, 230
松尾睦　146, 148, 149
松嶋登　62
松原光代　117
マーニガン　→ Murnighan, J. K.
三品和広　122
水町勇一郎　50
三井鉱山　175
メイヨー　→ Mayo, E.
守島基博　142
森田雅也　230

● や 行

八代充史　115
山岸俊男　67
山口一男　206, 218
山田篤裕　244
山本郁郎　263
山本茂　121
山本寛　173

● ら・わ 行

リクルートワークス研究所　75, 114, 148
ロー　→ Lau, D. C.
労働政策研究・研修機構〔JILPT〕　4, 111,
　122, 178, 184, 202, 240, 253, 254, 256
ワークスアプリケーションズ　101

人名・組織名索引　● 291

本書のコピー，スキャン，デジタル化等の無断複製は著作権法上での例外を
除き禁じられています。本書を代行業者等の第三者に依頼してスキャンや
デジタル化することは，たとえ個人や家庭内での利用でも著作権法違反です。

人事管理――人と企業, ともに活きるために
Human Resource Management:
The Engagement between People and Organizations

2018 年 6 月 30 日　初版第 1 刷発行
2023 年 2 月 20 日　初版第 5 刷発行

著　者　　平 野 光 俊
　　　　　江 夏 幾 多 郎

発 行 者　　江 草 貞 治

発 行 所　　株式会社 有 斐 閣

郵便番号　101-0051
東京都千代田区神田神保町 2-17
http://www.yuhikaku.co.jp/

印刷・萩原印刷株式会社／製本・大口製本印刷株式会社
©2018, Mitsutoshi Hirano and Ikutaro Enatsu.
Printed in Japan
落丁・乱丁本はお取替えいたします。
★定価はカバーに表示してあります。
ISBN 978-4-641-15047-8

[JCOPY] 本書の無断複写 (コピー) は, 著作権法上での例外を除き, 禁じられています。複写される場合は, そのつど事前に, (一社) 出版者著作権管理機構 (電話03-5244-5088, FAX03-5244-5089, e-mail:info@jcopy.or.jp) の許諾を得てください。